Family Play Therapy: Research and Practice

# 가족놀이치료

## 연구와 실제

신라대학교 가족상담센터

신정

학업성취와 경제적 성공을 강조하는 현대사회에서 노는 것은 성취를 방해하는 것으로 간주되곤 합니다. 그러나 놀이는 기쁨과 즐거움의 원천이며 소통의 도구이자 건강한 발달과 성장을 도모하고 치유로 이끄는 매우 중요한 활동입니다. 특히 가족의 놀이는 일상적 스트레스를 낮추고 공동의 즐거움을 경험할 수 있는 여가활동이며, 재난 상황에서는 가족의 긴장을 낮추고 일시적 위로와 안심을 주기도 합니다.

최근 아동상담뿐만 아니라 가족치료에서도 놀이를 활용하는 접근이 늘어나고 있습니다. 연구에 의하면 가족회기에서 놀이를 활용하는 상담자는 80%에 달합니다. 언어 기반의 진지하고 인지적인 접근이 지배적이었던 전통적 상담/심리치료는 주로 대뇌의 좌반구를 활용하기 때문에 내담자가 본인의 반응을 검열하고 방어하지만, 상징과 은유 기반의 놀이치료는 우반구를 활용하기 때문에 내담자가 저항을 내려놓고 무의식적 자원을 허용합니다. 가족놀이치료는 아동이나 결혼이주여성 등 언어적 소통이 어려운 가족원도 상담에서 소외되지 않도록 하며, 웃음과 즐거움 속에 문제해결을 도모할 수 있어 상담실의 에너지가 밝아집니다. 상담자 또한 내담자와 함께 놀이를 즐길 때 가족놀이치료의 효과는 더욱 커집니다.

한국의 상담현장에서 가족놀이치료의 높은 인기에도 불구하고 번역서 외에 상담자들이 집필에 참여한 가족놀이치료 관련 저서는 많지 않습니다. 그런 아쉬움을 가지고 2021년 신라대학교 가족치료학과 및 가족상담학과 중심으로 한국가족놀이치료학회가 설립되었으며, 3년여간 부산, 울산, 경남지역의 상담자들이 가족놀이치료 소모임을 통해 매체별 활동의 임상 적용과 연구를 진행하면서 이 책의 집필 토대가 마련되었습니다. 그런 이유로 다소 많은 14명의 저자가 이 책의 집필진으로 참여하게 되었습니다.

이 책은 다음과 같이 총 8장으로 구성되었습니다: 1장 가족놀이치료의 이해, 2장 가족놀이치료 연구, 3장 피규어(인형) 기반 가족놀이치료, 4장 카드 기반 가족놀이치료, 5장 보드게임 기반 가족놀이치료, 6장 미술 기반 가족놀이치료, 7장 몸 기반 가족놀이치료, 8장 가족놀이치료 프로그램. 1장과 2장은 가족놀이치료에 대한 개념과 연구에 대한 내용이며, 3장부터 8장까지는 가족놀이치료의 실제에 관한 내용으로 짜여 있습니다.

지난 3년간 가족놀이치료의 임상과 연구에 힘써준 신라대 가족치료학과, 가족상담학과 선생님들에게 감사하며, 특히 집필진 코디네이터로 수고해 주신 서정은 선생님에게 애정 어린 감사를 보냅니다. 이 책이 나오기까지 격려해 주시고 기다려주신 신정 최용구 사장님께 특별한 감사를 전합니다. 마지막으로 가족놀이의 추억을 풍성하게 남겨주신 부모님과 가족놀이치료의 영감을 채워준 남편에게 사랑과 감사를 전합니다.

2024년 10월

집필진 대표

전영주

차/례



## CHAPTER 01 가족놀이치료의 이해



## CHAPTER 02 가족놀이치료 연구

## CHAPTER 03 피규어(인형) 기반 가족놀이치료

## CHAPTER 04 카드 기반 가족놀이치료

## CHAPTER 05 보드게임 기반 가족놀이치료

## CHAPTER 06 미술 기반 가족놀이치료

CHAPTER 07

# 몸 기반 가족놀이치료

## CHAPTER 08 가족놀이치료 프로그램

01

CHAPTER

# 가족놀이치료의 이해

전영주

1. 놀이와 가족 | 2. 놀이치료와 가족치료 | 3. 가족놀이치료의 이해

CHAPTER 01

# 가족놀이치료의 이해

Family Play Therapy: Research and Practice

## 1 놀이와 가족



### 1) 놀이의 개념과 의미

사전적 의미의 '놀이'는 "여러 사람이 모여서 즐겁게 노는 일 또는 그런 활동"이다(네이버 국어사전, 2023). 옥스퍼드 영어사전(1989)에 따르면, 놀이는 "운동 또는 활발하거나 자유로운 움직임이나 행동" 또는 "통제되지 않은 움직임"으로 정의된다(Bowers, 2015).

학업성취와 경제적 성공을 강조하는 현대사회에서 '노는 것'은 시간 낭비거나 효율성이 떨어지는 일로 간주된다. 부모가 자녀에게 흔히 하는 "놀면 뭐하니"라는 말은 우리 사회에 만연되어 있는 놀이에 대한 경시적 태도가 반영되어 있다. 좌반구 주도적이며 언어 중심적 관점이 지배하는 사회 분위기에서 '놀이'는 그저 성취를 방해하는 사소한 것으로 여겨진다.

과연 놀이는 무시되어도 되는 활동일까? 네덜란드의 문화사학자인 하위징아(Johan Huizinga, 1872~1945)는 '유희하는 인간'이라는 의미인 호모루덴스(Homo

Ludens) 인간관을 제창하며, 인간의 본질은 '놀이'라고 하였다(네이버, 2023). 그는 놀이(유희)가 문화에서 발생하는 것이 아니라, 놀이에서 문화가 발생한다고 주장하였다. 인간의 놀이는 정신적 창조 활동으로 연결되며, 풍부한 상상의 세계에서 다양한 창조 활동을 전개하는 음악, 미술, 무용, 연극, 스포츠, 문학 등이 여기에 포함된다.

놀이가 오랫동안 학문과 과학적 이론과는 거리가 있었지만, 인류 역사 속에 놀이의 존재와 의미, 중요성에 대해서는 의심할 여지가 없다. 놀이는 모든 사람의 삶에서 특별한 기능과 역할을 해왔다. 전쟁과 참사로 큰 피해를 입은 공동체나 나라들이 음악이나 춤, 게임과 같은 놀이활동으로 비극적 상황을 극복하고자 했던 노력은 인류 역사 속에서 어렵지 않게 찾아볼 수 있다.

그림 1-1 강강술래

놀이성(playfulness)은 인간의 본성으로 기쁨과 즐거움의 원천이며, 성장을 위한 필수적 요소이다. 또한, 놀이의 즐거운 활동은 사람들을 연결해 주고 위로하며 치유해 준다. 사람들이 타인과 안전하게 연결되어 있다고 느낄 때 뇌 안의 놀이회로가 자연스럽게 활성화된다. 가족 안에서 놀이는 경직된 가족관계를 부드럽게 해주고,

연결과 공유, 애착을 높여줌으로써 치유의 힘을 갖는다(Browers, 2015). 치유와 성장을 위한 도구가 반드시 진지하고 심각해야 하는 것은 아니다. 폭력, 재해, 죽음 등의 트라우마 상황에서도 놀이를 통한 즐거움과 웃음은 일시적인 안심과 위로를 제공해 줄 수 있다.

놀이는 상징적 언어로서 소통의 도구로 보편성을 갖는다. 놀이를 통해 사람들은 고통스러운 이슈를 특정 방식으로 경험할 수 있다. 놀이는 아동뿐만 아니라 성인에게도 본능적인 활동으로 감정의 정화(카타르시스)를 경험하도록 해주며, 특히 언어적 표현이 어려운 내담자에게 도움을 준다. 이와 같이 놀이는 발달과 성장의 필수요인일 뿐만 아니라, 문화의 원천이며, 연결과 소통, 위로와 치유의 기능을 갖는다.

놀이는...

- 인간의 본성이다.
- 유전적으로 설계된 본능적 활동이다.
- 성장과 발달을 위한 필수 요소이다.
- 기쁨과 즐거움의 원천이다.
- 문화의 원천이다.
- 상징적 언어이다.
- 소통의 도구이다.
- 감정을 정화해 준다.
- 사람들을 서로 연결해 준다.
- 경직된 관계를 부드럽게 해준다.
- 치유로 이끈다.
- 트라우마 상황에서 일시적 안심과 위로를 제공한다.

## 2) 놀이의 신경생물학

놀이의 치료적 접근은 다양한 이론적 모델에서 조명되고 있으나 최근 10여 년간 신경생물학적 관점에서 독특한 가치를 증명받고 있다. 신경생물학의 관점에서 놀이는 인간의 생물학적 핵심 기능의 필수 요소이다. 모든 포유류의 뇌에는 놀이 회로가 존재하며, 놀이는 유전적으로 설계된 체계이다(Gil, 2016에서 재인용).

포유류의 신경계는 위험을 감지하면 투쟁-도피-부동(fight-flight-freeze) 반응을 보인다. 인간을 포함한 포유류는 생존의 위협이나 두려움을 느낄 때 놀이를 하지 않는다. 배고픔이나 질병 하에서도 놀이는 감소되거나 사라진다. 즉, 놀이는 안정감을 기반으로 발현되는 뇌 활동이다.

놀이는 신경계 발달에 중요한 역할을 하는데, 특히 사회적 놀이에 대한 욕구는 포유류의 뇌에 본능적 행동장치로 설치되어 있다. 사회적 놀이를 통해 즐거움과 함께 신경계가 발달하며, 놀이과정에서 참여자들은 상호작용을 하며 상대방의 행위 의도를 지속적으로 가늠하면서 신경계의 조절을 배운다(Kestly, 2021).

놀이는 아동의 전두엽 조절기능과 공감기능 발달에 필수적일 뿐만 아니라 성인의 건강한 노화과정을 위한 핵심 요인이다. Panksepp와 Biven(2012)은 놀이가 '기쁨'이라는 정서를 느낄 수 있게 해주는 뇌의 주요 원천이며, 태어날 때부터 뇌에 내재된 기본 동기 체계 중 하나라고 했다(Kestly, 2021).

뇌는 표현의 공간이 제공될 때 통합과 응집의 방향으로 나아간다(Siegel, 2012). 말로 하는 전통적 심리치료(talk therapy)에서 내담자들은 주로 대뇌의 좌측 반구를 활용하기 때문에 본인의 반응을 검열하고 방어하게 된다. 그러나 상징과 은유 기반의 놀이치료(play therapy)에서는 대뇌의 우측 반구를 활용하기 때문에 저항을 내려놓고 무의식적 자원을 허용하게 된다(Gil, 2016에서 재인용; Kestly 2021).

한편 은유는 언어의 중요한 한 측면으로, 문자나 말의 상징체계에 갇힌 마음과 현실을 표현할 수 있게 해주는 도구이다. 놀이활동을 통해 가족이 창조한 은유는 스토리텔링 과정에서 우측 반구와 좌측 반구의 상호작용으로 나선형 순환이 이루어진다. 이 과정에서 비언어적 스토리텔링에 기반한 우반구의 경험은 좌반구에서 언어 처리 과정을 거쳐 은유를 통해 우반구로 되돌아간다. Kestly(2014)는 놀이과정에서 스토리텔링을 통해 좌우 반구가 통합되는 과정을 '놀이의 나선순환모델'로 제안한 바 있다(Kestly, 2021에서 재인용).

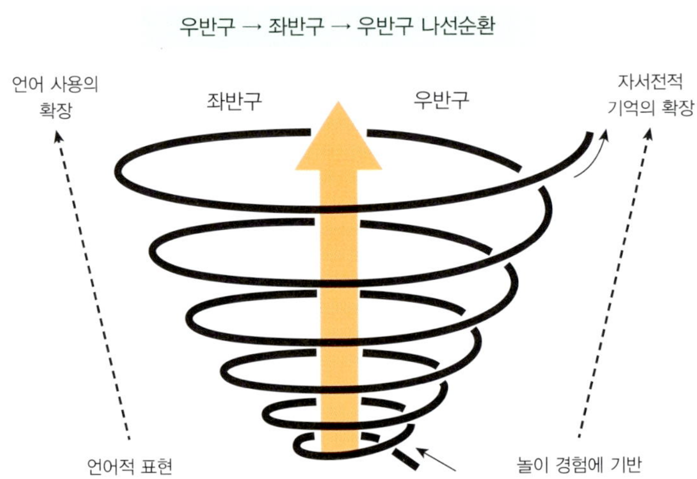


**그림 1-2** 놀이의 나선순환모델

출처: Kestly, T. A. (2021). p.323.

이와 같이 신경생물학 분야의 지식은 근거기반 연구를 통해 놀이의 중요성을 강조하고 있으며, 놀이가 사람들의 행복감과 안녕감에 전생애적 영향력을 미친다는 사실을 시사하고 있다. 임상적 치료도구로서 놀이에 대한 관심이 늘면서, 가족문제의 해결과 가족의 치유에서 놀이의 역할이 커지고 있다.

### 3) 가족과 놀이

"가족은 언제, 어떻게 '놀이'를 하는가?"
"어떤 가족은 함께 '놀이'를 하지 않는가?"
"놀이는 가족의 여가활동인가 혹은 생존활동인가?"
"놀이는 가족의 트라우마 치유에 어떻게 기여하는가?"

가족은 인간이 태어나고 성장하는 일차 환경이다. 가족 안에서 경험하는 일상의 모든 활동과 관계 역동은 개인의 전생애적 발달과 적응에 절대적 영향을 미친다. 따라서 개인이 어떤 문제를 가졌을 때 그것은 단지 개인의 문제가 아닌 가족의 문제인 경우가 적지 않다(전영주, 염은선, 황경란, 배덕경, 송정숙, 이복숙, 2022).

최초의 부모자녀 관계와 활동은 돌봄과 놀이로 이루어져 있다. 유아기에 부모는 까꿍, 도리도리, 숨바꼭질 등과 같은 신체놀이를 하며 유아의 발달을 촉진하고, 아동기에는 인형이나 카드, 보드게임, 점토나 크래용 등 미술매체를 활용한 다양한 인지 및 정서발달을 촉진하는 놀이를 한다. 자녀가 청소년기가 되면 또래들과 어울리는 시간이 늘면서 가족놀이는 감소하지만, 명절에 전통놀이(윷놀이 등)를 한다든지, 보드게임이나 카드게임을 함께 하며 가족유대를 다지고 가족공동체의 문화를 전수하기도 한다. 이처럼 가족 안에서는 발달단계에 따라 수없이 다양한 놀이가 이루어진다. 가족 안에서의 즐거운 놀이활동은 부모 자녀 간의 안전 애착을 기반으로 하므로 아동의 적극적인 환경 탐색과 적응, 최적의 발달로 이어진다.

가족은 함께 놀이할 때 공동의 즐거움을 경험한다. 부모-자녀 간의 놀이뿐만 아니라 형제·자매 놀이 또한 경쟁과 협동을 경험하며 미래의 사회생활을 대비하는 훈련의 장이라는 독특한 가치를 가진다. 놀이는 가족의 여가나 문화 활동일뿐만 아니라 때로는 스트레스를 겪고 있는 가족이 놀이를 통해 긴장을 완화하고 잠시 웃음의 여유를 찾는 기회를 제공한다.

그러나 어떤 가족은 이런저런 이유로 함께 놀이를 하지 않는다. 부모가 놀이를 하찮은 것으로 생각하거나, 자녀가 놀잇감을 어지르는 것에 대해 부모가 거부감을 갖거나(특히 부모가 정리 강박이 있는 경우), 학업성취 중심의 뿌리 깊은 사고방식으로 놀이를 경시하거나, 부모의 과잉관여로 자녀의 놀이 기회를 박탈하는 등, 여러 이유로 가족이 함께 놀이하지 않는다. 또는 가족원이 가족 밖의 일로 너무 바빠 가족과 놀이활동을 할 시간이 없거나, 가족갈등으로 인한 분노, 두려움, 불안, 외로움, 우울 등 부정적 정서가 가족의 놀이활동을 막을 수도 있다.

조화로운 가족에서 일상생활의 안정감과 즐거움을 경험할 때, 가족원의 적응적 신경계 기능(adaptive nervous system functioning)이 최적화된다. 가족이 함께 놀이할 때 교감신경계가 흥분하는데 이러한 신경생물학적 기저는 투쟁-도피(fight-flight) 방어행동과 유사하다. 하지만 가족놀이 참여자들은 놀이과정에서 상대방의 악의 없는 의도를 알기 때문에 각성이 고조된다고 해도 투쟁-도피 방어행동이 아닌 지속적인 안전감과 즐거움을 느낀다(Kestly, 2021).

가족 안에서의 놀이는 일상적인 가족의 스트레스를 낮추고 즐거움을 주는 여가 문화 활동이며, 가족원의 생존을 위한 적응적 신경계를 훈련시키는 중요한 활동이다. 재난과 같은 위기 상황에 처했을 때는 놀이가 가족의 긴장을 낮추고 일시적 위로와 안심을 주는 응급효과를 가진다. 따라서 최근 세계 곳곳에서 '놀이'를 치료과정의 도구로 활용하는 작업이 진행 중이다. 가족들이 놀이에 의해 변화되고, 연결되고, 치유되는 것에 대한 임상적 관심 또한 높아지고 있다.



### 철원, 가족관계 회복 놀이치유 프로젝트 마련

강원 철원군이 가족이 함께 놀이로 가족관계를 회복할 수 있는 놀이치유집단상담 프로그램을 내달 22일 철원군병영체험수련원에서 진행한다고 17일 전했다.
군 청소년상담복지센터와 함께 하는 놀이치유집단상담 '놀이로 만나는 우리가족' 프로그램은 온 가족이 놀이를 통해 서로를 이해하며 관계를 되돌아 볼 수 있는 의미 있는 프로젝트로 꾸며진다.
김○○ 군 인재육성과장은 "이 프로젝트는 온 가족이 함께 즐길 수 있는 놀이를 통한 가족관계 회복에 도움을 주기 위해 추진 한 것"이라며 "어린 자녀들과 소통에 어려움을 겪고 있는 부모들에게 좋은 프로그램이 될 것을 기대한다"고 밝혔다.

출처: 신아일보(2019. 1. 17.).

## 2 놀이치료와 가족치료

지난 수십 년간 가족놀이치료는 가족치료와 놀이치료 두 분야의 주목을 받으며 통합적으로 발전해 왔다. 전통적으로 가족치료는 가족원(아동)의 개별적 욕구보다 가족체계의 역동에 더 초점을 두었으며, 놀이치료는 아동발달의 주요 맥락인 가족 과정보다 아동 개인의 증상에 더 중점을 두었다(Gil, 2016). 그러나 상호보완적인 두 접근이 통합될 때 각 접근의 목표달성에 시너지 효과를 가져오며 더 나은 치료 효과를 얻을 수 있다는 점에서 가족놀이치료 활용에 대한 관심은 점차 높아져 왔다(서정은, 전영주, 2021).

그림 1-3 놀이치료와 가족치료의 통합

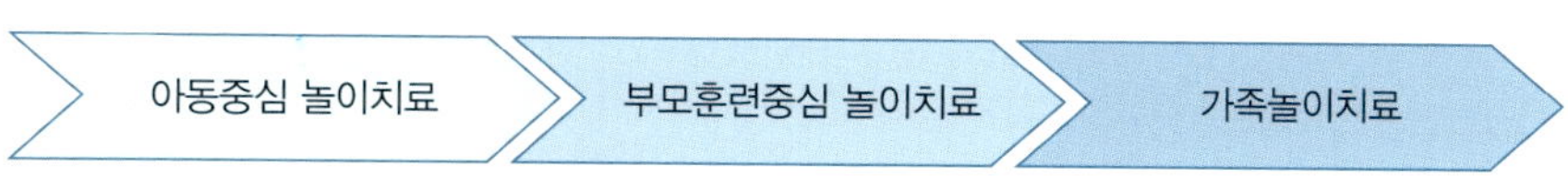


그림 1-4 놀이치료 패러다임의 진화

### 1) 놀이치료

놀이치료는 '내담자가 자신의 정신적 어려움을 해결할 수 있도록 훈련받은 상담자에 의해 놀이의 치료적 힘을 체계적으로 적용하는 대인관계적 과정'이라고 정의된다(Bowers, 2015). 놀이치료와 아동치료는 종종 혼용되어 왔는데, 지난 한 세기 동안 놀이치료는 정신분석에서 출발해 관계발달을 강조하는 방식으로 발전되었다(전영주, 2024).

놀이치료는 아동 중심 놀이치료로부터 부모훈련 중심 놀이치료로 진화되었다. 아동 중심 놀이치료 모델에는 정신분석 놀이치료, 구조화된 놀이치료(지시적 놀이치료), 관계적 놀이치료(비지시적 놀이치료) 등이 있고, 부모훈련 중심 놀이치료 모델로는 부모-자녀 상호작용치료(PCIT), 부모-자녀 심리치료(PCP), 세대치료(FT), 자녀-부모 관계치료(CPRT) 치료놀이(Theraplay) 등이 있다.

**표 1-1** 놀이치료의 범주와 모델

| 범주 | 모델 |
|---|---|
| 아동 중심 놀이치료 | 정신분석 놀이치료 |
| | 구조화된 놀이치료(지시적 놀이치료) |
| | 관계적 놀이치료(비지시적 놀이치료) |
| 부모훈련 중심 놀이치료 | 부모-자녀 상호작용치료(PCIT) |
| | 부모-자녀 심리치료(PCP) |
| | 세대치료(FT) |
| | 자녀-부모 관계치료(CPRT) |
| | 치료놀이(Theraplay) |

### (1) 아동 중심 놀이치료

#### ① 정신분석 놀이치료

놀이를 아동치료에 적용한 첫 사례는 프로이드(Freud)가 1909년 꼬마 한스에게 정신치료를 시도했을 때이다. 한스의 놀이에 대한 프로이트의 해석은 아동 정신분석의 개념화에 기여하였다(Bowers, 2015). 정신분석 치료사는 내담자의 어린 시절의 정서적 문제에 놀이를 활용함으로써 아동치료에 놀이를 소통의 직접적 도구로 사용하였다. 특히 7세 이하의 아동을 대상의 치료에서 놀이는 필수적 치료도구였다.

초기 정신분석 놀이치료에서는 아동의 불안감에 초점을 두었지만, 점차 아동이 상담사와 유대감을 형성함으로써 관계발달을 촉진하도록 발전하였다. 놀이를 통해 아동은 본인의 감정과 생각에 대해 말할 수 있고 무의식적 갈등이나 환상을 실행하기도 한다.

### ② 구조화된 놀이치료(지시적 놀이치료)

구조화된 놀이치료에서 상담사는 치료과정에서 지시적이며 적극적인 역할을 수행한다. 구조화된 놀이치료에서 상담사는 증상에 초점을 두며, 짧은 용어를 사용하며, 아동이 특정 활동을 하거나 반응하도록 제안하기도 한다(Gil, 2016).

상담사는 아동의 무의식적 생각을 끄집어내거나 특정한 방향으로 영향을 주기 위한 목적으로 놀이를 구조화한다. 이를 위해 처음에는 치료실에서 아동이 자유롭게 놀도록 격려하지만, 놀이장면을 바꾼 후에는 제한된 수의 장난감을 선별적으로 제공하여 아동의 트라우마나 불안을 촉발시키는 경험을 재현하도록 개입한다(Bowers, 2015).

### ③ 관계적 놀이치료(비지시적 놀이치료)

관계적 놀이치료는 내담자 중심 놀이치료라고 하며, 칼 로저스(Carl Rogers)의 인간중심 접근에 뿌리를 둔다. 관계적 놀이치료에서 상담사는 놀이를 구조화하지 않고 비지시적 자세로 아동의 놀이를 따라가는 역할을 하며 치료적 관계 형성을 중시한다. 상담사는 가능한 제한하지 않고 아동이 좋아하는 것을 하고 원하는대로 표현하면서 놀거나 이야기하도록 격려한다.

이 접근은 아동이 자신의 문제를 해결할 수 있는 능력을 가지고 있는 존재라고 전제하며, 치료자는 관찰, 반영, 환경구성 등의 역할을 수행한다. 아동이 이용할 놀이도구는 모래놀이, 미술, 퍼펫 등 다양한 도구를 준비할 수 있다. 놀이과정에서 상담사가 아동의 감정을 반영할 때 아동은 자신이 수용받고 이해받는 경험을 내면화한다(Gil, 2016).

### (2) 부모훈련 중심 놀이치료

#### ① 부모-자녀 상호작용치료(Parent-Child Interaction Therapy: PCIT)

부모-자녀 상호작용치료(PCIT)는 근거기반 접근으로 부모가 자녀와의 유대를 강화할 수 있는 기술을 숙달하도록 돕는다. 첫 단계의 부모훈련은 부모들이 아동이 이끄는대로 따르며, 아동에게 명령, 질문, 비판을 하지 않도록 하는 데 초점을 둔다. 부모들이 이 기술들을 익히면 두 번째 단계로 넘어가는데, 이 단계에서는 부모 스스로 직접 놀이시간을 운영해 나간다.

#### ② 부모-자녀 심리치료(Parent-Chlid Psychotherapy: PCP)

부모-자녀 심리치료(PCP)는 부모를 훈련시켜 부모가 자녀에 대한 협력적 상담사로 기능할 수 있도록 돕는 접근방법이다. PCP는 주로 영아와 유아 자녀를 둔 부모가 주 대상이며, 부모 외의 가족원도 포함할 수 있다.

개발 초기에는 가정폭력을 경험한 아동을 위해 부모가 보호자로서 이미지를 회복할 수 있도록 돕기 위함이었다. 핵심놀이는 아동의 상징놀이로, 아동의 외상적 사건이나 가족과 연관된 놀이도구를 선택해 놀이활동을 하도록 돕는다.

#### ③ 세대치료(Filial Therapy: FT)

세대치료(FP)는 비지시적 놀이원칙과 아동중심 놀이치료를 통합한 접근 방법으로 심리교육적 가족치료 접근으로 간주되기도 한다. 세대치료는 부모와 아동 간의 애착 증진과 함께 우울, 불안, ADHD, 학대, 외상, 행동장애 등 다양한 아동문제에 성공적으로 사용되어 왔다(Gil, 2016).

세대치료의 목표는 아동의 행동 문제를 최소화하고, 부모-자녀간 상호교육를 증진시키는 것으로 이를 위해 부모에게 의사소통과 문제해결 등 부모역할에 필요한 주요 기술들을 훈련시키는 것이다. 부모와 아동은 매주 두 가지 훈련을 받는데, 부모는 상담사와 아동 간의 놀이를 관찰하며 기술 훈련을 받고, 그후 부모는 상담사의

지도하에 아동과 함께 놀이를 실습하며, 가정에서 부모놀이시간 실행에 대해 지도감독을 받게 된다.

④ 자녀-부모 관계치료(Child-Parent Relationship Therapy: CPRT)

자녀-부모 관계치료(CPRT)는 세대치료(FP)를 바탕으로 10회기로 구조화된 접근이다. 놀이치료 기반의 부모교육 매뉴얼로 광범위한 양육 관련 문제에서 부모와 아동 모두에게 효과가 있는 것으로 밝혀졌다.

⑤ 치료놀이(Theraplay)

치료놀이(Theraplay)는 애착이론과 대상관계이론을 바탕으로 미국 헤드스타트(Head Start) 프로그램 대상 부모자녀 간 안전애착 증진 수단으로 개발되었다. 치료놀이는 아동과 가족의 특별한 요구에 적합하도록 주의 깊게 선택한 놀이활동을 통해 부모자녀관계의 취약점을 보완하고 건강한 관계를 지원하도록 하는 강점기반의 놀이접근방법이다.

상담사와 부모는 표준화된 놀이치료기법을 사용하지 않으며, 짧고 집중적으로 회기를 진행한다. 초기 몇 회기동안 부모는 일방경을 통해 상담사와 아동의 치료놀이를 관찰하며 코칭을 받는다. 4회기까지 부모는 회기 안에서 치료의 협력자로 참여하고 가정으로 돌아가 치료놀이를 잘 진행할 수 있도록 피드백을 받는다. 치료놀이는 위탁가정이나 입양가정에서 특히 효과적인 접근으로 알려져 있으며, 가족치료나 부부치료와의 통합 적용에도 적합한 놀이치료 접근으로 평가된다.

## 2) 가족치료

가족치료는 20세기 중반 미국에서 시작되었는데 기존 심리치료의 패러다임인 직선적 인식론의 대안으로 순환론적 인식론을 수용하면서 인간의 갈등과 문제를 해결하기 위해 맥락을 살펴보는 관계적 관점을 취한다. 가족치료는 개인심리치료의 한계를 느끼고 가족을 단위로 하는 개입 필요성을 제기한 여러 전문영역에 의해 탄생했다. 따라서 가족치료의 다학제적 성격과 생태체계론적 정체성은 지금까지 이어지고 있다.

가족치료의 단위는 개인이 아니라 개인을 둘러싼 관계의 망인 가족관계이며, 개인심리치료에 비해 상담 기간이 짧은 편이다. 일반체계론과 사이버네틱스를 배경으로 구축되었던 전통적 가족치료는 1980년대 후반 포스트모더니즘 사조가 등장하고 정보화와 세계화의 추세 속에 새로운 도전을 맞게 되었다. 지난 70여 년간 다양한 가족치료모델이 출현했지만, 그중 대표적인 모델들을 범주별로 살펴보면 〈표 1-2〉와 같다.

**표 1-2** 가족치료의 범주와 모델

| 범주 | 가족치료모델 |
|---|---|
| 정신역동 모델 | 대상관계 가족치료 |
| 체계 모델 | 보웬 다세대 가족치료 |
| | 경험적 가족치료 |
| | 구조적 가족치료 |
| | 전략적 가족치료 |
| 후기근대주의 | 해결중심 단기치료 |
| | 이야기치료 |

### (1) 대상관계 가족치료

대상관계 가족치료모델은 프로이드(Freud)의 정신분석이론에서 출발해 체계론적 가족치료 관점을 수용해 통합한 모델이다. 대상관계는 개인에게 중요한 타인인 아버지와 어머니 같은 실제 외적 대상과 그 대상과의 경험으로 인해 형성된 심리 내면의 내적 대상, 두 가지 대상(object)에 주목한다. 유아는 출생 이후 경험한 대상관계 경험의 좋고 나쁨에 따라 자아가 분열되는데, 이후 현실적 대상 관계가 아닌 마음속 대상에 집착하거나 충돌이 일어날 때 정신병리를 갖게 된다(전영주 외, 2022).

대상관계 가족치료는 가족의 호소문제와 갈등의 원인을 어린 시절 또는 현재의 주요 양육자와의 관계에 초점을 두고 그 대상관계에서 내재화된 대인관계 패턴을 분석함으로써 현재 가족의 관계 양상을 이해하고자 한다. 치료과정에서 내담자가 부모와의 관계에서 발생한 분열, 투사, 투사적 동일시와 같은 심리적 기제를 인식하고 통합을 시도하도록 지지한다.

### (2) 보웬 다세대 가족치료

보웬(Murray Bowen)은 개인의 증상을 다세대 가족의 맥락에서 보고 가족 정서과정에 대한 가족체계이론을 구축하였다. 보웬은 가족의 정서과정이 핵가족을 넘어 여러 세대를 통해 지속되며, 이전 세대에서 제대로 해결되지 않은 문제는 다음 세대로 넘어가서 문제를 일으킨다고 보았다. 가족원은 가족이라는 '정서적 장(emotional field)' 안에서 반응하는 정서적 자극의 복합체라고 보았다.

보웬은 가족 내 정서과정이 강할수록 가족원은 서로 의존성이 높고 정서적 반응성도 높아진다고 보았다. 모든 가족은 덜 심각한 문제에서 매우 심각한 임상문제까지 일련의 연속선상 위에 존재하며, 가족의 정서과정과 개인의 증상은 전체 가족원 모두가 관여된 과정으로, 모든 가족원이 문제를 키우고 유지하는 데 역할을 하는 것으로 보았다. 치료과정은 가계도 작업 등을 통해 내담자의 자아분화를 촉진해 융합된 가족관계로부터 개별・분리화를 성취하는 데 초점을 둔다(전영주 외, 2022).

### (3) 경험적 가족치료

경험적 가족치료는 인본주의 심리학, 게슈탈트, 참만남 집단, 심리극 등의 영향을 받은 가족치료모델로, 긍정적이고 성장과 변화가 가능한 인간관을 가정한다. 치료자와 가족원 간에 일어나는 지금-여기에서의 상황과 경험을 중요시하였으며 이러한 경험을 통해 성장한다고 보았다. 대표적 치료자인 사티어(Virginia Satir)는 오랜 임상경험을 통해 가족이 역기능적일 때, 낮은 자존감, 역기능적 대처방식과 의사소통 유형 그리고 경직된 가족규칙이 나타남을 발견하였다. 따라서 문제의 증상 해결보다 가족원의 자존감 향상, 역기능적 의사소통의 변화, 가족 규칙의 변화를 치료목표로 한다(전영주 외, 2022).

### (4) 구조적 가족치료

구조적 가족치료모델은 뉴욕 빈곤 청소년 가족을 돕던 정신과 의사 미누친(Savador Minuchin)이 개발했는데, 가족 상호작용에 나타나는 조직적이고 반복적이면서도 지속적인 가족 행동의 패턴을 찾는 데 초점을 둔다. 가족의 문제는 역기능적 가족구조에 의해 유지되는 것이며, 가족구조가 변하게 되면 가족을 이루는 구성원의 행동이나 심리 과정도 변화한다고 보았다.

대표적 치료자인 미누친(Salvador Minuchin)은 치료자가 좀 더 적극적으로 개입하고 구체적이면서도 행동적인 접근을 할 때 가족의 변화를 이끌어낼 수 있다고 본다. 구조적 가족치료는 가족구조의 변화에 초점을 두는 것을 목표로 하고, 상담자는 가족의 재구조화를 위해 적극적으로 개입하는 것이 특징이다. 내담자의 증상이나 호소하는 문제들은 이러한 목적을 달성하는 과정에서 자연스럽게 사라진다고 본다. 치료자는 가족의 구성원으로 가족에 합류하고 가족을 있는 그대로의 모습으로 존중하면서 재구조화하기 위한 치료적 개입을 시도한다(전영주 외, 2022).

### (5) 전략적 가족치료

전략적 가족치료모델은 가족의 파괴적이고 만성적인 역기능적 상호작용에 주목하면서, 의사소통의 '내용'이 문제가 아니라 의사소통 '과정'이 문제라는 데 초점을 둔다. 이 치료모델은 만성적으로 지속되는 가족문제에 직접적으로 개입하여 간결하지만 강력한 기법을 통해 단기간에 가족의 변화를 유도한다.

순환적 인식론에 근거한 이러한 발견은 치료의 초점을 개인의 심리내적 역동에서 문제를 유지시키는 상호작용으로 전환시키는 데 기여했다. 전략적 개입은 반복적이나 부정적인 가족행동의 악순환을 끊어버리는 데 초점을 둔 단기치료모델로 자리를 잡았다. 전략적 가족치료모델의 치료 접근은 세 단계로 나눌 수 있는데, 첫째, 같은 해결방법에 고착되어 문제를 유지시키는 정적 피드백 고리를 확인하고, 둘째, 이러한 역기능적 상호작용을 유지하는 가족규칙을 파악하며, 셋째, 가족규칙을 변화시킬 수 있는 전략을 찾는다(전영주 외, 2022).

### (6) 해결중심 단기치료

해결중심 단기치료는 대표적인 후기근대주의 치료모델로, 상담에서 일어나는 언어적 구성과정이 중요하다고 보고, 상담자와 내담자가 협력하여 내담자의 불평이나 문제에 대해 새로운 의미를 구성해 해결방안 구축에 적용한다. 전통적 상담모델이 내담자의 문제 원인을 분석하고 설명하는데 많은 노력과 시간을 들인 것과 달리, 해결중심 단기치료는 문제가 되지 않는 예외상황을 발견하는 데 초점을 둔다.

해결중심 상담자는 변화의 촉진자로서 내담자의 강점과 자원을 활용하여 예외를 통한 성공적 경험을 자각하게 하고, 성공적인 행동을 더 많이 하게 하여 지각과 상호작용의 변화를 하도록 협력한다. 해결중심 치료자는 해결로 이끄는 대화를 한다. 이러한 예외를 찾는 해결대화는 내담자와의 협력적 작업이 중요하다. 상담자는 내담자가 중요한 사람의 행동과 상황을 다르게 해석해서 생각하고, 행동하여 자신이 처한 맥락에서의 상호작용을 바꿈으로써 더 큰 변화를 시작하도록 한다(전영주 외, 2022).

### (7) 이야기치료

이야기치료는 내담자의 실재가 객관적으로 존재하기보다 타인과의 상호작용과 언어를 통해 구성된다고 보고, 치료 대화를 통해 내담자가 같은 상황을 다른 관점에서 보고 이야기할 수 있다면 문제는 해결된다고 보는 탈근대주의 모델이다. 이야기치료는 내담자의 인생에 부정적인 영향을 미치는 자기패배적인 지배적 이야기를 대체할 수 있는 대안적 이야기를 만들어 가는 데 초점을 둔다.

이 상담모델은 문제의 외재화 작업을 통해 문제를 형성하는 데 기여하는 사회문화적 영향을 해체하는 데 주력하여 내담자와 문제를 분리하고 정체성을 새롭게 발견한다. 새롭게 발견해 낸 정체성은 내담자와 상담자가 공유할 뿐 아니라 정의예식을 통해 타인과 공유되고 그들의 인정을 받는 과정을 통해 확고하게 자신의 정체성으로 만들어진다.

이야기치료는 내담자가 이미 형성한 담론 때문에 그동안 드러나지 못하거나 잊고 있던 지식, 기술, 경쟁력을 그들의 경험 속에서 찾아내고 활용하도록 하여 새로운 이야기를 쓰게 도와준다. 내담자의 문제와 관계에 대한 이야기는 다양한 질문기법을 통해 다시 구성된다(전영주 외, 2022).



## 3 가족놀이치료의 이해

### 1) 가족놀이치료의 특징

#### (1) 언어와 놀이의 균형

Busby와 Lufkin(1992)는 심리치료가 언어적, 인지적 작업이라는 생각을 넘어서야 할 때라고 했다(Gil, 2015에서 재인용). 치유와 성장을 위한 도구가 항상 진지하고 심각해야 하는 것은 아니다. 가족놀이치료는 말로 하는 치료(talk therapy)와 놀이로 하는 치료(play therapy) 간의 균형을 중시하는 접근으로, 아동을 비롯해 어떤 가족원도 소통에서 배제되지 않는 상담이 가능하다. 종종 성인도 놀이과정에서 자신의 내면에 있는 아이를 만나 정서적 연결을 이룬다.

언어중심의 가족치료와 놀이중심의 놀이치료 두 분야는 상호보완적으로, 두 접근이 통합될 때 각 접근의 목표달성에 시너지 효과를 가져오며 더 나은 치료효과를 얻을 수 있다. 그런 점에서 가족놀이치료 활용에 대한 관심이 높아져 왔다(서정은, 전영주, 2021).

언제 가족놀이치료를 사용하는가?

- 가족원 중 언어로 하는 상담에 관심 없거나 지루해하는 어린 가족원이 있을 때
- 가족이 문제와 감정을 드러내길 불편해할 때
- 지나치게 말이 없는 가족의 경우
- 가족에게 언어사용 문제가 있는 경우(청각/언어장애, 또는 이민자 등)
- 가족이 지나치게 분석적이고 판단 중심일 때
- 상담이 교착상태에 직면했을 때
- 가라앉은 가족역동을 변화시키고자 할 때
- 새로운 가족역동을 위해 웃음과 기쁨이 필요할 때

출처: Gil(2015). Play in Family Therapy에서 발췌, 수정.

### (2) 통합과 협력 기반 접근

아동과 가족을 조력하는 데 있어 한 가지 모델이나 이론적 접근이 모든 사례, 모든 문제에 효과적일 수 없다. 가족놀이치료는 순환적 인식론에 기반한 체계론적 관점과 발달이론(애착이론 등), 정신역동, 탈근대주의 모델들의 통합적 패러다임을 적용한다. 또한, 최근 주목받고 있는 신경생물학적 관점도 가족놀이치료의 개념과 연결되고 있다. 따라서 가족놀이치료는 다양한 치료과정과 기법을 통해 내담자의 사례에 맞춤형으로 조력하는 통합적 접근이다.

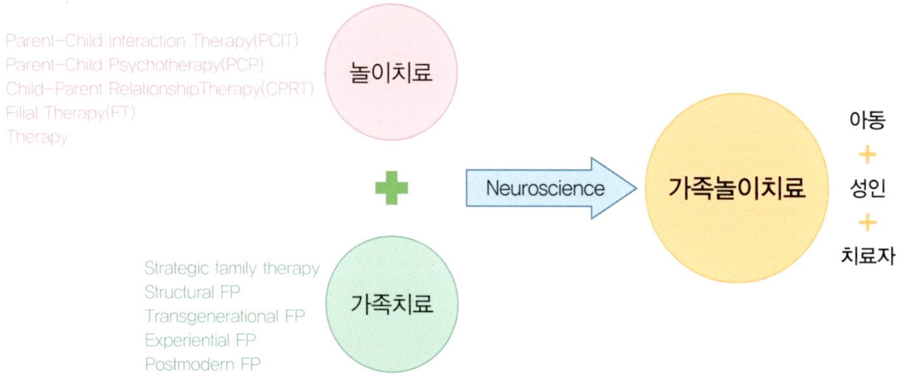


**그림 1-5** 가족놀이치료의 통합성과 협력성

출처: Chun, Y. J. (2023). The practice of family play therapy in Korea. 8th Annual Conference of Asian Academy of Family Therapy. Hong Kong.

가족놀이치료에 활용되는 놀이매체 또한 다양하다. 피규어(인형)를 포함해 미술 매체, 보드게임, 단어나 그림카드, 신체활동 등 여러 매체가 가족의 문제나 발달단계나 선호도에 따라 창의적으로 선택될 수 있다. 또한, 사례에 따라 아동중심, 부모중심, 부부중심, 또는 가족중심 놀이치료가 선택적으로, 또는 절충적으로 활용될 수 있다.

가족놀이치료는 한 세대 이상의 가족을 동시에 참여시키는 통합적, 협력적 작업이다. 놀이치료과정은 상담사의 역량에 의존하기보다, 가족 스스로 자신들만의 방법을 창조하며 성장과 치유로 나아가도록 한다. 상징 기반의 가족놀이치료는 상담실에 있는 가족원들에게 즐거운 경험을 제공하면서 가족의 정신 내적 문제와 대인관계 문제를 동시에 다룰 수 있다. 또한, 아동기 자녀 가족뿐만 아니라 청각 및 언어장애가 있는 가족, 다문화가족, 재혼가족, 한부모가족 등 특수한 욕구가 있는 가족에게 특히 활용성이 높다.

가족놀이치료에서 아동과 가족, 상담자 모두가 놀이 참여자로, 함께 즐기고 성장하며, 문제 해결을 위해 협력하며 자신의 역할을 다한다. 상담자가 놀이활동이 즐겁지 않다면 상담의 효과는 낮아진다. 내담자의 창의적 표현을 촉진하기 위해서는 상담자가 먼저 창의성을 개발하고 창의적 표현을 할 수 있어야 한다. 상담자는 놀이에 대한 각 참여자의 발달단계와 흥미, 수준을 고려하며, 내담자 가족의 특수한 욕구를 존중해 놀이를 선택하고 촉진하며, 놀이과정에서 내담자의 창의적 은유와 함께 머물러주고 견뎌주고 버텨주는 역할을 한다.

결론적으로 가족놀이치료는 통합(integration)과 협력(cooperation)의 특징을 가진 접근이다. 즉, 언어적 개입과 매체적 개입의 균형, 아동과 성인 개입의 균형, 개인과 체계의 균형 등 놀이치료와 가족치료의 접근이 만난 협력적, 통합적 조력 모델이다.

가족놀이치료의 이점

- 성인과 아동이 함께 참여할 수 있다.
- 접근이 어려운 내면의 자원을 깨워 활용한다.
- 기쁨, 행복감 등 긍정적 정서가 증진된다.
- 경직된 신체와 감정을 활성화시킨다.
- 경직된 사고를 유연하게 해준다.
- 신선한 자극을 주고 긴장을 풀어준다.
- 성인도 놀이에 참여하면서 새로운 발견을 할 수 있다.
- 상담자와 내담자의 창의적 표현이 가능하다.
- 상담자와 내담자가 함께 즐거움을 경험하며 협력적 작업이 가능하다.

### (3) 다양한 세대의 참여

가족놀이치료의 유형은 세대에 따라 아동 및 청소년 자녀 중심의 가족놀이치료와 성인중심 가족놀이치료로 나눌 수 있다. 미성년 자녀와 성인인 부모가 함께 참여하는 가족놀이치료는 자녀의 연령 및 발달단계에 따라 놀이의 유형도 달라진다. 자녀가 유아기, 학령전기, 학령후기, 청소년기 중 어느 시기에 있느냐에 따라 내담자나 상담자가 선택하는 놀이매체나 활동에 차이가 있을 수 있다.

한편 성인 가족으로만 이루어진 내담자에게도 가족놀이치료를 시행할 수 있다. 자녀가 상담에 참여하기 어렵거나 언어적 상담에 대한 부모의 저항이 클 때, 부모놀이치료는 부모상담의 유용한 방식이 될 수 있다. 부부나 커플 대상 또한 은유의 세계에서 더 깊은 이해를 촉진할 수 있도록 돕는 커플놀이치료가 유용할 수 있다(전영주, 2024).

**표 1-3** 세대에 따른 가족놀이치료 유형

| 범주 | 유형 | 참여자 |
|---|---|---|
| 아동·청소년 중심 가족놀이치료 | 아동자녀 가족놀이치료 | 아동자녀, 부, 모 |
| | 청소년자녀 가족놀이치료 | 청소년자녀, 부, 모 |
| 성인 중심 가족놀이치료 | 부모놀이치료 | 부, 모 |
| | 커플놀이치료 | 커플/부부 |
| | 성인자녀 가족놀이치료 | 성인자녀, 부, 모 |



## 2) 가족놀이치료와 은유

### (1) 치료적 은유

은유(metaphor)는 연상이나 대조, 유사 등을 통해 효력을 발생시키는 수사적 비유법으로 무엇인가를 표현하기 위한 상징이다. 은유는 심리치료 및 가족치료 분야에서 오랫동안 매우 중요한 치료 도구로 사용되었다. 내담자가 의식 수준에서 사건이나 이슈를 받아들이기에 너무 고통스럽거나 표출하는 것이 곤혹스러울 때 은유는 유용한 치료적 도구이다.

치료적 은유를 잘 활용했던 대표적 임상가로 밀튼 에릭슨(Milton Erickson)과 버지니아 사티어(Virginia Satir)를 꼽을 수 있다. 에릭슨은 내담자가 회기에서 드러낸 은유의 범위에 임상적 초점을 두고 내담자들이 의미를 창조하도록 격려하였다. 사티어(Satir)는 가족치료과정에서 구성원들이 서로에게 표현하고자 하는 것을 은유를 사용하여 간접적으로 의사소통을 하도록 하는 기법을 즐겨 사용하였다. 또한, 가족원들이 사용하는 은유를 파악하여 가족체계의 변화를 촉진하고 가족역동의 수단으로 이용하였다(김춘경, 이수연, 이윤주, 정종진, 최웅용, 2016).

상담자가 은유를 잘 활용할 경우, 상담에 창조적 에너지를 불러일으키고, 숨겨진 사실에 대해 탐색할 수 있는 틈새를 허락하며, 대안적인 이야기를 발견할 수 있도록 해준다. 은유는 무의식적 의미 규명을 위해 노력할 필요 없이, 내담자가 자연스럽게 연상할 수 있도록 해주는 장점이 있다(Gil, 2015). 상담자들은 내담자의 은유에 대해 억지로 해석하기보다는 창조된 은유와 함께 내담자와 "머무르는" 방식 또는 "버텨주는" 자세를 취한다.

"치료적 은유는 인간의 잠재의식과 소통하며 개인의 변화와 성장 과정을 조력하는 가장 우아한 도구 중 하나이다."
- Esparza(2010)

출처: Gil(2015). Play in Family Therapy.

### (2) 창조적 은유의 활용

상담자는 내담자가 즐거운 활동을 통해 창조한 은유를 구조적 개입으로 구체화한다. 내담자가 만든 은유를 가지고 자유롭고 발전적으로 상호작용할 수 있도록 돕는 것은 상담자의 역할이다. 상담자가 내담자의 은유에 대해 해석하기보다, "견뎌주고" "머무르는" 자세를 유지할 때 내담자는 은유에 자신을 투영해 새로운 방식으로 자신을 경험하고, 통찰과 변화의 기회를 가지게 된다.

은유는 개인의 이야기에서 나올 수도 있고 가족이 집단으로 창조할 수 있다. 인형놀이나 모래놀이, 미술작업 등에서 은유는 이야기에 등장하거나 행동으로 표현되기도 한다(Gil, 2015). 내담자는 은유를 통해 스스로에 대해 더 깊이 이해할 수 있고, 의식 아래 감추어져 있던 내면의 문제를 수월하게 표출할 수 있다.

성인 상담의 경우 진지하고 인지적이어야 한다는 통념이 있다. 놀이치료에서 성인 내담자는 놀이적 기법에 대해 진지하지 않고 유치하다고 생각할 수 있다. 그러나 성인을 위한 상담도 놀이 기법을 포함하는데 역할극이나 가상놀이 등은 가족과 상담할 때 사용하는 놀이적 기법이다. 또한, 전략적 가족치료의 위장기법, 해결중심단기치료의 기적질문, 악몽질문 등도 성인 대상의 상담에서 사용되는 놀이적 기법의 예이다.

은유는 또한 성인 내담자가 자신의 문제를 드러내는 것을 꺼릴 때 비유를 통해 변화를 유도할 수 있도록 도와준다. 구체적으로 가족의 행동 목표를 정한 후에 그 행동과 유사하되 좀 더 쉬운 행동(은유적 행동)을 선택해 실행하도록 한다. 실행과정에서 은유적 행동에 대한 내담자의 사고방식을 이야기할 수 있게 하고 관련된 과제를 준다(전영주 외, 2022).

Gil(2015)은 성인 내담자와의 가족놀이치료 사례에서 9가지 은유의 과정에 주목했다. 9가지 은유의 과정은 ① 내면의 은유 창조, ② 은유의 외현화, ③ 은유를 구체화하려는 의지, ④ 투사에 참여, ⑤ 피규어를 사용한 은유에 대한 성찰, ⑥ 은유에 의해 자신이 움직이도록 허용, ⑦ 은유에 새 요소를 도입해 변형시키기, ⑧ 은유 외현화와 변형 성취, ⑨ 현실에서 변화를 만들도록 격려 등을 포함한다.



## 3) 상담자의 창의성

### (1) 창의성과 놀이성

창의성이란 "새로운 것을 생각해 내는 특성"으로 새로운 것을 창조하고자 하는 열망과 자세, 사고방식 등을 포함한다(Gil, 2015). 로저스(Carl Rogers)는 상담자의 핵심 자질로 일치성을 강조했는데, 상담자 본인이 창조적 존재로서 타인 및 세계와 관계맺음에서의 일치성을 경험해야 한다고 했다. Hecker와 Kottler(2002)는 창의성이란 시간과 함께 배우고, 개발하고, 육성할 수 있는 기술, 내담자와 함께 생각하고 나누는 방식이라고 하였다. 내담자가 상담에서 짧은 시간 안에 더 많이 성취하기 위해서는 숙련된 상담자의 개입, 진술, 반응 안에 풍부한 창의적 사고와 인식, 민감성이 필요하다(Carson, 1999).

상담실을 찾는 내담 가족은 분위기가 무겁고 진지해지기 쉽다. 상담에 활력을 불어넣는 것은 상담사의 책임이며, 창의성과 놀이성은 상담실의 분위기를 전환할 수 있는 핵심 요소이다(Reiter, 2021). 창의성과 놀이성은 내담자가 현재의 어려움을 인정하면서도 대안적 경험과 이야기를 위한 공간을 열 수 있도록 도와준다. 상담자의 유머, 융통성, 즉흥성, 엉뚱함, 모험심 등은 상담사의 놀이 태도에 필요한 특성들이다.

놀이성(playfulness)과 창의성(creativity)은 서로 밀접한 관련을 가지고 있으며, 두 요인 모두 전생애적 건강과 연관되어 있다. 성인발달연구에 따르면 놀이는 건강한 노화 과정의 핵심으로, 놀이성과 창조성 모두 은퇴 후 안녕감과 행복감을 결정짓는 주요 요인 중 하나이다(Kestly, 2021).

최근 임상 현장에서 단기적이며 솔루션 위주의 접근 방식의 사용이 늘면서 상담자의 창의적 사고와 기동성이 강조되고 있다(Kiser & Piercy, 2001). 내담자의 창조적 과정을 변화와 치유로 연결하기 위해서는 상담자의 개인적 창의력을 개발하는 것이 매우 중요하다(Gil, 2015). 상담에서 창의성 기반 접근은 내담자가 적극적으로 참여하고 변화를 위한 책임이 있음을 의미하며 창의적, 경험적 개입의 상담에서 추격을 중단하는데도 도움이 된다(Jacobs, 1994).

### 가족놀이치료에서 상담자 역할

- 가족놀이치료는 내담가족과 상담자 모두 놀이 참여자로서 함께 즐기며 성장한다.
- 상담자에게 놀이활동이 즐겁지 않으면 상담의 효과는 떨어진다.
- 내담자의 창의적 표현을 촉진하려면 상담자가 본인의 창의성을 개발하고 창의적 표현을 할 수 있어야 한다.
- 창의적 상담사는 융통성, 유머, 모험심을 가져야 한다.
- 상담자는 놀이과정에서 해석해주는 역할이 아닌, 내담자의 창의적 은유에 함께 머물러주고 견뎌주고 버텨주는 역할을 한다.
- 상담자는 놀이 참여자의 발달단계와 흥미, 수준과 내담가족의 특수한 욕구를 존중해 놀이를 선택한다.

## (2) 임상적 창의성

가족놀이치료에서 상담자와 내담자의 창의성은 모두 중요하다. 상담자가 내담자의 창조성을 일깨우고 표현할 수 있도록 격려하기 위해서는 상담자 먼저 본인의 창의성을 개발하고 타인의 창의성에 대한 개방적 태도를 가져야 한다.

Terr(1999)는 상담자가 놀이활동에서 즐거움을 느끼지 못한다면 그 상담은 성공할 가능성이 낮다고 하였다. 창의적 마음가짐과 표현적 과정을 통합하는 과정이 상담자 자신에게 의미있고 일치하는 창의적 실천으로 발전되고, 상담자 본인의 상담적 직관에 대한 자신감을 가질 때 창의적인 가족놀이치료를 실시할 수 있다(Gil, 2015).

Schofield(2002)는 상담자가 개인, 커플 및 가족을 상담할 때 창의성의 다양한 원칙과 기술을 다루어야 하므로, 놀이, 미술 치료의 언어 및 비언어적 사용, 유머를 사용하는 것이 상담에서 중요한 경험이라 하였다(Schofield, 2002). 가족치료의 실천에서 창의성은 경험적 개입을 넘어 종종 내담자 삶에 교정적, 관계적, 정서적 경험을 포함하고 다양한 기회를 허용하고 제공하는 이점이 있다(Carson & Becker, 2003). 상담자는 놀이과정 속의 풍부한 은유를 통해 깊은 수준에서 가족의 상호작용을 관찰하거나 개입할 수 있다.

이처럼 창의성은 치료과정의 핵심이지만, 대다수 상담자는 창의적 자원을 상담에 효과적으로 사용할 수 있도록 하는 훈련이 부족한 편이다(Hecker & Kottler, 2002). 상담훈련과 수련과정에서 주로 언어적 의사소통 중심의 훈련을 받기 때문에 상담자들은 창의적이고 표현적인 기법 사용에 대해 양가감정을 느끼는 경향이 있다. 즉, 상담에서 창의적 접근을 사용하기 원하지만, 상징과 은유 기반의 대화에 대해 부담감과 불편함을 느끼거나 가족놀이치료를 수행하는 본인의 임상적 창의성에 대해 의문을 품기도 한다(Gil, 2015). 그러나 이것은 일반적인 경험이며, 해법을 찾기 위한 지나친 노력을 멈출 때 오히려 창의성이 솟아날 수 있다.

놀이 및 예술 분야의 창의성에서 표현적 과정은 필수적 요소이다(Gil, 2015). 표현적 과정을 위해서는 창의성과 함께 용기와 자신감이 필요하다. 상담자가 창의적 개입을 편안하게 하기 위해서는 본인의 표현적 과정에 대한 편안할 때 임상 장면에서 창의적 역량을 확장할 수 있다.

### 거친 가족 사례

사례

상담자는 최근 이혼 후 사춘기 딸들의 양육에 어려움을 겪고 있는 아버지를 만났다. 의복 사이로 드러난 아버지 목과 팔에 가득한 문신과 거친 언행은 그의 삶이 평탄치 못했음을 느끼게 해주었다. 아버지의 주 호소문제는 큰딸의 가출과 음주, 흡연 등 일탈 행위, 그리고 최근 작은딸 역시 언니의 행동을 닮아가고 있는 점이었다. 그러나 부녀간의 원활한 의사소통이 어려워 가족의 갈등은 깊어만 가고 있는 상태였다.

딸들은 아버지의 강요로 상담에 참여하기는 했지만, 경직되고 거부적인 자세로 임했다. 첫 회기에서 어색하고 소원한 가족들을 위해 갈등의 골이 깊은 가족의 언어적 소통을 최소화하기 위해 상담자는 놀이가계도를 실시하였다. 각 가족원은 피규어를 선택해 서로를 어떻게 인식하는지 은유와 상징을 통해 이해하는 기회를 가졌다. 두 번째 회기에서는 메시지 젠가 놀이를 통해 재미와 함께 게임의 역동을 촉진했다. 가족원들은 젠가에 새겨진 메시지와 질문에 답하며 힘들지만 조금씩 속내를 드러내기 시작했다. 이 과정에서 아버지와 큰딸은 눈물을 흘리며 조금씩 자신의 힘든 내면을 보여주었고 부녀는 서로 힘들었던 것에 공감하였다. 각 회기의 즐거운 놀이활동은 소통에

서툴렀던 거친 가족에게 재미와 함께 서로를 이해하고, 공감하고, 치유의 기회를 제공하였다.

가족놀이치료 10회기를 마칠 즈음 가족은 서로에 대한 이해가 높아졌고 부녀갈등이 줄어들었으며 딸들의 일탈 행동도 감소하였다. 아버지의 거친 언행이 순화되었고, 이혼한 전처도 딸들의 양육에 협력하기로 했다. 상담을 종결할 때, 아버지와 딸들은 초반 상담에 대한 편견을 가지고 있어 긴장하며 임했는데, 가족놀이치료를 통해 편안하고 즐거운 마음으로 상담에 참여할 수 있었고 더불어 가족의 변화도 가져오게 되어 크게 만족한다고 보고하였다.

## 4) 가족놀이치료의 실제

### (1) 매체 유형

놀이에 활용할 수 있는 매체는 무궁무진하다. 자연과 사회 환경에서 접하는 대부분의 재료와 물건은 놀이에 활용될 수 있다. 외부 매체를 사용하지 않더라도 몸을 활용하는 신체활동 역시 기본적이며 매우 중요한 놀이 중 하나이다.

창의성을 발휘한다면 상담실에서 사용될 수 있는 매체의 종류는 더욱 넓어진다. 구조화된 아동중심 놀이치료에서 제한된 놀잇감을 사용하는 반면, 가족놀이치료에서는 보다 자유롭고 다양한 매체 활용이 가능하다. 가장 보편적인 매체로 피규어, 카드, 보드게임, 미술매체, 신체활동 등을 사용하나, 음식, 돌(자갈), 식물, 악세서리, 동화책 등 우리의 일상생활에서 흔히 접할 수 있는 재료를 사용할 수도 있다.

최근 디지털 기술 개발과 함께 증강현실(VR), 메타버스, 인공지능(AI) 등의 기술이 상담과 접목되고 있다. 아동과 청소년들의 놀이 또한 컴퓨터나 모바일기기의 게임에 치우치고 있어 이러한 현실을 반영한 디지털 놀이치료에 대한 관심이 높아지고 있다. ADHD나 우울 등 다양한 문제에 대해 디지털 기반의 놀이치료가 개발되고 있으며, 온라인 매체의 가족놀이치료 또한 확대될 것으로 기대된다(정태명, 2024).

### 성인을 위한 놀이공간

- 아동놀이공간을 만들 때 고려할 사항 대부분이 성인 놀이공간에 적용되지만, 성인의 놀이공간은 성인만의 심미적 욕구를 고려해야 한다.
- 놀이공간의 장식이나 구성에서 성인만을 위한 공간임을 알려주는 분명한 메시지 전달이 필요하다.
- 아동과 성인 놀이공간을 분리해 준비하는 것이 부담스러울 경우, 성인만 사용할 수 있는 일부 매체는 높은 선반이나 잠금 장치가 있는 장에 보관할 수 있다.
- 성인의 가족놀이치료를 위한 공간은 사생활 보호를 위한 보다 완벽한 방음이 필요할 수 있다.

## (2) 단계별 과업

가족놀이치료는 변화를 위한 개입뿐만 아니라 가족 상호작용을 관찰하고 평가하는데 효과적인 접근이다. 치료자는 상담의 단계에 따라 어떤 요인을 중심으로 평가하고 개입해야 하는지 알고 있어야 한다.

### ① 초기 단계

상담 초기 가장 기본적이며 중요한 치료자의 과업은 내담자와 신뢰를 쌓고 라포를 형성하는 것이다. 가족역동에 대한 초기평가로 흔히 사용되는 활동으로 가족놀이가계도나 메시지젠가 등이 있다. 특히 상담에 대한 거부적인 가족원이 있거나 긴장 수준이 높을 때 언어 기반 면접보다 피규어를 활용한 놀이를 진행하면, 가족이 놀이하듯 편안하게 상담 참여가 가능하다.

가족 내 특수한 문제도 확인해야 하는데, 가정폭력(아동학대, 부부구타 등), 우울이나 불안과 같은 정신건강 이슈, 약물이나 알코올 의존, 혼외관계 등이 포함된다. 아동이나 저항이 심한 내담자의 경우, 그림 등 미술매체를 활용한 은유를 통해 문제를 확인할 수 있다.

### 초기 단계 멘트 예시

- (상담실에 비치된 피규어들을 안내하며) 자기 자신과 우리 가족 각 자에 대한 생각이나 느낌, 감정들을 잘 표현해 주는 피규어를 골라주세요.
- (카드나 피규어를 선택한 후) ○○를 제일 먼저 놓은 이유가 있나요?
- 현재의 가족 모습을 그 이미지카드로 선택한 이유에 대해 말해 주세요.
- 가족원들이 선택한 이미지카드를 보면서 어떤 느낌/생각이 드나요?

#### ② 중기 단계

상담 초반에 치료자와 가족의 라포 형성이 잘 이루어졌다면, 놀이를 통해 구체적인 변화를 촉진할 수 있는 중기 단계로 넘어간다. 중기 단계에서 가족에 대한 놀이 개입과 함께 평가와 개입도 순환적으로 이어진다.

중기 단계에서 상담자의 창의성 발휘를 위해서는 본인의 직관에 대한 자신감과 용기가 필요하다. 상담자는 내담자의 현 상황에서 필요한 놀이 매체를 주의깊게 선택하고, 필요한 놀이활동을 적극적으로 도입해 가족의 변화 창출을 유도한다. 상담자는 가족의 자원과 잠재력에도 관심을 기울여야 하는데, 강점카드 등을 사용하면서 가족의 자원에 대한 호기심과 질문은 던진다면 가라앉은 상담 분위기를 전환할 수 있다.

### 중기 단계 멘트 예시

- 만약 이 피규어들이 서로 바라보고 있다면 서로에게 무슨 말을 할까요? 이 피규어가 말할 수 있다면 무슨 말을 할까요? 누구에게 말할까요?
- 이렇게 표현한 가족의 이름을 붙인다면 무엇이라고 할 수 있을까요? (외재화 작업)
- 현재나 미래 가족모습을 수정하거나 추가할 수 있다면, 어떤 이미지카드를 선택하고 싶은가요? (목표 형성)

③ 후기

후기에는 내담가족의 호소문제가 개선되거나 해결되었는지, 가족관계가 개선되었는지 등을 평가하고 가족의 상담에서의 성취를 자축한다. 가족의 목표달성 정도를 평가하기 매체를 활용한 척도질문을 하거나, 카드를 사용해 상담에 대한 만족도를 알아볼 수 있다. 때로 상담초기에 했던 가족놀이가계도나 가족모래놀이를 후기에 다시 한번 시행하며 가족의 변화를 비교해 보기도 한다.

상담이 성공적으로 진행되었다고 해도 가족의 문제가 영구적으로 사라졌다고 할 수 없으므로 문제 재발 시 어떻게 대응해야 하는지 확인하는 것도 중요하다. 가족이 상담을 통해 성취한 부분을 확인하고 기념하며 축하하는 의식을 하며 회고와 작별을 준비한다.

**후기 멘트 예시**

- 가족에 대해 새롭게 알게 된 점이 있나요?
- 만일 ○○○(호소문제)이 다시 발생한다고 하면 어떻게 대응하시겠어요?
- 미래를 위해 나아갈 때 자신에게 힘이 되는 이미지카드 또는 필요한 이미지카드를 각자 선택해 주세요.



### (3) 질문기법

가족놀이치료에서 상담자는 은유와 함께 순환적 인식론에 기반한 순환질문이나 반영질문을 주로 주로 사용한다. 문제에 대해 직접적으로 질문하는 방식인 선형질문이나 유도를 위한 전략질문은 선형적 인식론에 기반한 질문법인 반면, 순환질문과 반영질문은 순환적 인식론에 기반한 질문이다(Patterson, Willams, Edwards, Chamow, & Grauf-Grounds, 2021).

### ① 순환질문(Circular Questioning)

순환질문은 순환적 인식론에 기초한 질문기법으로 체계론적 관점에서 가족원들이 가족이 서로 이해할 수 있도록 하기 위해 사용된다. 순환질문은 문제 중심의 직설적 메시지를 내포한 선형적 질문에 비해 관계 안에서 일어나는 상호 작용 중심의 간접적, 중립적 의사소통을 유도함으로써 가족의 저항을 줄이고 문제에 대한 객관적인 정보를 제공할 수 있다.

순환질문의 효과로 첫째, 가족원 간의 상호관계성을 탐색하게 하고, 둘째, 호소문제를 관계의 맥락에서 볼 수 있도록 돕고, 셋째, 가족과정에 심층적으로 다가가 그동안 유지되어 온 역기능적 패턴을 인식할 수 있게 해주며, 넷째, 가족관계에서 발생하는 혼란스러운 메시지들을 명확하게 해주며, 다섯째, 가족을 새롭게 인식하는 계기가 되어 변화를 이끌어 내준다.

순환질문의 하위 유형으로 첫째, 관계의 단위를 통해 관계적 맥락을 탐색하는 단위질문, 둘째, 가족원 간에 견해 차이를 인식하도록 돕는 차이질문, 셋째, 가족원들의 행동 연쇄과정을 통해 반복적인 상호작용패턴을 탐색하는 행동질문 등이 있다.

#### 순환질문 예시

- 토끼(어머님)와 코끼리(딸)의 평소 관계는 어떠한가요?
- 밤도깨비(아들의 밤샘 게임 문제에 대한 은유)에 대한 아버님의 생각을 이야기해 주시겠어요?
- 남편분이 선택한 카드(우울)를 보니 아내분은 어떤 감정이 드세요?
- 수달(아들)은 호랑이(아빠)와 사자(엄마)의 관계를 어떻게 볼까요?
- 파워레인저(내담자)가 화가 나면, 가족 중 누가 가장 불안해합니까?
- (보드게임에서) 이겼을 때 가장 분해 보이는 사람은 누구입니까?
- 악어(남편)가 토끼(딸)를 야단치고 있을 때 악어를 진정시키려고 노력하는 가족은 누구입니까?

### ② 반영질문

반영질문은 가족원들에게 미래에 대한 가설적 질문을 함으로써 가족원들이 자신의 행동에 대해 생각해 보고 새로운 대안을 고려하도록 돕는 질문 유형이다. 가족원은 자율적인 개인들로 이루어졌으므로 변화에 대해 스스로 결정할 수 있다는 것을 전제한다. 상담자는 반영질문을 통해 가족원들의 행동변화보다 새로운 반응과 대안을 생각해볼 수 있도록 지원한다. 또한, 반영질문은 관찰자인 제삼자가 중립적 입장에서 문제를 폭넓게 보고 이해할 수 있도록 돕는 장점이 있다(Patterson et al., 2021).

상담자는 가족원들이 스스로 문제해결의 자원을 활성화하도록 촉진하는 안내자나 코치의 역할을 한다. 반영질문은 상담사가 모든 해답을 가지고 있는 것이 아니라, 가족과 협력하면서 가족 문제 및 변화의 본질을 공동으로 구성해 가는 동반자라는 사실을 전제한다. 반영질문은 가족에게 자신들의 패턴을 반영해 보라고 요청함으로써 가족 패턴에서 새로운 가능성을 볼 수 있도록 도와주는 방식이다.

#### 반영질문 예시

- A가 B에게 이야기할 수 없는 어떤 감정이 있다면, B가 그 이야기를 듣고 싶어 한다는 것을 어떻게 A에게 알릴 수 있을까요?
- 꿀벌(딸)이 다시 예전처럼 벌집(학교)에 드나든다면 나비(어머니)의 일상은 어떻게 달라질까요?
- 달님(어머니)이 별님(아들)에게 분명하게 의견을 표현하고 전달한다면, 별님은 어떻게 반응할까요?

**표 1-4** 가족놀이치료 체크업

| 상담 날짜: 20 년 월 일<br>상담 시간: 시 분 ~ 시 분 | 내담 가족 별칭: ____________<br>회기: ______ |
|---|---|

**가족놀이치료 방식**

☐ 대면놀이(아날로그) ☐ 온라인놀이(디지털) ☐ 대면 + 온라인

**매체 유형**

☐ 피규어 ☐ 카드 ☐ 보드게임 ☐ 미술매체 ☐ 신체활동 ☐ 기타 ____________

**활동준비 및 재료**

☐

| 관찰영역 및 평가질문 | 체계적 질문 | |
|---|---|---|
| **초기**<br>☐ 호소문제 및 기대 ☐ 시도했던 해결방법<br>☐ 신뢰감 및 라포 형성 ☐ 가족자원 및 강점<br>☐ 정서조절역량 ☐ 정신건강(우울 등)<br>☐ 혼외관계 ☐ 가정폭력, 아동학대<br>☐ 약물, 알코올 의존 ☐ 가족 개방성 | 관계질문 | ☐ 순환질문 ☐ 반영질문<br>☐ 차이질문 ☐ 단위질문<br>☐ 행동질문 |
| | 초점 영역 | ☐ 정서 ☐ 인지 ☐ 행동 |
| | 시간 | ☐ 현재 ☐ 과거 ☐ 미래 |
| **초기 및 중기**<br>☐ 가족구조(위계, 경계) ☐ 가족생활주기 적응<br>☐ 가족과정(애착, 친밀감, 갈등, 권력, 역할 등)<br>☐ 가족 믿음과 인지 패턴(가족신념, 가훈 등)<br>☐ 가족의사소통(경청, 말하는 방식, 대화시간, 대화 빈도, 의사소통채널 등)<br>☐ 가족규칙 ☐ 가족자원 및 강점<br>☐ 젠더(성역할 등) ☐ 성문제<br>☐ 문화, 인종/민족 ☐ 연령 및 세대<br>☐ 계급 및 사회계층 ☐ 학교, 직장 등<br>☐ 이데올로기, 사회담론 ☐ 종교, 영성<br><br>**종결기**<br>☐ 호소문제 개선 ☐ 가족관계 개선<br>☐ 목표달성 만족도 ☐ 문제재발 대비<br>☐ 회고와 작별 ☐ 기타 | 관계치료 모델 | ☐ 정신역동<br>☐ 대상관계<br>☐ 다세대<br>☐ 경험적<br>☐ 구조적<br>☐ 전략적<br>☐ 인지행동<br>☐ 해결중심<br>☐ 이야기치료/내러티브<br>☐ 정서중심(EFT)<br>☐ 가트만<br>☐ 이마고<br>☐ 다중체계<br>☐ 내면가족체계(IFS)<br>☐ 신경생물학<br>☐ 기타 ____________ |

☐ 항목별 복수 표시 가능

02

CHAPTER

# 가족놀이치료 연구

전영주, 서정은, 남경화

1. 가족놀이치료 연구 동향 | 2. 가족놀이치료 활용 현황

3. 매체별 가족놀이치료

CHAPTER 02

# 가족놀이치료 연구

Family Play Therapy: Research and Practice

## 1 가족놀이치료 연구 동향[1]



### 1) 개요

국내에 가족놀이치료가 도입된 지 20여 년이 지났으며, 관련 연구 또한 증가 추세에 있다. 그러나 대부분의 연구가 가족놀이치료 프로그램 또는 사례연구에 집중되어 있다는 아쉬움이 있다.

서정은과 전영주(2021)는 2000년대부터 2020년까지 약 20년간 국내 전문학술지에 게재된 가족놀이치료 논문 19편을 바탕으로 가족놀이치료의 연구동향과 효과성을 고찰하였다. 본 장은 서정은, 전영주(2021)가 분석한 가족놀이치료 연구동향에 대해 이론적 모델, 참여 가족, 주요 주제, 상담회기 및 진행시간, 연구방법 등을 중심으로 살펴본다. 또한 이 연구들이 밝힌 가족놀이치료의 효과성을 살펴보겠다.

1 이 파트는 '서정은, 전영주(2021). 가족놀이치료 연구고찰: 2000년부터 2020년까지 발표된 국내 연구를 중심으로. 가족과 가족치료, 29(2), 321-342'의 일부를 수정, 발췌하였음.

## 2) 가족놀이치료 연구동향

### (1) 이론적 모델

가족놀이치료에 사용된 이론적 모델을 분석한 결과, 사회구성주의 관점의 가족놀이치료 2편, 전략적 가족놀이치료 2편, 경험적 가족놀이치료 2편, 통합적 가족놀이치료 2편, 해결중심 가족놀이치료 1편, 구조적 가족치료를 적용한 연구 1편 등이었다. 이 외에 선우현(2013)이 고안한 상호작용 가족놀이치료를 적용한 연구가 2편, 가족놀이치료에 매체를 활용한 연구가 3편, 정서중심상담에 가족놀이를 활용한 연구가 1편, 이론적 접목에 대한 언급 없이 가족치료에 놀이치료를 접목한 연구 3편 등으로 나타났다.

가족놀이치료에 매체 등을 통합 적용한 경우, 인형이나 음악치료를 통합 적용하였다. 한편 구조적 가족치료 이론에 가족모래놀이치료를 적용한 경우도 있었다. 함혜경, 유선, 길혜성(2020)은 Gil(2016)이 주장한 통합적 가족놀이치료적 접근과 구조적 · 경험적 · 해결중심 가족치료에 놀이치료 접근을 통합하여 통합적 가족놀이치료 프로그램을 구성했다고 밝혔다.

### (2) 참여 가족

가족놀이치료 참여자를 가족 단위로 살펴보면 최소 한 가족에서 최대 16가족까지 다양했으며 집단이 커질수록 한 가족당 참여 인원이 적었다. 집단으로 참여한 가족원의 인원수는 주로 2~4인으로 부모와 자녀로 구성된 핵가족 형태였으며, 2인의 경우 어머니와 자녀만 참여하였다. 단일사례의 경우 부모와 자녀들이 모두 참여한 경우가 많았다.

가족놀이치료에 참여한 아동의 연령은 3세~19세까지 다양하였다. 대부분 4세~7세 사이의 미취학 유아의 가족이거나, 초등학생 또는 유아와 청소년이 혼합된 양육보호시설집단도 있었다. 연구 참여자는 최소 3인으로 구성된 한 가족을 사례연구로 실시한 경우부터 16가족(총 39명)을 집단으로 실시한 경우까지 그 범위가 넓었다.

표 2-1 가족놀이치료 참여 가족

| 참여 가족 | 호소문제 |
|---|---|
| 유아 가족 | 애착 |
| 아동 가족 | 부모의 이혼, 재혼, 자아존중감 및 자기효능감, 위계질서 혼란, 주의력결핍 과잉행동, 정서행동장애, 어머니의 심리적 어려움 |
| 유아 · 아동 가족 | 부모의 맞벌이, 한부모가족, 자녀의 정서행동에 어려움 |
| 청소년 가족 | 애착과 가족 정서, 가족체계 또는 부부체계의 역기능 등의 어려움 |
| 만성질환 및 양육보호시설 | 상호작용 및 심리적 어려움, 양육자와의 친밀감과 상호작용 향상 |

### (3) 주요 주제

가족놀이치료 연구에서 주요하게 다루어진 주제를 보면 상호작용의 향상, 가족건강성 증진, 부모의 양육태도 향상, 자녀의 문제행동 개선 등에 초점을 두는 경우가 많았다. 가족놀이치료 연구의 참여자 특성을 살펴보면 유아, 아동, 청소년, 한부모가족, 희귀난치성질환 환우 가족, 시설에 있는 유아 · 아동 · 청소년까지 다양하였다.

유아 가족의 경우 애착 어려움을 호소하였고(노남숙, 한유진, 2014), 아동 가족은 부모의 이혼, 재혼, 자아존중감 및 자기효능감, 위계질서 혼란, 주의력결핍 과잉행동, 정서행동장애, 어머니의 심리적 어려움 등을 주로 호소하였다(김유숙, 2003, 2006; 선우현, 2007a, 2007b, 2007c; 유승은, 박부진, 2015; 이승희, 윤호열, 2007b; 이현주, 정문자, 2017; 함혜경 외, 2020). 유아 · 아동 가족은 부모의 맞벌이, 한부모가족, 자녀의 정서행동에 어려움이 있는 경우였다(김명애, 선우현, 2016; 김효선, 선우현, 2014; 선우현, 2013; 정현아, 선우현, 2012).

청소년과 부모가 참여한 경우 애착과 가족 정서, 가족체계 또는 부부체계의 역기능 등의 어려움을 호소하였다(조춘화, 2017; 최지원, 2017). 그 외 희귀난치성질환을 가지고 있는 환우와 가족의 상호작용 및 심리적 어려움의 호소(박재훈, 선우현, 2012), 양육보호시설에 보호받고 있는 유아·아동·청소년이 양육자와의 친밀감과 상호작용 향상을 위해 참여한 경우도 있었다(김효정, 선우현, 2015).

### (4) 상담회기 및 진행시간

가족놀이치료의 상담회기는 4회기에서 22회기까지 다양했으나, 8회기(8편)와 6회기(4편)가 가장 많았다. 회기 간격은 매주 1회 진행되는 경우가 11편으로 가장 많았으며, 주 2회 진행된 경우가 2편 있었다. 치료시간은 최소 45분에서 최대 120분으로 진행되었다. 프로그램 진행시간은 대상과 프로그램 내용에 따라 다양하였으나 60분으로 진행된 경우가 6건으로 가장 많았다. 반면 회기와 시간을 언급하지 않은 경우도 4편 있었다.

한편 추후 연구가 실시된 경우, 프로그램 종결 5주 후(이승희, 윤호열, 2007a, 2007b), 6개월 후 전화상담으로 진행된 경우(최지원, 2017), 종결 10개월 후 진행된 경우(김유숙, 2006)가 있었다. 이들 모두 가족놀이치료 효과의 지속성 여부에 대해 평가하였고 대부분 그 효과가 지속되고 있었다.

### (5) 연구방법

가족놀이치료 연구에서 사용된 연구방법은 질적연구가 11편으로 가장 많았고, 혼합연구 8편, 양적연구만을 사용한 연구는 없는 것으로 나타났다. 자료수집방법은 질적연구의 경우 가족놀이치료 프로그램의 과정을 기록하고, 관찰, 상호작용 변화 분석을 하는 경우가 많았다. 혼합연구의 경우 주로 표준화된 척도를 활용하거나 관찰자 평정방법을 활용하였다.

**표 2-2** 질적분석 연구의 상담회기 및 연구방법

| 저자(연도) | 가족놀이치료 회기/시간 | 자료수집방법 | 분석방법 | |
|---|---|---|---|---|
| | | | 대분류 | 세분류 |
| 선우현 (2013) | 6회기/주 1회 60분 | 표준화 척도 녹화 · 관찰일지 · 슈퍼비전 내용 비교분석, 부모면담 보고서 | Giorgi 현상학 | Giorgi 현상학 5단계 분석 |
| 김효정, 선우현 (2015) | 6회기/주 1회 60분 | 표준화 척도 녹음, 녹화, 사진촬영, 문서화 | Moustakas 현상학 | Moustakas 현상학적 분석 |
| 김명애, 선우현 (2016) | 8회기/주 2회 60분 | 표준화 척도 녹화, 회기별 일지, 관찰노트, 슈퍼비전 자료 분석 | 질적분석 | 상호작용 변화 분석 |
| 최지원 (2017) | 5회기/NA | 심층면접, 녹화, 사진촬영 | 사례분석 | 회기별 변화 분석 |
| 이현주, 정문자 (2017) | 평균 22회/주 1회 약 45분 | 심층면접, 녹화, 전사, 질문지, 진단평가 보고서 | Creswell 분석방법 | Creswell 분석방법 6단계 |

* NA: 해당없음

**표 2-3** 혼합분석 연구의 상담회기 및 연구방법

| 저자(연도) | 가족놀이치료 회기/시간 | 주요 자료수집방법 | 자료분석방법 (양적/질적) |
|---|---|---|---|
| 김유숙 (2006) | 5회기/NA | 표준화 척도, 과정기록, 관찰, 면담 | 척도점수 변화 /상담 전 · 후 변화 비교 |
| 이승희, 윤호열 (2007a) | 경험적 8회기/주 1회 100분 구조화 8회기/주 1회 50분 | 표준화 척도, 관찰자 평정 | t-test, F검증, 사후검증, 관찰 빈도분석/관찰기록 |
| 이승희, 윤호열 (2007b) | 경험적 8회기/주 1회 100분 구조화 8회기/주 1회 60분 | 표준화 척도, 관찰자 평정 | t-test, F검증, 사후검증, 관찰 빈도분석/관찰기록 |
| 김효선, 선우현 (2014) | 6회기/주 1회 70분 | 표준화 척도 축어록, 참여관찰 | 척도점수 변화 /참여관찰, 회기별 변화 분석 |
| 노남숙, 한유진 (2014) | 실험 12회기/ 주 2회 60~90분 | 표준화 척도, 관찰 | 기술통계, Mann-Whitney U, Wilcoxon's signed-rank test /변화과정 분석 |

| 유승은, 박부진 (2015) | 16회기/NA | 표준화 척도, 관찰 | Mann-Whitney U, Wilcoxon's signed-rank test /가족모래상자 변화과정 분석 |
|---|---|---|---|
| 조춘화 (2017) | 8회기/NA 90~120분 | 녹음, 반응기록, 사진, 축어록, 상담기록지, 질문지 | Wilcoxon's signed-rank test /Colaizzi 분석방법, 상담 전후 변화 비교 |
| 함혜경, 유선, 길혜성(2020) | 9회기/주 1회 60~90분 (사전-사후) | 표준화 척도, 심층면접 | 기술통계, 사전-사후 반복측정, 효과 크기, 임상적 유의도, 대응표본 t-test/NA |

* NA: 해당없음

### 3) 가족놀이치료의 효과성

#### (1) 부모-자녀 상호작용

가족놀이치료에서 나타난 부모-자녀 상호작용 영역을 살펴보면 다음과 같다. 가족놀이치료 프로그램은 부모-자녀 간의 정서적 유대감을 촉진시키고 친밀감의 형성을 촉진하였다(김효정, 선우현, 2015; 박재훈, 선우현, 2012; 선우현, 2007a). 특히 가족 간의 신체접촉을 통한 경험은 경직된 가족의 친밀감이 증가하는 변화를 보였다(박재훈, 선우현, 2012). 이러한 긍정적 감정의 변화는 부모-자녀 간의 정서적 유대감을 증진시키고 가족원 간의 이해와 수용을 도왔다(박재훈, 선우현, 2012).

가족놀이치료에 참여한 가족들은 서로의 욕구와 감정을 배려하고 수용하면서 친밀감과 유대감이 증가하였다(김효선, 선우현, 2014; 김효정, 선우현, 2015; 박재훈, 선우현, 2012; 선우현, 2007a). 또한, 가족들과 함께 하는 즐거운 시간은 어머니들의 정서적 안정으로 이어졌고, 어머니들의 긍정적인 변화는 가족원 간의 긍정적 상호작용(선우현, 2007a)으로 이어졌다.

퍼펫극과 같은 은유적 특성의 가족놀이치료는 놀이를 통한 유쾌함과 안전함 가운데 가족 각자 자유롭게 자신의 욕구와 감정을 표현하고 부모-자녀 의사소통을 개선하는 효과가 있었다(김유숙, 2006). 특히 전략적 가족놀이치료의 주요 기법인 가상놀이는 자신을 안전하게 표현할 수 있게 돕고 가족원들의 무의식적 갈등을 표출할 기회를 제공하여 가족 간의 자연스러운 의사소통을 촉진하였다(선우현, 2007b). 가족놀이치료는 가족원 간의 비언어적 의사소통을 촉진하여 서로가 상처받지 않고 의사소통할 기회를 제공함으로써 전체 가족의 역동성이 드러나도록 촉진하며, 부모-자녀 간의 긍정적인 의사소통은 형제-자매의 의사소통에도 영향력이 이어졌다(선우현, 2007a, 2007b).

가족놀이치료는 부모-자녀 관계 변화에 긍정적인 영향을 주었다. 가족이 함께하는 놀이활동에서의 자연스러운 신체접촉은 다양한 정서 경험을 촉진하여 부모-자녀의 관계에 변화를 가져왔다. 또한, 즐겁고 편안한 환경은 부모의 긍정성을 높여 자녀들을 보다 편안하게 대할 수 있게 한 것으로 볼 수 있다(선우현, 2007c). 이러한 경험은 부모-자녀 간의 이해를 촉진하여 긍정적 관계(김명애, 선우현, 2016)를 이끌어나가게 되었다. 특히 경직된 관계를 형성하고 있는 가족들은 가족놀이치료의 유쾌하고 따뜻한 경험을 통해 서로의 감정과 생각을 인식하고 공유하면서 부모-자녀 관계향상으로 이어지게 되었다(김효정, 선우현, 2015).



### (2) 가족 건강성

가족놀이치료에서 나타난 가족 건강성 영역을 살펴보면 다음과 같다. 정서 및 행동장애아 가족의 경우 자녀의 장애로 인해 부모는 우울, 불안, 분노 등 부정적 정서를 반복적으로 느끼게 된다. 이러한 부정적 정서는 낮은 응집력, 낮은 적응력, 사회부적응과 함께 가족의 문제해결 능력을 어렵게 한다(선우현, 2007b, 2007c). 이처럼 부정적 정서가 높고 경직된 가족의 가족기능 개선에 있어 가족놀이치료는 단기간에 효과를 가져오는 개입임을 다수의 연구자를 통해 확인되었다(김유숙, 2006; 선우현, 2007b, 2007c; 최지원, 2017).

또한, 가족놀이치료는 가족 간의 지지와 수용을 통해 서로에 대한 신뢰를 쌓으면서 협력과 기능 변화의 가능성을 경험할 수 있도록 한다(김유숙, 2006). 특히 체계적 접근의 가족놀이치료는 부모-자녀가 삼각관계를 벗어나 부부체계가 안정적으로 자리 잡을 수 있게 도움으로써(최지원, 2017) 가족의 응집력을 높일 수 있음을 보여주었다. 즉, 가족놀이치료에 참여한 가족들은 놀이를 통해 즐거움을 공유하고 서로를 이해하면서 관여하는 힘을 증진시키며, 가족원 각자의 자각과 통찰을 이끌어 응집력과 기능향상에 도움이 되었다.

놀이를 통한 가족의 유대감과 결속은 가족체계의 안정화로 이어진다. 먼저 부부관계를 살펴보면, 정서 및 행동장애아 가족의 부부관계가 개선됨으로써 서로의 역할이 분명해지고, 부부간의 분위기가 밝아졌으며, 비슷한 가치관을 가지고 긍정적인 관계로 변화되었다(선우현, 2007b, 2007c). 이러한 부부관계의 변화는 부모로서 해야 할 역할을 찾고, 부모가 자녀에게 일치된 양육태도를 형성하기 위해 협력하게 됨으로써 부모 하위체계가 강화되었다(선우현, 2007b, 2007c). 또한 부모가 지각하는 부모-자녀 관계 변화가 향상되었으며, 아동이 지각하는 아버지, 어머니와의 관계도 긍정적으로 변화되었다(유승은, 박부진, 2015).

### (3) 부모의 양육태도

가족놀이치료에서 나타난 부모의 양육태도 영역을 살펴보면 다음과 같다. 현실적 어려움으로 가족 모두 참여하지 못한 경우 등 다양한 가족 형태를 고려하여 실시된 가족놀이치료에서 부모의 양육태도가 향상되었음이 다수의 연구에서 확인되었다(김명애, 선우현, 2016; 김효정, 선우현, 2015; 노남숙, 한유진, 2014; 선우현, 2013; 이승희, 윤호열, 2007a, 2007b; 함경애 외, 2020).

가족원 모두가 참여하기 어려운 경우 어머니와 자녀의 참여만으로도 양육 스트레스가 감소하고 양육 효능감이 증가하여 모-자녀 관계향상에 효과(김효정, 선우현, 2015; 노남숙, 한유진, 2014; 함경애 외, 2020)가 있음을 확인하였다. 또한, 주의력결핍과잉행동 범주에서는 양육기술이 부족한 아버지를 비롯하여 부모와 자녀가 함께 있음으로 인해서 비롯되는 갈등에 대해 상호 이해할 기회를 제공하였다(이승희, 윤호열, 2007a, 2007b). 나아가 부모는 가족놀이치료 과정을 통해 치료자의 양육 행동을 모델링함으로써 자녀와 갈등 소지를 줄일 수 있었다.

### (4) 자녀의 문제행동

가족놀이치료 문헌에 나타난 자녀의 문제행동 영역은 학습장애, 주의력결핍 과잉행동, 정서 및 행동장애(선우현, 2007a; 유승은, 박부진, 2015; 이승희, 윤호열, 2007a; 이현주, 정문자, 2017), 불안정한 부모-자녀 체계에서 비롯된 역기능적 가족관계, 과대기능, 섭식장애 등의 문제(김유숙, 2006; 김효선, 선우현, 2014; 선우현, 2007a; 정현아, 선우현, 2012; 조춘화, 2017; 최지원, 2017) 등이다.

먼저 학습장애와 정서 및 행동장애 아동 가족의 경우, 가족놀이치료를 통해 서로의 의사소통과 자기표현이 촉진됨으로써 부모-자녀 간 긍정적 상호작용이 증가하고 신체화 증상이 감소 되어 또래와 상호작용이 시작되었다(선우현, 2007a, 2007c; 유승은, 박부진, 2015). 이는 가족놀이치료의 적용이 부모로부터 자녀가 정서적 독립을 촉진하는 촉매가 되어 또래관계 등에 보다 많은 관심을 가지도록 하는 효과로 이어졌다. 또한, 놀이활동을 통해 아동이 성취감을 느끼고 강점과 자원을 발견하면서 자아존중감 향상으로 이어져 문제행동 감소의 효과를 이끈 것으로 나타났다(김유숙, 2003).

주의력결핍 과잉행동에 대해 살펴보면, 가족놀이치료에서 정서를 다루는 과정이 아동의 주의력결핍 과잉행동의 수준을 감소시키는 데 효과적인 것으로 보고되었다(이승희, 윤호열, 2007a; 이현주, 정문자, 2017). 특히 아버지와 형제가 포함된 가족놀이치료 프로그램은 약물 처치 없이 아동의 주의산만 · 충동성 · 과잉행동 경향을 감소시키는 데에 효과가 있는 것으로 나타났다(이승희, 윤호열, 2007a). 이는 경험적 탐색놀이와 그에 수반되는 소감 나누기가 가족 간 의사소통과 상호 이해를 촉진한 것으로 볼 수 있다.

그 외에도 과대기능 자녀(부모화 된), 섭식장애 등의 가족 문제가 감소되었다. 가족놀이치료를 통한 자녀의 적극적 행동 변화는 부모-자녀의 체계 변화로 이어져 가족 안의 위계질서가 수정되고(선우현, 2007b), 자녀의 문제 증상도 경감되었다. 가족놀이치료에서는 부정적 상호작용으로 인한 갈등을 긍정적 상호작용으로 재구조화하여 역기능적 가족의 부모-자녀 체계가 안정화되었다. 또한, 부모와 안정적인 재애착 형성을 통해 갈등 관계였던 형제자매 체계가 변화됨으로써 자녀의 문제행동이 개선되었다(조춘화, 2017).

**표 2-4** 가족놀이치료의 효과성

| 영역 | 하위영역 | 연구논문 |
|---|---|---|
| 부모-자녀 상호작용 | 친밀감 및 유대감 증가 | 김효선, 선우현, 2014; 김효정, 선우현, 2015; 박재훈, 선우현, 2012; 선우현, 2007a |
| | 의사소통 향상 | 김유숙, 2006; 선우현, 2007a, 2007b; 박재훈, 선우현, 2012 |
| | 긍정적 관계 형성 | 김명애, 선우현, 2016; 김효정, 선우현, 2015; 선우현, 2007c |
| 가족 건강성 | 응집력과 기능 향상 | 김유숙, 2006; 선우현, 2007b, 2007c; 최지원, 2017 |
| | 체계의 안정 | 김효선, 선우현, 2014; 유승은, 박부진, 2015; 이현주, 정문자, 2017; 조춘화, 2017 |
| 부모의 양육태도 | 양육스트레스 감소<br>양육기술 향상 | 김명애, 선우현, 2016; 김효정, 선우현, 2015; 노남숙, 한유진, 2014; 선우현, 2013; 이승희, 윤호열, 2007a, 2007b; 함경애, 유선, 길혜성, 2020 |
| 자녀의 문제행동 | 학습장애와 정서 및 행동장애 감소 | 선우현, 2007a, 2007c; 유승은, 박부진, 2015 |
| | 주의력결핍 과잉행동 감소 | 이승희, 윤호열, 2007a; 이현주, 정문자, 2017 |
| | 과대기능(부모화된 자녀),<br>섭식장애 등 개선 | 김유숙, 2006; 김효선, 선우현, 2014; 선우현, 2007a; 정현아, 선우현, 2012; 조춘화, 2017; 최지원, 2017 |

## 2 가족놀이치료 활용 현황[2]

### 1) 개요

전영주와 남경화(2023)는 170명의 상담자를 대상으로 가족놀이치료의 활용 현황 및 상담자의 창의성에 대해 조사하였다. 조사연구의 응답자는 서울, 부산, 울산, 경기, 경남, 충남, 전북, 경북, 제주 등에 있는 가족센터, 청소년상담복지센터, 사설상담소, 대학 등에서 아동, 청소년, 가족을 돕고 있는 상담자들이다.

가족놀이치료의 활용에 대한 문항으로 회기에서 놀이를 활용하는 정도, 주로 사용하는 가족놀이치료 매체, 상담자가 지각하는 가족놀이치료의 장단점, 가족유형별 가족놀이치료의 활용도 등이 포함되었다. 상담자의 창의성 문항으로는 상담자의 창의적 표현이 가능한 영역, 임상적 창의성의 창의성 사고 특성 등이 포함되었다.





### 2) 가족놀이치료 활용 현황

#### (1) 가족회기에서의 놀이 활용 정도

상담자들에게 "평소 가족 회기에서 놀이를 활용하는 정도"에 대한 질문에서 응답자의 20.6%가 '놀이를 거의 사용하지 않음'이라고 답했다. 21.8%는 '아동을 상담에 참여하도록 유도하기 위해 놀이를 사용한다'고 했으며, 16.5%는 '놀이를 가족평가의 방법으로 사용한다'고 했다. 31.2%는 '상담의 부가적 방법으로 놀이를 사용'한다고 했고, 8.8%는 '상담의 주 활동으로 가족놀이치료를 진행'한다고 응답하였다. 이

2 이 파트는 '전영주, 남경화(2023). 가족놀이치료의 활용 현황과 상담자의 창의성. 가족과 가족치료, 31(3), 243-271'의 일부를 수정, 발췌하였음.

러한 결과는 상담자의 절반 이상이 가족 회기에서 가족평가나 상담의 부가적 또는 주요 활동으로 놀이를 활용하고 있다는 사실을 보여준다.

### (2) 가족놀이치료 매체 및 활동

"지난 6개월 동안 상담 중에 사용한 적이 있는 놀이매체는 무엇인가?"라는 질문(복수응답 가능)에서 응답자의 62.9%가 '카드(단어카드, 이미지 카드 등)'를 꼽았으며, 미술 매체 51.8%, 피규어 48.8%, 보드게임 42.4%, 모래놀이 26.5%, 신체활동 21.2%, 봉제인형 15.3% 순으로 응답했다. 그러나 피규어가 모래놀이치료의 도구로도 사용된다는 점을 고려하면 가족놀이치료에서 사용하는 매체 중 피규어의 비중은 더욱 높아진다.

상담자가 일반적으로 가장 선호하는 가족놀이치료 기법을 알기 위해 "(가족놀이치료를 사용하신다면) 가장 많이 사용하는 (또는 가장 선호하는) 가족놀이치료 기법 1~2개를 간단히 적어주세요"라는 주관식 문항을 제시하여 내용 분석하여 매체별로 범주화한 결과, 피규어 기반 활동이 68개로 가장 많았고, 그중에서 놀이가계도 활동이 가장 높았다. 다음으로 보드게임 활동 42개, 카드놀이 활동 20개, 미술매체 활동 19개, 신체활동놀이 11개 등으로 나타났다. 이러한 결과는 피규어, 카드, 보드게임, 미술매체 등을 활용한 다양한 활동들이 현장에서 활용되고 있음을 시사한다.

### (3) 가족놀이치료의 장점 및 어려움

가족놀이치료의 장점으로 응답자들이 꼽은 점은 '언어적 표현이 서투른 가족원(예: 아동)도 상담에 참여할 수 있음' 70.6%, '은유를 통해 억압했던 내면의 문제를 쉽게 표출함' 68.2%, '가족놀이를 통해 가족원 간의 이해, 공감, 정서적 결속을 재정립함' 55.3%, '내담자의 경직된 사고, 정서, 신체, 대인관계 등을 활성화함' 49.4%, '놀이과정에서 상담 분위기가 부드러워짐' 47.6%, '즐거움과 행복감 등 긍정적 정서를 활성화함' 41.2% 등으로 나타났다.

반면 가족놀이치료의 어려움으로 꼽은 점은 '놀이치료 매체나 장비 구입과 관련된 비용' 62.4%, '놀이치료 훈련과 관련된 비용' 60%으로, 비용과 관련된 두 항목의 응답이 압도적으로 높았다. 다음으로 높게 나타난 응답은 '창의성에 대한 상담자 본인의 자신감 부족'이 31.8%였고, '상징/은유 중심의 대화에서 오는 불편함' 7.6%, '놀이활동에 대한 지루함' 3.5% 등이었다.

그 외에도 기타 응답으로 상담자들은 '상징을 해석하는 전문성 획득의 어려움', '상담자의 두려움(성인 대상으로 할 때 유치하게 여기지 않을까)', '은유나 상징의 표현력에 대한 한계', '상담현장의 여건상 다양한 매체활용의 한계', '다양한 가족놀이치료에 대한 훈련 기회 부족', '놀이에 익숙하지 않은 가족원을 훈련시킬 때 에너지 소모가 큰 편' 등 다양한 어려움에 대해 보고하였다.

**표 2-5** 가족놀이치료의 활용 현황

| 가족놀이치료 활용 현황 | 구분 | 빈도 N(%) |
|---|---|---|
| 가족 회기에서 놀이 활용 정도 (복수 응답 가능) | 거의 사용하지 않음 | 35(20.6) |
| | 아동을 조용히 있도록 놀이를 허용 | 2(1.2) |
| | 아동을 상담에 참여하도록 유도하기 위해 | 37(21.8) |
| | 가족평가의 방법으로 사용 | 28(16.5) |
| | 상담의 부가적인 방법으로 | 53(31.2) |
| | 상담의 주 활동으로(가족놀이치료) | 15(8.8) |
| 가족놀이치료 매체 및 활동 (복수 응답 가능) | 카드 | 107(62.9) |
| | 미술매체 | 88(51.8) |
| | 피규어 | 83(48.8) |
| | 보드게임 | 72(42.4) |
| | 모래놀이 | 45(26.5) |
| | 신체활동 | 36(21.2) |
| | 봉제인형 | 26(15.3) |
| | 기타 | 4(2.4) |

| | | |
|---|---|---|
| 가족놀이치료의 장점<br>(복수 응답 가능) | 언어적 표현이 서투른 가족원도 상담에 참여할 수 있음 | 120(70.6) |
| | 은유를 통해 억압했던 내면의 문제를 쉽게 표출함 | 116(68.2) |
| | 가족원간의 이해, 공감, 정서적 결속력을 재정립함 | 94(55.3) |
| | 내담자의 경직된 사고, 정서, 신체, 대인관계 등 활성화함 | 84(49.4) |
| | 놀이과정에서 상담 분위기가 부드러워짐 | 81(47.6) |
| | 즐거움과 행복감 등 긍정적 정서를 활성화함 | 70(41.2) |
| | 기타 | 1(0.6) |
| 가족놀이치료의 어려움<br>(복수 응답 가능) | 놀이치료 매체나 장비 구입과 관련된 비용 | 106(62.4) |
| | 놀이치료 훈련과 관련된 비용 | 102(60.0) |
| | 창의성에 대한 상담자 본인의 자신감 부족 | 54(31.8) |
| | 상징/은유 중심의 대화에서 오는 불편함 | 13(7.6) |
| | 놀이활동에 대한 지루함 | 6(3.5) |
| | 기타 | 12(7.1) |

### (4) 가족유형에 따른 가족놀이치료의 활용도

놀이는 아동과 청소년, 성인, 노인에 이르기까지 광범위한 대상의 내담자에게 활용할 수 있는 상담 도구이다. 그러나 성인은 언어적 소통이 가능하다는 이유로, 지금까지 놀이는 유아나 아동 대상의 상담도구로만 인식되어 왔다.

다양한 가족유형에 대한 가족놀이치료의 활용도에 대한 질문에서 매우 낮음과 낮음, 보통, 매우 높음과 높음 등 3개 등급으로 분류해 응답의 추이를 살펴보았다. '아동기 자녀 가족'에 대해 87.6%가 가족놀이치료의 활용도가 높다는 응답을 했고, 다문화가족 72.9%, 청각/언어장애가 있는 가족 68.8%로 높은 활용도를 보고했다. 다음으로 청소년 자녀 가족 47.1%, '부부(커플)상담 35.9%, 성인기 자녀 가족 27.1% 등에서는 가족놀이치료의 활용도를 상대적으로 낮게 지각하는 것으로 나타났다.

**표 2-6** 가족유형에 따른 가족놀이치료 활용도

| 가족놀이치료 활용 현황 | 구분 | | 빈도 N(%) |
|---|---|---|---|
| 가족유형에 따른 가족놀이치료 활용도 (복수 응답 가능) | 아동기 자녀 가족 | 낮음 + 매우 낮음 | 5(3.0) |
| | | 보통 | 16(9.4) |
| | | 높음 + 매우 높음 | 149(87.6) |
| | 청소년기 자녀 가족 | 낮음 + 매우 낮음 | 15(8.8) |
| | | 보통 | 75(44.1) |
| | | 높음 + 매우 높음 | 80(47.1) |
| | 성인기 자녀 가족 | 낮음 + 매우 낮음 | 58(34.1) |
| | | 보통 | 66(38.8) |
| | | 높음 + 매우 높음 | 46(27.1) |
| | 청각/언어장애 가족원이 있는 가족 | 낮음 + 매우 낮음 | 20(11.8) |
| | | 보통 | 33(19.4) |
| | | 높음 + 매우 높음 | 117(68.8) |
| | 다문화가족 | 낮음 + 매우 낮음 | 12(7.0) |
| | | 보통 | 34(20.0) |
| | | 높음 + 매우 높음 | 124(72.9) |
| | 부부(커플)상담 | 낮음 + 매우 낮음 | 39(23.0) |
| | | 보통 | 70(41.2) |
| | | 높음 + 매우 높음 | 61(35.9) |



### 3) 상담자의 창의성

창의성이란 '새로운 것을 생각해 내는 특성'으로 정의되며 새로운 것을 창조하고자 하는 열망과 자세, 사고방식 등을 포함한다. 창의성은 유아기와 아동기에 집중적으로 키워지는데 이 시기에 창의적 충동과 시도에 대해 긍정적 경험을 한 경우 자신감을 가지게 되고 창의적 정체성을 가진 성인으로 성장할 수 있다. 반면 가족이나 학교에서 창의적 행동에 대한 제재와 부정적 경험을 한 경우 성장하면서 창의적 표현을 하는 데 주저하게 된다.

로저스(Carl Rogers)는 상담자의 핵심 자질로 일치성을 강조했는데, 상담자 스스로 창조적 존재로서 타인 및 세계와 관계맺음에서의 일치성을 경험해야 한다고 했다. 아동이나 가족과의 상담작업의 복잡성을 고려할 때, 내담자의 창조적 과정을 변화와 치유로 연결하기 위해서는 상담자의 개인적 창의력을 개발하는 것이 중요하다(Gil, 2015).

창의성에 대한 잘못된 관념

- 창의적인 사람들은 우뇌 발달형이다.
- 창의성은 타고 태어나는 것이다.
- 창의적인 사람들에게 창조는 쉽다.
- 창의적 영감은 갑자기 나타난다.
- 임상적 창의성은 미술, 놀이, 음악 등을 의미한다.

출처: Gil, E.(2015). Play in Family Therapy.

### (1) 창의적 표현

창의성에서 표현적 과정은 놀이뿐만 아니라 미술, 음악, 댄스 등 예술 분야에서 필수적 요소이다. 표현적 과정을 위해서는 창의성과 함께 용기와 자신감도 필요하다. 상담자가 창의적 개입을 보다 편안하게 하기 위해서는 본인의 표현적 과정이 편안할 때 임상장면에서 창의적 역량을 확장시킬 수 있다.

상담자들이 평소 개인적 삶에서 창의적 표현이 가능한 영역은 무엇일까? 이 질문(복수 응답 가능)에 대해 상담자들이 가장 높게 응답한 영역은 미술 70.6%, 그리고 놀이 68.2%였다. 그 외의 응답으로 표현예술(댄스/각종 신체활동) 28.8%, 시/소설/에세이 27.1%, 음악(노래/악기연주 등) 23.5%, 연극/드라마/영화 23.5% 등 골고루 20%대의 응답을 하였다. 소수 응답으로 음식, 책, 만다라, 동화구연 등도 보고되었다.

### (2) 임상적 창의성

상담자는 말로 하는 상담보다 가족놀이치료에서의 풍부한 은유를 통해 더 깊은 수준에서 가족의 상호작용을 관찰하거나 개입할 수 있다. 그러나 대부분의 상담자는 언어적 의사소통 중심으로 훈련받기 때문에 창의적이고 표현적인 기법 사용에 대해 양면성을 보이는 경향이 있다.

상담목표나 상담기법 등에서 창의적 접근을 하는지 묻는 질문에 대해, '매우 그렇다' 12.9%, '그렇다' 34.7%, '보통이다' 35.9%, '그렇지 않다' 11.8%, '매우 그렇지 않다' 3.5%로 나타났다. 즉, 상담자 본인이 상담에서 창의적 접근을 한다고 지각하는 비율은 응답자 중 47.6%로, 거의 절반의 상담자가 본인의 임상적 창의성에 대해 긍정적으로 응답하였다. 그러나 나머지 절반의 응답자는 상담자 본인의 임상적 창의성에 대해 보통 또는 부정적 응답을 했다.



### (3) 창의적 사고 특성

Terr(1999)는 상담자가 놀이활동에서 즐거움을 느끼지 못한다면 그 상담은 성공할 가능성이 낮아진다고 하였다. 창의적 임상을 위해 창의적 마음가짐과 표현적 과정을 통합하는 과정이 상담자 자신에게 의미있어야 하며 그와 일치하는 창의적 실천으로 발전되어야 한다. 상담자가 본인의 상담적 직관에 대한 자신감을 가질 때 창의적인 가족놀이치료를 실시할 수 있다(Gil, 2015).

창의적 사고와 관련된 6개의 특질로 끈기, 자신감, 용기, 모호성 허용, 즐거움, 호기심 등에 대한 상담자 본인의 응답을 보았다. 본인이 가진 각 특성의 정도에 대해 질문한 문항에서 '매우 높음'과 '높음'으로 보고한 특성으로는 끈기(77.6%)가 가장 높았다. 다음으로 호기심(72.3%)과 즐거움(63.5%)의 순으로 응답이 높았다. 반면 모호성 허용(41.8%), 용기(57.7%), 자신감(55.9%)은 상대적으로 낮게 나타났다.

**표 2-7** 상담자의 창의성

| 상담자의 창의성 | 구분 | | 빈도 N(%) |
|---|---|---|---|
| 상담자의 창의적 표현 (복수 응답 가능) | 미술 | | 120(70.6) |
| | 음악 | | 40(23.5) |
| | 연극, 드라마, 영화 | | 40(23.5) |
| | 시, 소설, 에세이 | | 46(27.1) |
| | 놀이 | | 116(68.2) |
| | 표현예술 | | 49(28.8) |
| | 기타 | | 4(2.4) |
| 상담자의 임상적 창의성 | 창의적 접근의 활용 | 매우 그렇지 않다 | 6(3.5) |
| | | 그렇지 않다 | 20(11.8) |
| | | 보통이다 | 61(35.9) |
| | | 그렇다 | 59(34.7) |
| | | 매우 그렇다 | 22(12.9) |
| | | 결측 | 2(1.2) |
| 상담자의 창의적 사고 특성 | 끈기 | 낮음 + 매우 낮음 | 5(2.9) |
| | | 보통 | 33(19.4) |
| | | 높음 + 매우 높음 | 132(77.6) |
| | 자신감 | 낮음 + 매우 낮음 | 9(5.3) |
| | | 보통 | 66(38.8) |
| | | 높음 + 매우 높음 | 95(55.9) |
| | 용기 | 낮음 + 매우 낮음 | 5(2.9) |
| | | 보통 | 67(39.4) |
| | | 높음 + 매우 높음 | 98(57.7) |
| | 모호성 허용 | 낮음 + 매우 낮음 | 29(17.1) |
| | | 보통 | 70(41.2) |
| | | 높음 + 매우 높음 | 71(41.8) |
| | 즐거움 | 낮음 + 매우 낮음 | 11(6.5) |
| | | 보통 | 51(30.0) |
| | | 높음 + 매우 높음 | 108(63.5) |
| | 호기심 | 낮음 + 매우 낮음 | 6(3.5) |
| | | 보통 | 41(24.1) |
| | | 높음 + 매우 높음 | 123(72.3) |

# 3 매체별 가족놀이치료[3]

가족놀이치료 실천은 광범위한 매체를 활용해 이루어진다. 아동놀이치료에서 사용하는 구조화된 놀잇감과 달리 가족놀이치료에서는 창의적이며 비구조화된 방식으로 도구를 사용하는 경우가 많다. 이 장에서는 가족놀이치료 현장에서 일반적으로 사용하는 다섯 가지 매체인 피규어(인형), 카드, 보드게임, 미술매체, 몸(body) 등을 중심으로 다양한 가족놀이치료활동을 살펴보도록 한다.

**표 2-8** 가족놀이치료의 매체별 활동

| 매체 | 활동 | |
|---|---|---|
| 피규어(인형) 기반 가족놀이치료 | • 가족놀이가계도<br>• 가족인형세우기<br>• 가족퍼펫극 | • 가족모래놀이<br>• 가족관계 속 자아탐색 |
| 카드 기반 가족놀이치료 | • 감정카드<br>• 바람카드<br>• 장점카드 | • 솔라리움 이미지카드<br>• 이너액티브 이미지카드 |
| 보드게임 기반 가족놀이치료 | • 가족 레고®놀이<br>• 할리갈리<br>• 메시지 젠가 | • 선물입니다<br>• 감정룰렛<br>• 필링스 |
| 미술 기반 가족놀이치료 | • 클레이(점토)활동<br>• 6분할 그리기<br>• 가족사진 기법 | • 가족생명나무<br>• 가족체계진단법 |
| 몸 기반 가족놀이치료 | • 풍선놀이<br>• 가족조각<br>• 줄 놀이 | • 가족난타<br>• 보자기놀이<br>• 가족 신체본뜨기 |

3 이 파트는 '2024년 한국가족놀이치료학회 춘계학술대회(2024. 5. 11.)' 발표논문들을 중심으로 구성되었다.

## 1) 피규어(인형) 기반 가족놀이치료

### (1) 개요

가족놀이치료의 현장에서 가장 많이 활용되는 놀이 매체 중 하나가 피규어(figure) 또는 인형이다. 대부분의 내담자는 피규어에 대해 거부감 없이 대하며 본인의 무의식적 경험을 수월하게 표현하는 경향이 있다. 특히 피규어는 상담에 소극적이거나 비자발적인 내담자에게 접근할 수 있도록 해주는 매체이기도 하다(염은선, 2024).

피규어는 상담의 사정, 개입, 종결에 이르기까지 상담 전 과정에서 유용하게 활용된다. 가족놀이치료에서 내담자는 피규어를 통해 자신의 가족에 대한 이미지를 상징적으로 표현함으로써 가족 간의 인식이나 가족관계의 역동을 사정하는 데 도움을 준다.

피규어의 종류로는 사람, 동식물, 자연, 건물 등 다양한 상징이 있으며, 특히 동물 피규어는 내담자의 무의식을 보다 잘 표현해 주는 상징기호로 간주된다. 상담자는 피규어라는 상징물을 통해 내담자의 문제와 가족상호작용의 무의식의 역동이 자연스럽게 표현될 수 있도록 촉진한다.

상담현장에서 많이 활용되고 있는 피규어 기반 활동으로 가족놀이가계도, 가족인형세우기, 가족퍼펫극, 가족모래놀이, 인형을 사용한 가족관계 속 자아탐색 등을 살펴보겠다.

그림 2-1 피규어 매체

### (2) 피규어(인형) 기반 가족놀이치료 활동

#### ① 가족놀이가계도

가족놀이가계도는 기본 가계도에 가족원이나 가족관계의 특성을 피규어로 이미지화하는 활동으로, 가족문제나 가족원에 대한 서로의 인식을 풍부하게 확인할 수 있도록 돕는다. Gil(2016)은 언어로서 가족의 이야기를 나타내는 것이 어렵거나 아동이나 청소년 자녀가 포함되어 있는 가족에게 가족놀이가계도가 특히 효과적이라고 하였으며, 가족문제 역동에 대한 치료자와 내담자의 지속적, 협동적 평가가 가능하고, 가족원 서로의 감정을 이해하고 가족 내 새로운 인식을 경험하게 하는 데 도움이 된다고 하였다. 또한 놀이와 이미지의 통합으로 원가족 분화와 내담자의 잠재된 자기치유 능력을 활성화할 수 있다고 보았다.

#### ② 가족인형세우기

가족인형세우기는 인형으로 자신의 가족원을 세우는 활동으로 내담자의 가족체계를 탐색할 수 있도록 도와주며, 가족원들의 대리인 역할을 하여 무의식적인 감정이나 생각을 소통하기 쉽게 해준다. 가족원들은 자신의 내면을 인형을 통해 표현하고, 다른 가족원들은 이를 수용하고 이해하면서 서로 간의 관계를 더욱 발전시킬 수 있다. 가족인형을 통해 가족관계와 상호작용, 가족 간 갈등 등을 시각화하고 객관적으로 관찰함으로써 가족원은 서로를 이해하고 공감할 수 있으며 기능적 가족관계와 의사소통의 변화를 이끌어 내는 데 도움을 줄 수 있다(전영주, 2016; 최광현, 선우현, 2013).

#### ③ 가족퍼펫극

가족퍼펫극은 퍼펫을 사용하여 가족 간의 상호작용을 촉진하고 가족원들의 심리적 문제를 해결하는 치료 방법이다. 각 가족원은 자신이 원하는 인형을 선택하고, 그 인형을 조작하면서 가족의 갈등이나 주요 이슈 등에 대한 이야기를 자유롭게 구성하면서 가족의 상호작용을 드러낸다. 퍼펫은 가족원 간 대화를 촉진하고 재미와 흥미, 자발적 참여를 유발하며 안전하게 어려움을 이야기하고 서로 연결될 수 있는 독특한 기회가 제공하고 활성화된 의사소통과 투사된 동일시 과정에서 문제에 대한 해결책을 찾도록 도움을 줄 수 있다(Alhena et al., 2022). 가족놀이치료에서 퍼펫을 활용한 가족인형인터뷰는 가족을 평가하고 치료하는 데 널리 사용되고 있다(김유숙, 고모리 야스나가, 최지원, 2013). 즉흥적으로 만들어낸 가족의 은유적 이야기는 대부분 자신과 가족의 문제와 경험을 반영하며 역할 연기를 통해 가족의 상호작용이 풍부하게 드러날 수 있다. 가족퍼펫극은 인형극과 비슷한 형태를 가지고 있지만 조작할 수 있는 부분이 더 다양하고 자유로워서 더욱 다양한 표현이 가능하다.

#### ④ 가족모래놀이

가족모래놀이는 모래상자 안에 각 가족원이 선택한 다양한 미니어처(작은 인형, 동물 등)을 배치하는 활동으로 가족원들이 모래와 다양한 피규어들을 이용하여 자신의 내면을 표현하고 가족 간의 관계를 탐색하는 치료이다. 모래놀이치료는 무의식적인 부분을 드러내기 쉽기 때문에, 가족원들의 감정이나 관계를 직접적으로 표현하지 않아도 자연스럽게 표출될 수 있다. 가족모래놀이는 가족체계론적 관점에서 모래상자를 가족이 놀이를 할 수 있는 공간으로 창출하고 관계성의 변화를 일으키는 치료적 매체로 활용한다. 가족모래놀이는 가족이 당면한 문제를 협력적으로 해결하고 새로운 소통방식을 찾아내며 가족의 성장과 변화를 촉진하고 유지, 발전시켜 나갈 수 있도록 하는 모래상자를 활용한 가족놀이치료이다.

#### ⑤ 가족관계 속 자아탐색

가족관계 속 자아탐색은 가족원들이 자신을 어떻게 바라볼지 각 가족원의 시각으로 자신을 나타내는 인형을 골라 배치하는 활동으로 가족관계 속에서의 자기이해와 통찰을 돕는 활동이다. 자신의 모습이 가족에게 어떻게 비춰지는지 인형이라는 매체를 통해 객관화시키면서 자신을 좀 더 이해하게 되고 가족관계 속에서 경험한 상처에 대한 치유과정을 경험하게 된다. 가족관계 속에서 자아를 탐색하는 것은 안정적인 통합과 변화의 과정으로 자신의 자아 상태를 알아차리고 피규어를 사용하여 치유과정을 경험하는 것이다. 즉, 자신을 좀 더 객관적으로 바라보게 하고 이해하도록 도와 결국 자유로운 자아를 구현하고 적응적인 기능을 가지기 위한 과정으로 나아갈 수 있도록 돕는다.

## 2) 카드 기반 가족놀이치료

### (1) 개요

카드는 가족놀이치료뿐만 아니라 일반 아동, 청소년상담이나 가족치료 등에서도 종종 활용되는 매체이다. 그림, 단어, 사진 등의 카드는 대부분 한눈에 들어오는 사이즈로 내담자의 지각 범위에서 쉽게 다루어진다. 또한 부피가 크지 않아 치료실의 환경에 영향을 덜 받고 상담사도 손쉽게 사용할 수 있다(김준형, 유순덕, 2022).

인간은 시각적 이미지로 기억을 저장하며, 비슷한 형태의 이미지나 활자를 볼 때 관련 경험이 다시 재생될 가능성이 높다(김준형, 유순덕, 2022). 인간의 기억을 쉽게 재생하도록 돕기 위해 시각적 사고를 자극할 수 있는 매체인 그림, 단어, 사진 등을 담은 카드가 상담에서 광범위하게 사용되는 이유이다.

또한, 그림이나 사진 속의 대상과 내담자 자신과의 관계를 거리를 두고 바라볼 수 있는 객관화 작업이나 대인관계를 이해하는 것도 가능하다. 이미지카드의 이미지를 반응하거나 해석하는 데 있어 옳고 그름이 있는 것이 아니라 개인적 차이가 있을 뿐이라는 이해는 서로 간에 공감을 형성하고 차이점을 불안으로 투사하는 과정을 감소시키는 데 도움을 준다(Weiser, 2014). 이러한 이해는 가족원의 각자을 수용하고 인정하는 가능성을 향상하는 데 도움이 될 수 있다.

이미지카드, 단어카드, 사진 등은 의식과 무의식의 세계를 연결하도록 돕는 유용한 도구이기도 하다. 가족의 무의식에 억압된 미해결 과제에 쉽게 접근할 수 있고 이를 의식의 영역으로 끌어내어 치료에 활용할 수 있도록 촉진한다. 이미지이나 단어 카드 작업은 인지적 방식으로 구체적이고 사실적으로 정확히 묘사를 언어화하는 데 도움이 된다(김준형, 유순덕, 2022).

가족놀이치료에서 활용되는 대표적인 카드놀이로 이미지카드(솔라리움 이미지카드, 이너액티브 이미지카드), 단어카드(감정카드, 바람카드, 장점카드) 등을 살펴보겠다.

그림 2-2 카드 매체

### (2) 카드 기반 가족놀이치료 활동

#### ① 감정카드

감정카드는 다양한 상황에서 느껴지는 감정을 그림이나 단어로 표현한 것이다. 감정카드는 자신과 타인의 감정을 인식 및 표현하는 데 사용할 수 있다. 그리고 가족 및 대인간 의사소통을 향상시키는 데 도움을 준다.

감정카드는 분노, 혐오, 슬픔, 두려움, 기쁨 등의 감정이 이미지나 활자로 표시되어 있다. 감정카드는 가족상담 전반에 사용할 수 있다. 가족관계 내에서 발생된 감정을 구체적으로 찾고, 게임 요소를 추가하여 가족원들의 흥미를 증진시켜 적극적인 참여를 유도할 수 있다. 또한 가족원에게 각자의 감정과 서로의 감정을 나누는 과정에서 공감적 위로를 교환하면서 감정 표현 강도 및 적절성의 방법을 조율할 수 있다.

### ② 바람카드

바람카드는 사람의 감정 및 생각에 영향을 미치는 바람, 기대를 단어로 표현한 것이다. 가족 및 대인관계에서 억압된 바람이나 기대를 알게 되면 문제해결을 위한 구체적인 행동을 모색해 볼 수 있다. 또한 더 깊은 수준의 자기와 타인에 대한 공감을 가능하게 한다.

바람카드는 가족놀이치료 상황에서 단독으로 사용할 수도 있지만 감정카드와 함께 사용하면 감정과 바람이 자연스럽게 이어지게 하는 경험을 가질 수 있다. 이를 통해서 가족관계 내에서 발생된 감정을 어떻게 하고 싶은지에 대한 구체적인 행동방향을 설정하고, 가족의사소통에서 각 구성원의 가치, 바람 등이 표현되어 자기주도성을 드러나게 할 수 있다.

### ③ 장점카드

장점카드는 인간이 가지고 있는 긍정적 성격이나 성품을 단어로 표현한 것이다. 장점카드는 다양한 버전이 있다. 이 프로그램에서 사용한 장점카드의 앞면에는 장점에 대한 설명과 직업, 롤모델 등이 글자로 적혀있고 뒷면은 그 장점과 관련된 이미지로 구성되어 있다.

이 장점카드는 아동 또는 청소년의 자녀와 함께 하는 가족놀이과정에서 지적 재능만 강조하는 관점에서 벗어나 일상생활에서 나타나는 재능과 노력에 주목하고 선호하는 진로 방향이나 직업에 대한 관심까지 연결시킬 수 있다는 효용성이 있다.

#### ④ 솔라리움 이미지카드

솔라리움(soularium)은 영혼(soul)과 일광욕실(solarium)의 합성어로 '내면을 비추는 방이라는 의미'이다. 한국대학생선교회에서 개발하였으나 종교와 관계없이 가족의 마음을 표현하고 서로 경청하는 데 사용할 수 있는 도구이다.

솔라리움 이미지카드는 다양한 삶의 모습, 자연풍경, 인물 표정 등으로 구성된 사진카드이다. 가족의 호소문제 및 목표, 가족원의 감정과 생각 등을 이미지로 상징하는 데 도움이 된다. 이러한 활동을 통해 가족 간에 필요한 질문을 만들고 함께 답을 구하며 감정과 생각을 표현하고 알아차리는 등 경청과 공감 도구로 사용할 수 있는 매체이다.

솔라리움 이미지카드는 타로 또는 보드게임의 방식을 차용하여 무의식적인 자신의 마음을 살펴보거나 가족 간 게임활동을 통한 의사소통 훈련에 사용할 수 있다.

#### ⑤ 이너액티브 이미지카드

이너액티브 이미지카드는 내면가족체계치료(Internal Family Systems Therapy: IFS Therapy) 이론을 바탕으로 개발한 카드이다. 70장으로 구성되어 있으며 이미지의 내용은 실제 생활을 포함하여 인간의 심리내면에 내재화되어 있는 다양한 감정과 행동을 이미지로 표현한 것이다.

특정 이론을 기반으로 개발되었지만, 가족세우기, 가족가계도 등 가족원의 현재 및 과거 모습, 감정과 행동을 탐색하는 데 활용할 수 있다. 가족원의 특정 행동이나 태도가 가족관계에 미치는 영향을 성찰하는 데 사용할 수도 있다. 또한, 가족원의 내면과 실제 생활에서의 조화와 균형을 이루는 데 도움을 준다(Holmes, 2019).

## 3) 보드게임 기반 가족놀이치료

### (1) 개요

보드게임은 다른 유형의 놀이활동에 비해 경쟁적이며 목적 지향적이고 규칙에 따른 행동 제한을 포함한다. 보드게임에는 게임 참여자(Player)마다 역할이 있고, 2인 이상의 집단이 이루어졌을 때 게임을 할 수 있다.

보드게임은 개인의 목적을 달성하거나 집단의 공동 목적을 위해 협동 플레이를 하는 놀이이므로, 놀이활동을 통해 집단원 간 친밀감을 형성할 수 있고 자신의 역할 수행에 대한 책임감을 기를 수 있다(장청은, 2008). 한정된 공간에서 활발한 상호작용 속에서 즐거움과 흥미를 경험할 수 있다.

보드게임은 가족에서도 많이 사용하는 놀이도구로 가족들이 직접 대면하며 게임을 하면서 원활한 상호작용이 일어난다는 장점이 있다. 또한 자연스러운 신체접촉을 유도하고 즐거운 분위기에서 개방적 의사소통을 촉진하고 상호이해와 공감을 도와 가족체계의 변화를 도모한다(이현주, 정문자, 2017; 전영주 외, 2018). 특히 보드게임은 정해진 규칙을 지키는 경험과 규칙 내에서 경쟁하고 협력하는 과정을 통해 가족이 다양한 상호작용을 경험할 수 있고 즐거운 여가활동이 된다(박경민, 2018).

보드게임이 주는 특유의 매력과 친숙함은 아동과 성인들의 흥미를 유발하는 이점이 있어 다양한 심리치료 장면에서 종종 활용된다. 보드게임 놀이가 주는 치료적 가치는 크게 의사소통 촉진, 정서적 건강 증진, 사회적 기술 강화, 개인의 능력 향상, 진단적 활용으로 범주화할 수 있다(이경옥, 2021). 또한, 자신감 고취, 정서적 · 인지적 성장 촉진, 조절감과 회복탄력성 개발 등에 기여한다.

가족 간의 문제해결 방식을 탐색하고 가족구조와 상호작용 패턴을 시각적으로 보여주는 대표적인 보드게임 활동으로 가족 레고®[4]놀이, 할리갈리, 메시지 젠가, 선물입니다, 감정룰렛, 필링스 등을 살펴보겠다.

4 등록 상표 기호(registered trademark symbol, ®)은 특정 국가 및 지역에서, 어떤 단어나 문구, 기호가 등록된 상표 또는 서비스 마크 임을 알리기 위해 사용하는 심볼 마크이다.

그림 2-3 보드게임 매체

## (2) 보드게임 기반 가족놀이치료 활동

### ① 가족 레고®놀이

가족 레고®놀이는 레고® 브릭을 활용하여 가족 집짓기 프로젝트, 가족 소개 등의 활동을 진행할 수 있다. 가족 레고®놀이는 손의 소근육을 사용하여 시각적인 결과물을 만들고 손쉽게 수정할 수 있다.

가족원들이 함께 만든 작품을 통해 은유적 사고와 스토리텔링을 함으로써 정서적 협응을 유발하고, 서로의 생각에 귀를 기울이는 과정을 통해 긍정적 상호작용을 촉진하고 공감 능력을 증진시키며 효과적인 의사소통을 경험할 수 있게 돕는다.

레고®는 유아[5]부터 성인에 이르기까지 친근하게 다루는 장난감으로 가족원들의 소통과 문제해결, 상호작용 증진에 도움이 될 수 있다.

### ② 할리갈리

할리갈리는 같은 과일이 5개가 보이면(같은 과일의 숫자의 합이 5일 때) 종을 쳐서 카드를 가져오는 간단한 룰(rule)로 진행되는 보드게임이다. 가족원들의 경쟁, 갈등,

5 유아용 레고는 '듀플로(Duplo)'라는 명칭으로 불리며 유아의 신체적 · 인지적 발달에 맞게 구성되어 있다.

협력, 동맹 등을 파악할 수 있는 보드게임 중의 하나이다.

간단한 규칙 안에서 상호작용을 경험하고, 게임을 진행하는 과정에서 협상 및 타협, 협동 등을 경험하게 된다. 게임을 통해 즐거운 분위기를 조성하게 되고 스스로 동기를 유발시켜 의사소통기술, 문제해결, 경쟁과 협동 등의 사회적 능력 향상을 위한 기회를 제공한다(이정훈, 2017에서 재인용). 진행방식은 비교적 단순하여 어린 자녀(수 개념이 있는 연령단계)가 있는 가족에서부터 조부모가 계신 가족까지 다양한 가족에게 사용하기 용이한 게임이다.

### ③ 메시지 젠가

메시지 젠가는 가족에 대한 질문이 적힌 54개의 나무막대를 높이 쌓아두고 그 더미가 무너질 때까지 나무막대를 하나씩 빼는 게임이다. 이때 가족원들은 각자가 뽑은 젠가 조각은 각자 자기 앞에 모아둔 후 더미가 무너진 후 상대방에게 질문하고 답하면서 자연스러운 의사소통이 유발되는 경험을 하게 된다.

메시지 젠가는 젠가 놀이 특유의 긴장감을 통해 적극적인 참여를 유발하고, 가족이 평소에 나누기 어려운 메시지를 활용하여 효과적인 가족 의사소통을 촉진하여 친밀감을 고취시키는 데 도움을 줄 수 있다. 또한 충동조절과 감정조절에 도움이 되는 치료적 효과가 있다. 가족원끼리 대화가 원만하지 못하거나 은유적 놀이를 어려워하는 가족, 사춘기 청소년 가족, 조손가족 등 다양한 가족이 함께 즐길 수 있다.

### ④ 선물입니다

'선물입니다'는 선물카드(+ 플러스/- 마이너스), 게임 END 카드, 요술봉카드 등을 이용해 가족원들이 서로 선물카드를 주고받는 과정을 통해 자연스럽게 이야기를 만들고 수용(고마워)과 거절(미안해)의 감정표현 방법을 배울 수 있는 보드게임이다.

가족원들이 상대에게 어떤 선물(좋은 선물, 나쁜 선물)을 줄지 고민하고 공개하는 과정을 통해 가족관계와 갈등, 가족구조 및 역동을 파악할 수 있다. 일반적인 인지기능을 가진 6세 이상 아동이면 놀이 참여가 가능하다. 최소 2인 이상의 가족원을 대상으로 감정표현과 조절, 가족원 간의 이해증진, 상호작용 및 의사소통 촉진 등의 치료적 경험을 제공할 수 있다.

### ⑤ 감정룰렛

감정룰렛게임은 룰렛에 꽂혀있는 감정 검(기쁨, 노여움, 슬픔, 즐거움 4범주의 감정 검)을 뽑으면서 인형이 튕겨 나올 때까지 진행하는 우연게임의 한 종류이다. 언제 인형이 튀어 오를지 모르는 긴장감은 인형이 튀어 오르는 순간 해소되면서 카타르시스를 느끼고 우연한 결과를 받아들이는 경험을 제공한다.

감정 검에 있는 감정 경험을 가족원들에게 들려주는 과정을 통해 가족원 각자는 자신의 감정을 적절한 방법으로 표현해 보는 경험을 하게 되며 이러한 에피소드를 듣는 나머지 가족원들은 그러한 가족원의 감정을 수용해 보는 경험을 하게 된다. 감정룰렛 게임은 진행방식이나 규칙이 간단하여 짧은 시간에 여러 번의 게임이 가능하여 승패의 다양한 경험을 할 수 있고 좌절에 대한 내성을 증진시킬 수 있다(이정숙, 심은지, 이동훈, 2017).

### ⑥ 필링스

필링스는 감정카드(긍정, 중립, 부정적 감정)와 3가지 주제(친구, 학교, 가족)로 분류된 상황카드를 활용하여 특정 상황에 가족원이 어떤 감정을 가지고 있을지 추측하여 알아맞히는 게임이다.

게이머가 상황카드를 제시하면 나머지 가족원은 게이머가 느낄 것으로 추측되는 감정을 고르고 이야기를 만들어 들려주는 과정을 통해 서로가 느끼는 감정의 공통점과 차이점을 발견할 수 있다. 이러한 발견은 가족원 각 개인 감정의 자각과 가족원 간의 이해를 촉진하고 공감과 소통의 경험을 제공한다. 필링스는 공감능력 향상과 의사소통 연습이 필요한 2인 이상의 가족원이 서로 게임을 진행하거나, 4인 가족이 팀으로 나누어 게임을 진행할 수 있다.

## 4) 미술 기반 가족놀이치료

### (1) 개요

미술매체는 상담이나 심리치료 분야에서 오랫동안 사용되어 온 도구이다. 성별, 연령, 문화, 사회계층 등 어떤 조건의 내담자도 저항 없이 미술활동에 참여하여 이미지를 창조하거나 선택하거나 의미를 전달할 수 있기 때문이다. 내담자는 크레용, 색연필, 클레이(점토), 콜라주 등 다양한 재료를 사용해 상상하는 것을 자유롭게 표현하며, 반영적 이야기로 미술작품을 설명하는 과정에서 인지적, 사회적 기능이 증진된다(송정숙, 2024).

미술은 아동, 청소년 등 개인상담뿐만 아니라 가족상담에서도 광범위하게 활용되어 왔다. 미술놀이를 기반으로 하는 가족놀이치료는 가족원의 방어와 통제를 줄이면서 상호작용, 개방적 태도, 새로운 기술 적응, 통찰력을 촉진시켜 무의식적인 감정을 상징적 이미지로 표현하는 작업이다(권기덕 외, 2000). 미술을 통해 가족문제에 대한 평가와 사정, 가족역동에 대한 관찰, 가족의 변화를 유도하기 위한 개입에 이르기까지 광범위하게 활용된다.

가족미술놀이치료는 가족 안에서 위축되어 있거나 개인의 생각과 내면세계를 표현하는 것에 어려움이 있는 가족원에게 보다 유용하게 활용된다. 가족원들은 미술활동 과정에서 일어나는 다양한 변화를 직면할 수 있으므로 자유롭고 풍부한 감정표현이 가능하다. 또한 내담자 자신의 감정변화와 가족원의 역동, 집단체계의 변화와 성장 과정에 대해 더 잘 이해하게 된다(전영주 외, 2021).

미술을 매개로 한 창의적인 가족놀이치료 활동은 수없이 많으나, 가족과 작업할 때 일반적으로 많이 사용하는 클레이(점토) 활동, 6분할 그리기, 가족사진 기법, 가족생명나무, 가족체계진단법 등을 중심으로 살펴보겠다.

그림 2-4 미술놀이 매체

### (2) 미술 기반 가족놀이치료 활동

#### ① 클레이(점토) 활동

클레이(점토)는 유연성과 가소성이 있어서 자유롭게 만지고 주무르면서 시각과 촉각 발달을 촉구하고 어떤 형태로든 만들 수 있다. 그리고 표현 방법이 다양하여 생각을 활성화하고 자유롭게 표현할 수 있으며 정서적 안정과 자신감을 가질 수 있다. 언어로 표현하지 못하는 것도 형태로 표현할 수 있으며 장황한 내용들을 단순한 이미지로 상징화하여 표현할 수 있어서 불안 해소와 긍정적 상호작용에도 도움이 된다.

가족이 함께 점토 작업을 하면서 친밀감을 형성할 수 있고 원초적으로 통제되지 못하는 감정표현도 나타난다. 가족원 상징 만들기를 하여 자신들이 인식하는 가족에 대해 표현하고 서로 다른 인식에 대한 이야기를 나누기로 한다.

#### ② 6분할 그리기

6분할 그리기는 일본의 모리다니 교수(최외선, 김갑숙, 최선남, 이미옥, 2010에서 재인용)가 제안한 9분할 그리기를 응용한 기법이다. 화면을 6분할(3×2)하여 치료자의 지시에 따라 각 구분된 칸에 가족 및 내담자가 생각하고 있는 것을 자유롭게 그리도록 한다. 이 기법은 공간적, 시간적 요소를 동시에 제한된 좁은 공간으로 구분하여 그리고 때문에 상징성과 상징에 대한 정서적 내용이 포함된다. 그림 순서에 대해 한정시킬 필요는 없으며 처음과 마지막 그리는 그림은 중요한 심리적 반응을 나타낼 수 있다. 이 기법은 가족과의 관계가 중요한 주제가 될 때 실시하는 것이 좋다.

### ③ 가족사진 기법

가족사진 기법은 가족의식, 좋았던 시기 등을 영원히 박제하여 긍정적 기억, 무의식적 감정과 생각, 기억, 개인적 가치와 믿음 등에 접근할 수 있는 치료적 도구이다. 최근에는 스마트폰을 활용하여 언제, 어디서나 쉽게 촬영과 편집이 가능하여 접근이 쉬우며, 초기 상담활동 진행과 라포 형성이 용이하다.

먼저, 가족사진첩을 함께 보고 찾으면서 느꼈던 경험들을 나누도록 한다. 가족사진활동에 대해 설명하고 가족사진에 나타난 가족구조와 역동을 관찰하며 상호작용을 촉진하는 등 주제에 맞게 다양하게 활용한다. 예를 들어 가족이 원하는 미래 모습 꾸미기, 가계도 만들기, 가족사진 다시 찍기, 가족사진 재배열 등으로 활용가능하다. 활동 후 앞으로 원하는 가족이 되기 위해서 가족원 각자의 역할이 어떠해야 하는지 등을 나눈다.

### ④ 가족생명나무

가족생명나무 기법은 나무에 투사된 가족원들의 이미지를 활용하는 것으로 외재화를 하는 데 유용하다. 나무의 각 부분, 즉 뿌리, 기둥, 나뭇잎, 가지, 과일이나 열매, 벌레 등을 그리도록 하고, 각 부분에 나의 원가족과 현재 가족, 인생사건, 중요한 사람들, 소망과 기대, 성과 등을 써 넣도록 한다. 가족원은 생명나무를 다 그린 후에 다른 가족원들 앞에서 자신의 생명나무를 소개한다. 그리고 상담자와의 치료적 대화를 통해 진술과 재진술(telling & retelling)을 하면서 가족원의 긍정적인 부분을 인정한다. 그리고 가족원의 나무를 벽 또는 전지에 붙이고 숲을 만든다. 가족이 위험에 닥쳤을 때 잘 대처했던 경험과 앞으로 또 위험이 닥친다면 가능한 대안방법을 찾아서 나무 주변에 적어 보고 나눈다.

### ⑤ 가족체계진단법

가족체계진단법은 가족이 상담에 참여하여 3가지 그림 작업을 통해 보여주는 가족 역동을 살피고 가족의 상호작용을 인식하고 경험하도록 돕는 도구로 사용되는 기법이다. 비언어적 공동 협동화, 비언어적 가족 협동화, 언어적 가족 협동화 3가지 과정을 거쳐 진행된다. 각 과정에서 가족이 그림을 그려나가면서 보여주는 행동방식, 제목을 결정할 때 가족의 역동 등의 관찰을 통해 가족들이 상호작용하는 방식을 파악한다. 비언어적 협동화를 그린 뒤에 실시하는 언어적 가족 협동화에서는 평가의 도구 기능도 하지만 가족 간의 대화를 촉진시켜 주는 역할을 한다.

## 5) 몸 기반 가족놀이치료

### (1) 개요

인간은 오감을 통한 신체활동으로 인생의 첫 놀이를 시작한다. 유아기의 놀이는 양육자와의 신체감각적 상호작용이 대부분을 차지한다. 까꿍, 도리도리, 숨바꼭질 등 다양한 초기 신체놀이는 유아의 신체, 인지, 정서, 성격 발달에 지대한 영향을 미친다. 전 생애에 걸쳐 인간은 신체접촉을 통해 관계를 맺고 공감하며 서로 연결되며, 신체의 레질리언스는 회복의 중요한 원천이다.

인류의 역사에서 수렵채취나 농업에 종사했던 시대에 비해 산업화와 정보화 시대의 인간은 상대적으로 신체활동을 덜 하고 있다. 신체활동이 가장 활발한 단계에 있는 아동과 청소년도 야외놀이활동보다 컴퓨터나 책에 더 많은 시간을 보내고 있다. 이처럼 신체활동이 감소하는 추세와 함께 게임중독, 은둔형외톨이 등 대인접촉을 꺼리는 문제행동들은 늘어나고 있다.

신체를 치료적 접근에 활용하는 경우는 대부분 생리학, 감각, 움직임에 대한 관심에서 시작되었다. 예컨대 감각 느낌(felt sense), 기분 마음챙김(mindfiulness of sensation), 몸 살피기(body scan) 등 다양한 기법은 모두 개인의 내적 과정의 각성을 높이고, 자기통제를 위해 의식적 정신을 사용할 수 있도록 신경감각, 내부수용감각, 자기수용감각 등의 과정을 이용한다. 최근 상담 및 심리치료 분야에서 전신(whole-body) 접근이 관심을 받고 있는데, 전신 접근은 신체와 더불어 정서, 기억, 의미를 통합한다.

가족놀이치료에서 신체놀이는 오감을 통한 신체적 경험과의 연결을 유도해 가족원 개인의 내적 사고와 감정에 이르는 출구를 열 수 있다. 신체활동을 기반으로 하는 가족놀이치료는 즐거움과 함께 에너지를 높이는 역할을 하며, 가족 간 건강한 경계와 안전 애착을 형성하는 경험을 제공할 수 있다. 이 책에서는 신체활동 기반 가족놀이치료 활동으로 풍선놀이, 가족조각, 줄 놀이, 가족난타, 보자기놀이, 가족 신체본뜨기 등을 살펴보겠다.

그림 2-5 몸 기반 놀이 매체

### (2) 몸 기반 가족놀이치료 활동

#### ① 풍선놀이

풍선놀이는 다양한 색상의 풍선에 공기를 불어 넣어 풍선을 전달하고 던지며 신체를 움직이는 놀이활동이다. 풍선으로 자신과 가족을 소개하고 장점을 붙여주며 가족 간의 공간, 거리, 방향 등 전달 과정을 통해 상호작용을 탐색한다. 이러한 활동으로 가족의 역할, 헌신, 갈등의 원인을 찾고 현재 주요 양육자와의 관계를 살펴보며 가족원 간 의사소통 패턴을 확인할 수 있다.

친숙한 풍선을 만지고 던지며 가족을 소개하고 장점을 찾는 활동은, 촉감과 대근육을 사용한 사회성과 신체적 · 인지적 발달을 촉진하게 되므로 유아와 아동이 있는 가족에게 더 유용하게 활용된다. 또한 청소년이 포함된 가족이나 부부의 경우 공동의 즐거움을 경험함으로써 스트레스와 긴장을 완화하여 치료적 관계형성에 도움이 될 수 있다.

### ② 가족조각

가족조각(family sculpture)은 가족원이 모두 참여하거나 참여하지 않은 가족원을 대신할 사람이나 물건을 배치하여 어느 시점을 정하여 다른 가족원에게 느끼는 내적 정서 상태와 행동을 동작과 자세로 표현하는 비언어적 기법이다. 경험적 가족치료에서 유래한 기법이다.

가족조각을 통해 가족원이 각자 자신의 감정을 느껴보고 가족의 역동성을 시각적으로 파악하며 치료사의 개입을 통해 가족을 재배치함으로써 가족의 변화와 새로운 대처방법을 찾아보는 데 도움을 줄 수 있다. 가족조각에서 나타난 공간 내 심리적 위치와 거리, 신체방향이나 표정, 자세 및 동작 등을 통해 가족의 대처방식과 권력구조, 경계선, 가족규칙과 가족관계 등을 어느 정도 파악할 수 있으며 가족을 진단하고 평가하는 데 활용될 수 있다(전영주 외, 2016).

### ③ 줄 놀이

줄 놀이는 줄의 양끝을 잡고 서로 당기거나 줄을 신체에 묶어 이동하기도 하고 줄 끝을 이어 원을 만들어 가족원이 원 안에서 허리에서 줄이 떨어지지 않도록 팽팽하게 하여 이동하는 신체놀이이다.

줄다리기는 갈등상황에서 방어행동과 신체적 긴장감을 나눌 수 있으며 가족원 각자 줄을 허리에 묶어 가족원 모두를 연결하여 움직이는 활동을 통해 가족의 움직임은 서로에게 영향을 준다는 것을 자각할 수 있다. 또한 줄로 만든 원을 경계로 하여 원안에서 다양한 상황에서 서로 멀어지고 가까워지는 활동을 통해 자율성과 연결감의 균형을 찾아가는 과정으로 결국 가족의 역동과 역할과 기능, 삼각관계 등을 시각화하고 통찰하는 데 도움을 줄 수 있다.

### ④ 가족난타

가족난타는 쉽게 다룰 수 있는 장난감 악기나 일상생활의 소도구를 활용하여 소리를 만들고 조율하는 즉흥적인 연주 활동이다. 가족이 각자 느끼는 감정과 심장 소리나 맥박의 리듬을 소리로 표현하고 가족이 함께 소리를 조율해 가는 활동으로 악기연주에 에너지를 집중하면서 활성화된 자율신경계의 각성 범위를 조절할 수 있다. 따라서 가족이 각자의 감정과 신체감각을 인식하고 자기조절과 상호조율을 경험할 수 있다. 가족난타는 악기연주에 서투른 가족원의 실수가 다른 가족원에게 유머로 받아들여지는 경험과 가족 간 친밀감 향상과 긴장 완화 및 스트레스 해소의 기회가 될 수 있다.



### ⑤ 보자기놀이

보자기놀이는 다양한 색깔과 무늬, 질감의 손수건이나 블랭킷을 포함한 보자기류를 활용하여 따뜻함과 다정함, 편안함을 느끼고 조율된 즐거운 경험을 통해 가족원 간의 유대감을 강화시킨다.

특히 '탄생'을 주제로 한 양육적인 역할극은 자연스러운 신체 접촉을 유도하여 따뜻함과 보살핌을 받는 느낌을 제공하고 부모-자녀 간의 정서적 욕구를 충족시킬 수 있도록 돕는다. 양육적인 역할극의 보자기놀이는 과잉행동을 하거나 공격적이거나 부모화 된 아동이 있는 가족에게 유용하다. 또한 접촉이나 애정 표현에 어려움이 있거나 거부적이고 처벌적인 부모는 편안함과 안전을 원하는 자녀의 욕구에 반응하는 방법을 배울 수 있도록 돕는다.

### ⑥ 가족 신체본뜨기

가족 신체본뜨기란 도화지나 전지 위에 손이나 몸을 본떠 나타난 신체상으로 활동하는 것이다. 먼저 눈 맞춤과 표정을 읽으면서 감정을 알아차리고 신체를 본뜨고 접촉하면서 가족이 정서와 신체적 연결을 시도하는 과정으로 촉각 및 시각 등 신체 감각을 통해 안전한 관계를 경험할 수 있다.

경직된 가족이나 서로 마주보고 접촉하는 기회가 없어 신체적 접촉이 어색한 가족에게 점진적인 신체적 접촉을 통해 자연스럽게 친밀감을 형성하고 지지와 격려의 몸짓인 신체적 신호를 만드는 과정을 통해 재미와 즐거운 분위기로 이어지고 긍정적인 신체적 신호를 일상생활에 적용할 수 있도록 할 수 있다.

CHAPTER 03

# 피규어(인형) 기반 가족놀이치료

염은선, 공성원, 빈미향, 김남경, 주국희

1. 가족놀이가계도 | 2. 가족인형세우기 | 3. 가족퍼펫극
4. 가족모래놀이 | 5. 가족관계 속 자아탐색

CHAPTER 03

# 피규어(인형) 기반 가족놀이치료

Family Play Therapy: Research and Practice



피규어(인형) 기반 가족놀이치료는 내면에 있는 다양한 감정과 욕구, 생각 등을 '피규어(인형)'를 통해 자유롭게 표현할 수 있도록 돕는 접근이다. 피규어는 실제 인물, 동물, 각종 상징물 등을 다양한 크기와 형태로 시각화한 것이다. 가족관계 속 어려움을 겪으며 장기간 지쳐 있는 가족원들은 상담 장면에 와서 무엇을 이야기해야 할지 모르고 당황해하며 어색해할 수도 있다. 그러나 피규어와 같은 매체를 활용하면 자신의 감정이나 생각을 표현하기 힘들어하는 가족원들이 비교적 안전하게 내면의 감정을 표현할 수 있도록 도울 수 있다(전영주 외, 2022).

상담에서 피규어의 사용은 내담자가 자신의 가족에 대한 이미지를 재창조하고 그 이미지를 상징으로 표현할 수 있게 해준다. 내담자는 가족 안에서 경험한 수많은 무의식적인 경험들을 피규어를 통해 표현하는데, 특히 동물 피규어는 내담자의 무의식을 잘 표현해 주는 아주 정제되고 단순한 상징 언어이다. 내담자가 피규어로 표현하는 가족의 모습은 가족 무의식이 내면의 드라마를 투사하는 화면이 될 수 있다. 내담자는 피규어를 통해 가족 안에서 경험한 트라우마를 의식 밖으로 드러냄으로써 무의식과 의식이 소통하게 되고 현실에서 보다 균형 잡힌 삶을 살아갈 수 있게 되는 것이다(한국인형치료학회, 2023).

피규어 기반 가족놀이치료의 상담목표는 피규어라는 상징물을 통해 내담자를 탐색하고 가족의 전체적인 체계 및 상호작용을 이해하는 것이다. 내담자는 다양한 모습과 크기의 피규어들을 직접 고르고 세워보면서 개인의 무의식적 욕구와 가족 간 관계 패턴, 자신과 타인에 대한 관점을 객관적인 시각으로 바라볼 수 있게 된다. 상담자는 내담자가 선택한 상징물의 이미지를 심층적으로 분석하거나 해석하기보다 피규어의 상징이나 가족 간 역동을 발견하고 가족의 신념이나 이미지를 이해하려고 노력한다. 내담자가 호소하는 문제의 초점을 가족 간의 체계 및 관계에 두고, 내담자가 표현하는 어린 시절의 상처와 부정적 영향들을 마음으로 공감하고 존중하게 될 때 가족의 변화는 시작되는 것이다(전영주 외, 2022).

3장에서는 피규어(인형) 기반 가족놀이치료 활동으로 가족놀이가계도, 가족인형세우기, 가족퍼펫극, 가족모래놀이, 가족관계 속 자아탐색 등을 살펴본다.

그림 3-1 다양한 피규어(인형)들

# 1 가족놀이가계도

## 1) 활동 개요

가계도는 가족관계나 기능의 유형을 도식화한 것으로 가족의 구조와 패턴, 생활주기를 자세히 들여다볼 수 있고 가족역동에 대한 포괄적인 평가를 가능하게 한다. 가족놀이가계도는 기본 가계도에 가족원이나 가족관계의 특성을 각종 피규어로 이미지화하는 작업을 추가함으로써 가족문제나 가족원에 대한 서로의 인식을 기본 가계도보다 훨씬 더 풍부하게 확인할 수 있도록 돕는다(Gill, 2016).

가계도 위에 가족이 함께 서로에 대한 이미지를 피규어로 표현하는 활동을 통해 가족원들 간의 관계를 이해하고, 가족의 역사를 공유하는 등 가족 간의 유대감을 높일 수 있다. 일반적으로 가계도 작업은 가족사정을 위해 상담 초기 단계에서 주로 활용되나 가족놀이가계도는 이미지로 구현되기에 상담 전 과정에서 활용하며 가족역동 및 상호작용을 탐색해 볼 수 있을 것이다.

## 2) 활동 방법

### (1) 목표

- 가족의 상호작용 및 가족구조(경계, 위계, 권력, 의사소통 패턴 등)를 파악한다.
- 가족원 스스로가 활동을 통해 서로에 대한 이해 및 가족 내에서 자신의 역할을 통찰하도록 돕는다.
- 가족놀이가계도 활동을 통해 활발한 가족 상호작용이 이루어지도록 촉진한다.

## (2) 준비물

- 각종 피규어(동 · 식물, 그 외 다양한 모형물들), 가족원을 남(□), 여(○)로 표시한 가계도가 그려진 종이

## (3) 적용 가능 대상

- 커플 및 장난감을 스스로 고르고 그 이유를 설명할 수 있는 5~6세 이상의 자녀가 포함된 가족

## (4) 진행 방법

가족놀이가계도에 대해 설명하고 상담자가 A4 용지에 핵가족 가계도를 간략하게 그린다. 이어서 각 가족원이 자신의 가족원을 표현한다고 생각하는 피규어들을 자유롭게 선택하여 배치하도록 안내한다. 단, 가족을 동물로 나타날 때 가족의 띠(예: 돼지띠여서 돼지로 표현)로 표현하지 않도록 주의를 준다.

### ① 도입

가계도 전반에 대한 설명을 한 후 활동 진행 방법에 대해 안내한다. 가계도에 가족원 모두 피규어를 올려놓고 나면 각자가 고른 피규어에 대한 소개를 부탁한다. 설명을 듣고 난 후 본인의 피규어를 수정할 수도 있음을 안내하고 수정할 수 있도록 시간을 준 후 그 이유에 대해서도 이야기를 나눈다.

상담자 멘트의 예시는 다음과 같다.

"오늘은 가족놀이가계도 활동을 진행하려고 합니다. 자, 여기에 다양한 피규어들이 있습니다. 우리 가족을 여기에 있는 피규어로 표현해 보는 활동입니다. 제가 간단하게 그려둔 가계도 위에 자신을 포함한 우리 가족 각자에 대한 피규어를 골라 놓아주세요."

"자기 자신과 우리 가족 각자에 대한 생각이나 느낌, 감정들을 잘 표현해 주는 피규어를 골라 가계도 위에 놓아주세요."

상담자 점검 및 관찰 사항

- 가족원들이 피규어를 고를 때 누가 가장 먼저 시작하는가?
- 피규어를 고를 때 서로 의논하며 진행하는가? 아니면 가족원 중 누가 일방적으로 주도하며 진행하는가?
- 가족이 각자 다른 가족원들의 이미지를 자유롭게 선택하는가?
- 활동 과정에서 보여지는 가족역동은 어떠한가?
- 가족원끼리 연합하고 있거나 갈등하고 있는 가족원은 누구인가?
- 가족원 중 활동에 누가 좀 더 적극적(소극적)으로 참여하는가?

② 전개

가계도가 그려진 종이 위에 피규어를 세팅하는 것이 완료되었다면 각각의 피규어를 통해 가족이 상호작용할 수 있도록 다양한 질문을 던지면서 가족구조 및 역동을 탐색하고 가족원들의 상호작용을 촉진한다.

상담자 멘트의 예시는 다음과 같다.

"가족들이 작업하신 가계도가 완성되었습니다. 이제 이 가계도를 보며 이야기를 나누어 봤으면 합니다."

"이제 우리 가족들에 대해 각자가 선택한 피규어를 왜 선택하셨는지 이야기를 나누어 보도록 하겠습니다. 남편을 ○○로, 자녀를 ○○로 선택한 이유는 무엇인가요?"

"이 피규어와 가장 사이가 가깝다고(멀다고) 느껴지는 피규어는 어떤 것인가요?"

"가족 내 다른 사람들의 관계를 잘 묘사할 수 있는 피규어를 골라 그 사람들 사이에 놓아주세요." (부-모, 부-자녀, 모-자녀, 자녀-자녀 등)

##### 상담자 점검 및 관찰 사항

- 누가 가장 열심히 참여하고 주도적인가? 반대로 가장 소극적인 사람은 누구인가?
- 가족의 의사소통 방식은 어떠한가? 서로에게 자유롭게 의견을 이야기하는가?
- 가족은 서로 친한가? 누가 누구와 편 가르기 하고 있는가?
- 가족의 정보를 제공하는 것에 적극적인가?
- 활동을 통해 가족원은 서로에게 어떤 영향을 주고받는가?

### ③ 마무리

가계도 작업을 마무리하면서 이 활동을 통해 새로 알게 된 점이나 느낀 점을 가족원이 자유롭게 이야기하도록 촉진한다. 이야기를 나누는 과정에서 다시 새롭게 느낀 점이 있다면 함께 나누도록 안내하면서 가족원이 서로에 대한 이해와 통찰을 높일 수 있도록 돕는다.

상담자 멘트의 예시는 다음과 같다.

"오늘은 가족놀이가계도 활동을 해보았습니다. 이 활동을 하시면서 어떤 경험을 하였고 또 어떤 느낌이 들었는지 자유롭게 소감을 나누어 보도록 하겠습니다."

"활동 후 서로 나눈 이야기들을 통해 새롭게 알게 된 점이 있으신가요?"

##### 상담자 점검 및 관찰 사항

- 가족의 변화에 적극적인 혹은 저항적인 사람은 누구인가?
- 활동 중에 가족들이 서로에 대해 새로이 알게 된 내용이 있는가? 그 내용은 무엇인가? 그것이 서로에게 어떤 영향을 미치는가?
- 이 활동을 통해 상담자가 원하는 목표는 몇 점 정도로 이루어졌는가?
- 통찰이 가장 어려운 사람은 누구인가? 그 이유는 무엇인가?

그림 3-2 다양한 가족놀이가계도

### (5) 활동 시 주의사항

① 가족원 각자가 피규어를 고르는 과정을 통해 가족 간 정서적 · 신체적 접촉의 정도, 가족원들의 협력 수준, 갈등 조율 및 타협 방식을 파악한다. 또한 가족 고유의 규칙, 가족 문제 및 상호작용에 대한 이해, 각 가족원의 활동 수용성, 적극성, 실천성 등을 평가한다.

② 가족 상호작용 평가를 중심으로 가족 내 권력 구조, 상담에서의 적극성과 자발성, 상담자와의 연합 시도, 가족의 경계와 위계 등을 세밀히 관찰한다.

③ 가계도 작업의 중반부에서는 서로가 선택한 피규어를 보면서 느끼는 감정과 서로 다른 생각을 자유롭게 이야기할 수 있도록 촉진하는 것이 중요하다.

④ 가족 상호작용을 탐색하면서 가족 모두가 의견을 내고 활동할 수 있도록 민감한 촉진이 제공되어야 한다.

### 3) 촉진질문

| 상담과정 | 상담자 질문 |
|---|---|
| 도입 | • 우리 가족은 서로 친한가요? 그 이유는요? 친하지 않다면 왜 그렇게 생각하시나요?<br>• ○○를 제일 먼저 놓은 이유가 있나요?<br>• 다른 가족이 나를 표현한 피규어가 마음에 드나요? 왜 그렇게 표현했다고 생각되나요? (다른 가족에게) 이 대답을 들으니 내가 생각한 것과 비슷한가요? 이 대답을 들으니 어떻게 느껴지세요?<br>• 내가 생각하는 나와 가장 비슷하게 표현한 가족은 누구인가요? 평소에 그 사람이 나의 마음을 잘 알아주는 것 같나요? |
| 전개 | • 나와 가장 가까운 가족은 누구인가요?<br>• 부모님의 사이는 어떠신가요? 형제자매 사이는 어떤가요?<br>• 나는 부모님께 하고 싶은 말을 자유롭게 언제든지 할 수 있나요?<br>• 우리 집의 실질적인 대장은 누구인가요? 우리 집에서 누가 가장 힘이 세나요? (아동의 경우)<br>• ○○와 ○○가 조금 더 가까워지기 위해서는 누가 더 노력해야 할까요?<br>• 내 마음이 불편할 때 가장 먼저 떠오르는 사람은 누구인가요?<br>• 우리 가족만의 고유한 규칙이나 습관이 있을까요?<br>• 조부모님이나 친척들과 자주 만나나요?<br>• 아버지(어머니) 편을 드는 자녀는 누구인가요?<br>• 이 피규어는 누구와 친한가요? 이 피규어와 가장 많이 대화하는 피규어는 누구인가요?<br>• 이 피규어가 하고 싶은 말은 무엇일까요?<br>• 여기에서 가장 힘이 강한(약한) 피규어는 무엇인가요? |
| 마무리 | • 우리 가족의 규칙 중 바꾸고 싶은 것이 있나요?<br>• 우리 가족원 중 가장 자신의 역할을 잘 해내고 있다고 생각하는 가족은 누구이며 그 이유는요?<br>• 우리 가족 중 가장 힘들다고 생각하는 사람에게 해주고 싶은 말은요? (그 말을 들은 대상에게) 이런 이야기를 들으니 어떤 생각이 드나요? 나는 무슨 말을 해주고 싶나요?<br>• 우리 가족이 조금 더 친해진다면 어떤 것을 통해 그것을 확인할 수 있을까요? |

## 4) 추가 활용 방법

### (1) 가족놀이가계도의 융통성 있는 회기 사용

가족놀이가계도는 상담 초반부에 가족역동 탐색을 위해 진행하는 것이 보편적이나 상담 중반부나 종결 부분에서도 사용할 수 있다. 상담 중반부에서 다시 한 번 가계도 작업을 하는 경우에는 상담 초기에 만들어진 가족놀이가계도에서 변화가 있는지 점검하고 변화가 있다면 누가, 왜 그런 변화를 가져온 것인지 확인하는 작업이 더 중요하다. 다만, 가족인형세우기 활동과는 차별화하여 이전 가계도와 다르게 배치된 피규어가 있는지, 왜 그렇게 변화가 되었는지에 더 집중하여 탐색한다.

### (2) 이미지카드 및 추가 매체를 활용한 가족놀이가계도

가족놀이가계도는 내담자의 무의식을 잘 표현해 주면서 정제되고 단순한 상징언어로 여겨지는 동물 피규어를 많이 사용하는데, 적절한 동물 피규어가 없을 경우 동물사진이나 아동들이 좋아하는 스티커를 사용할 수도 있다. 또한, 방문 상담일 경우 집안의 다양한 일상용품들을 사용하여 가족놀이가계도 만들기 활동을 표현해 보도록 할 수 있다.

### (3) 다세대 가족놀이가계도

보통 현재 가족의 모습을 많이 표현하지만 삼 세대까지 표현해 보도록 하여 각자의 원가족역동을 이해하고 현재 가족에게 미치는 영향 등을 탐색하고 이해하도록 도울 수도 있다.

## 5) 상담사례

### (1) 내담자 가족

- 부(53세), 모(41세), 첫째 딸(11세)

### (2) 상담의뢰 경위

- 사춘기에 접어 든 11세 첫째 딸과 아내의 갈등으로 인해 남편이 상담 신청한 후 가족상담으로 진행하였다.

### (3) 상담내용

상담 첫 회기에서 가족과 라포를 형성하고 호소문제를 탐색한 후, 가족의 상호작용을 알아보기 위해 가족놀이가계도 활동을 제안하였다. 가계도에 대해 간단히 설명하고 동물 피규어를 사용하여 가계도를 표현하도록 안내하였다. 부부의 연령차이는 12세였으며 아내는 가부장적인 남편에게 의존하고 있었다. 남편이 모든 가족의 대소사와 자녀양육 문제의 결정권을 가지고 있었고, 가족놀이가계도에서도 이러한 부분이 그대로 반영되었다. 일반적으로 가족놀이가계도는 한 장의 종이 위에 각 가족원이 선택한 피규어를 동시에 놓게 하기도 하지만, 이 사례에서는 가족분화를 촉진하기 위하여 가족원 각각에게 가족놀이가계도 활동을 실시하였다.

남편은 자신을 '돌고래', 아내는 '토끼', 두 자녀는 '양'으로 표현하였고, 아내는 남편은 '상어', 자신을 '토끼', 두 딸은 '양'으로 표현하였다. 아내가 첫째 딸로 표현한 '양'은 아내인 '토끼'보다도 더 크고 힘이 있어 보였다. 11세 첫째 딸은 아빠는 '사슴'으로, 뿔이 멋지고, 고요하다고 설명하였다. 엄마는 '양'인데 제일 귀엽고 예쁘다고 표현하였다. 동생은 '코알라'로 느리지만 귀엽다고 표현하고, 자신은 '다람쥐'로, 성깔이 있고 눈치가 빠르며 귀엽고 자신감이 있다고 설명하였다. 첫째 딸이 표현한 가계도에서도 엄마로 표현한 '양'이 가장 작아서 오히려 딸이 엄마를 보호해 주어야 할 대상으로 여기고 있음을 유추할 수 있었다. 이후 부모가 싸울 때 동생과 자신의 피규어를 부모의 피규어로 모아 보호해야 한다고 표현하여, 부부체계가 경직되고 부모-자녀 체계는 모호하고 산만함을 보여 주었다.

서로의 모습을 통해 느껴지는 점을 다양한 질문으로 탐색하며 가족의 역동을 이해하도록 도왔다. 가족원들은 각자 놓은 피규어를 통해 가족의 역동을 이해하는 모습이었고, 특히 부는 자신의 역할이 과중되어 아내가 자녀들에게 권위를 갖기 어려운 점을 통찰하였다. 모 또한 자녀가 자신을 어떻게 바라보는지를 통해 자녀에게 다가가는 방법을 이해하는 모습을 보였다.

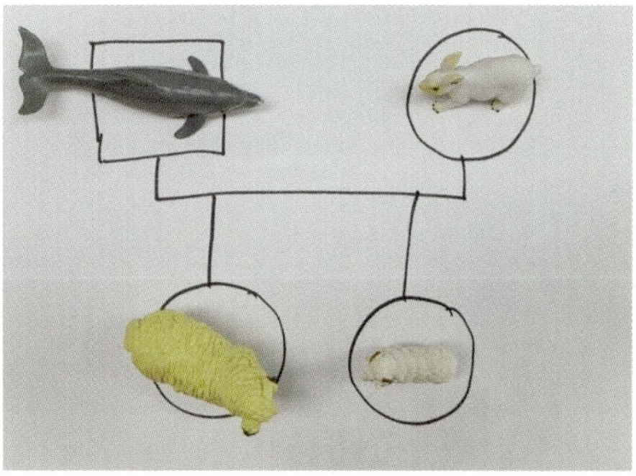

그림 3-3 부의 가족놀이가계도

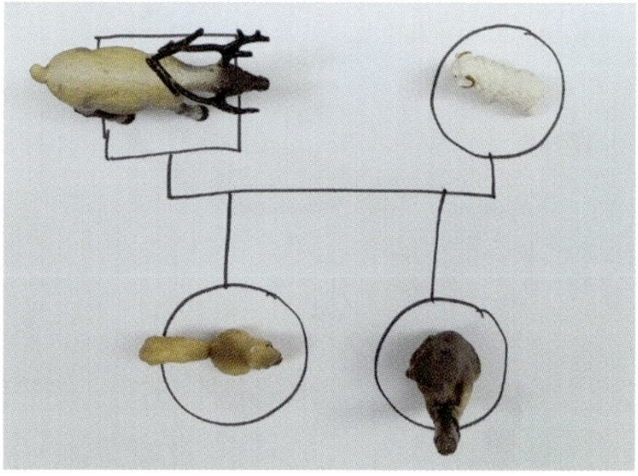

그림 3-4 첫째 딸의 가족놀이가계도

## 2 가족인형세우기

### 1) 활동 개요

가족인형세우기란 가족원을 상징하는 피규어를 선택하여 적절한 거리와 위치에 세워 가족관계 경험을 재현하고 변화를 촉진하는 활동이다. 가족인형세우기는 사티어(Satir)의 가족조각에서 유래된 활동으로 가족원의 대리인으로 피규어를 활동에 참여시킴으로써 감정반응을 쉽게 알아차리고 방어를 줄일 수 있다.

이러한 활동을 통해 가족 간 갈등을 시각화하고 문제를 자각할 수 있으며, 가족의 기대와 감정을 이해하고 유대감 형성에 도움을 줄 수 있다. 가족인형세우기는 초기 단계에서 가족의 문제를 평가하고 목표를 설정하는 데 활용할 수 있다. 또한, 중기와 종결 단계에서의 가족인형세우기 활동을 통해 가족관계를 재구성하기 위한 시도가 가능하다.

그림 3–5 다양한 피규어(인형)들

## 2) 활동 방법

### (1) 목표

- 가족의 갈등을 이해하고 문제를 자각할 수 있다.

- 피규어의 구성과 배치를 통해 가족구조와 역할 등을 탐색할 수 있다.
- 가족 간 상호 이해와 긍정적인 상호작용을 촉진시킨다.
- 가족문제에 대한 새로운 관점과 가족관계를 재구성하기 위한 방법을 시도해 볼 수 있다.

### (2) 준비물

- 다양한 피규어

### (3) 적용 가능 대상

- 커플 및 5세 이상의 자녀가 포함된 가족



### (4) 진행 방법

#### ① 도입

상담자는 가족원에게 다양한 피규어를 소개하고 자유롭게 탐색할 수 있도록 여유를 준다. 이어 가족인형세우기의 목적과 활동 방법에 대해 안내한다.

상담자 멘트의 예시는 다음과 같다.

"여기 다양한 피규어가 있습니다. 자유롭게 살펴보세요."
"이번 활동을 통해 가족관계를 이해하고 새로운 관계 방식을 시도해 볼 수 있습니다."

**상담자 점검 및 관찰 사항**

- 가족의 자리 배치는 어떠한가? 연합이나 동맹 등 가족 역동은 어떠한가?
- 활동이 자유로운가? 혹은 어색한가? 활동에 집중(산만)하는가?
- 가족의 언어적 · 비언어적 의사소통 방식은 어떠한가?

② 전개

가족원 각자 본인을 포함한 가족원을 상징하는 피규어를 선택하여 위치를 정해 배치하도록 한다. 한 사람씩 돌아가면서 세워진 피규어를 소개하고 생각과 감정을 나누도록 한다. 이어서 가족의 문제나 갈등이 해결된 상황이나 변화에 대한 기대를 나누고 원하는 위치에 피규어를 옮겨 보도록 할 수 있다.

상담자 멘트의 예시는 다음과 같다.

"가족의 이미지를 떠올려보세요. 본인을 포함한 가족원들에게 어울리는 피규어를 선택해 보세요."

"선택한 피규어들을 각자 위치를 정해 자유롭게 세워보세요."

"각자 세워놓은 가족 인형을 소개하고 어떤 장면인지 설명해 주세요."

"혹시 바꾸거나 추가하고 싶은 것이 있나요?"

**상담자 점검 및 관찰 사항**

- 선택한 피규어들의 보편적 의미는 무엇인가? 피규어 간 거리, 위치, 자세, 방향은 어떠한가?
- 가족은 각자 활동을 서로 존중하는가, 수정하는 사람이 있는가?
- 가족원 간 어떤 감정이 전달되는가? 상호작용이 원활하게 이루어지는가?
- 가족원 중 활동에 참여하지 않거나 망설이는 사람이 있는가? 그럴 때 가족들은 어떻게 활동에 끌어들이는가?

③ 마무리

가족인형세우기 활동을 통해 각자 어떤 경험을 하였는지, 실제 가족의 모습과 새롭게 알게 된 점에 대해 나눈다.

상담자 멘트의 예시는 다음과 같다.

"가족인형을 세우면서 어떤 경험을 하셨나요?"

"활동을 통해 가족에 대해 새롭게 알게 된 점이나 소감을 나누어 주세요."

**상담자 점검 및 관찰 사항**

- 활동을 통해 가족이 문제를 자각하는 수준은 어떠한가?
- 가족의 문제를 자각하면서 좌절하는(격려하는) 사람이 있는가?
- 가족은 각자 통찰한 내용을 공유하는가? 그때 가족의 반응은 어떠한가?
- 그런 반응이 가족에게 어떤 영향을 미치는가?

### (5) 활동 시 주의사항

① 고위험군(폭력, 중독, 자살 등) 가족으로 어린 자녀가 있는 경우, 상황과 안전을 신중하게 고려해야 하며, 안정감을 주는 포근하고 부드러운 소재로 된 인형을 제공하도록 한다.

② 활동을 주저하거나 어색함을 보이는 가족의 경우, 상담자는 가족원의 활동 수준을 고려하여 가족이 호소하는 문제와 관련된 주제나 과제를 제시할 수도 있다.

## 3) 촉진질문

| 상담과정 | 상담자 질문 |
|---|---|
| 도입 | • 어릴 때 피규어를 가지고 놀아 본 적이 있나요?<br>• 피규어를 살펴보면서 어떤 느낌(생각)이 드나요?<br>• 마음에 드는 피규어가 있나요? 어떤 점에 끌리나요?<br>• 피규어로 가족의 모습을 표현한다면 어떤 모습일까요? |

| | |
|---|---|
| 전개 | • 피규어로 만든 가족의 모습은 어떤가요? 자세히 설명해 주세요.<br>• 피규어가 세워진 공간은 어디가 위(아래)인가요? 누가 누구하고 가장 가까이(멀리) 있나요?<br>• 각자 가족원의 가장 편한 공간은 어디인가요? 얼마만큼 가까워지면(거리를 두면) 편할까요?<br>• 중심에 있는 피규어(주변이나 가장자리에 있는 피규어)는 어떻게 그 자리를 차지하게 되었나요?<br>• 각각의 피규어는 지금 무엇을 하고 있나요? 시선은 어디로 향해 있나요? 어떤 표정으로 뭐라고 말하나요? 그 다음은 어떻게 될까요?<br>• 피규어들은 각자 어떤 생각과 감정을 느끼나요? 그런 생각과 감정을 어떻게 표현하나요? 그럴 때 다른 피규어들은 어떤 반응을 보이나요?<br>• 피규어 사이에 어떤 감정이 흐르고 있나요? 어디서부터 어떻게 흘러가나요? 어떻게 감정을 주고받나요?<br>• 혹시 빠졌거나 초대하고 싶은 피규어가 있나요? 만약 그 피규어를 초대한다면 가족의 모습은 어떻게 달라질까요?<br>• 가족 인형의 모습에서 가장 마음에 드는 부분은 무엇인가요?<br>• 가족관계가 좋아진다면 피규어들은 각각 어떤 모습일까요? |
| 마무리 | • 활동과정에서 실제 가족의 모습을 떠올리게 한 부분이 있었나요? 자세히 설명해 주세요.<br>• 다시 가족 인형을 세우면서 무엇이 달라졌나요? 좀 더 다르게 해보고 싶은 점이 있나요?<br>• 그러한 변화를 위해 각자 어떤 노력이 필요할까요? 그런 노력을 지지하는 사람은 누구일까요?<br>• 변화된 가족관계는 차후 가족이 어려움에 처할 때 어떤 점이 도움이 될까요?<br>• 만약 긍정적으로 변화된 가족에게, 현재 가족에게 해주고 싶은 말이 뭐냐고 묻는다면 무슨 말을 할까요? |

### 4) 추가 활용 방법

#### (1) 다양한 매체를 활용한 가족세우기

피규어가 없을 때는 다양한 매체(레고®, 사진, 이미지카드, 스티커, 포스트잇 등), 또는 다양한 색상, 크기, 질감을 가진 돌, 조개껍데기, 동전, 단추, 구슬 등으로 가족원을 대신해서 표현할 수 있다. 그 외 실, 리본, 장난감 블록 등으로 경계나 권력, 위계 등을 표현할 수 있다.

#### (2) 피규어를 활용한 역할놀이

피규어를 활용하여 가족 안에서의 다양한 상황이나 사건을 재연해보거나 역할 바꾸기 등을 시연하여 평소 나눌 수 없었던 대화를 나누고 새로운 대안을 탐색하고 도전할 수 있다.

### 5) 상담사례

#### (1) 내담자 커플

- 남편(46세), 아내(44세)



#### (2) 상담의뢰 경위

- 부부는 서로에 대한 불만으로 부부싸움이 격해지고 이혼을 고려 중이라며 상담을 요청하였다.

#### (3) 상담내용

아내는 남편의 일상을 체크하고 확인해야 안심이 되는데, 남편의 늦은 귀가와 전화 연락이 안 될 때는 화를 참지 못하고 폭력적이 된다. 남편은 아내가 일일이 간섭하고 추궁할 때, 입을 다물고 혼자 방문을 닫고 있거나 간혹 분노가 폭발하면 큰 싸움으로 번지기도 한다.

상담 초기, 현재 부부 갈등과 원가족 경험을 시각화하고 관계패턴을 통찰하기 위해 '가족인형세우기'를 실시하였다. 아내는 자신이 언제라도 폭발할 것 같다며 애드벌룬을 놓았고, 남편은 무기력한 자신의 모습이라며 우체부를 선택하여 눕혀 놓았다. 아내는 자신의 공격적인 행동에서 아버지의 모습을 떠올리며 원가족 경험을 표현하였다.

아내는 폭력적인 친정아버지와 가출이 잦았던 친정어머니를 떠올리며, 어머니에게 욕하는 아버지에게 대들고 난동을 피워 폭력을 중단시키고 어머니의 보호자가 된 기억을 표현하였다. 남편은 원가족에서 무능력하면서도 어머니를 괴롭히는 아버지를 무시하고, 대화를 나누지도 않았다고 한다. 현재 부부관계와 원가족에서의 관계 경험을 나누면서 아내는 남편의 일상을 추궁하고 캐묻는 행동 이면에 자신을 버리고 떠날지도 모른다는 불안과 남편을 보호하려는 마음을 통찰하게 되었다. 남편은 자신도 모르게 아내를 공격하게 될 것 같아 아내를 피하고 밖으로 돌았음을 인정하였다. 가족인형세우기를 통해 부부가 서로 상대를 보호하려는 마음을 이해하게 되었고, 대안적인 상호작용방법을 탐색할 수 있게 되었다.

그림 3-6 아내의 가족인형세우기

그림 3-7 남편의 가족인형세우기

# 3 가족퍼펫극

## 1) 활동 개요

가족퍼펫극은 가족원 각자 선택한 퍼펫으로 독창적인 가족이야기를 만들어 퍼펫극을 연기하고 상담자가 인터뷰를 진행하는 활동이다. 퍼펫은 상상력을 자극하고 사람과 동일시하여 말로 표현하기 힘든 내적 갈등이나 감정을 좀 더 쉽게 표현할 수 있다는 점에서 아동이 포함된 가족에게 유용한 매체다. 즉흥적으로 만든 가족이야기의 대부분은 현재 가족 갈등이나 경험을 반영하며 가족 간 상호작용 과정이 풍부하게 드러난다.

인터뷰 과정은 '은유에 머물기'와 '은유에서 벗어나기' 단계로 이루어진다. '은유에 머물기' 단계에서는 가족이 만든 이야기 속 퍼펫과 마주 보며 인터뷰를 진행하고, '은유에서 벗어나기' 단계에서는 가족의 현실에 주의를 기울이고 인터뷰하며, 가족의 문제 해결과 새로운 의사소통 방법을 모색한다. 어윈과 말로에(Irwin & Mal-

그림 3-8 다양한 퍼펫

loy, 1975)가 개발한 가족퍼펫인터뷰(Family Puppet Interview)는 가족평가나 치료에 널리 사용되고 있으며(김유숙, 고모리 야스나가, 최지원, 2013), 가족은 인터뷰 과정에서 비언어적인 표정이나 몸짓 등 상징적인 의사소통과 대처 행동을 배울 수 있다(Gil, 1994; Irwin & Malloy, 1975).

## 2) 활동 방법

### (1) 목표

- 가족 갈등과 문제 상황에서 각 가족원의 역할과 대처방식을 이해할 수 있다.
- 아동의 불편한 감정과 갈등을 안전하게 드러내고 문제해결을 위한 다양한 행동이나 대처 기술을 시도해 볼 수 있다.
- 재미와 흥미를 유발하는 놀이 경험을 통해 가족 간 유대감 및 긍정적인 상호작용을 촉진할 수 있다.

### (2) 준비물

- 다양한 퍼펫(사람이나 동물, 직업이나 판타지 인물의 퍼펫 등)

### (3) 적용 가능 대상

- 4세 이상의 아동이 포함된 가족

### (4) 진행 방법

#### ① 도입

상담자는 준비된 퍼펫을 가족에게 제공하고 각자 흥미를 끄는 퍼펫을 선택하도록 요청한다. 이때 가족이 퍼펫과 친숙해지도록 충분한 여유를 주고, 퍼펫으로 대화를 나누도록 제안할 수 있다.

상담자 멘트의 예시는 다음과 같다.

> "여기 다양한 퍼펫이 있습니다. 어떤 퍼펫이 있는지 살펴보세요."
>
> "각자 흥미를 끄는 퍼펫을 자유롭게 선택해 보세요."
>
> "각자 선택한 퍼펫으로 대화를 나누어 보세요."

**상담자 점검 및 관찰 사항**

- 퍼펫에 대한 가족의 반응과 퍼펫을 선택하는 과정은 어떠한가?
- 가족이 선택한 퍼펫의 보편적인 의미는 무엇이며 가족원들이 제안하는 의미는 무엇인가?



### ② 전개

'은유에 머물기' 단계에서는 가족이 함께 이야기를 만들어 역할극을 하고 상담자는 인터뷰를 진행한다. 상담자는 가족에게 독창적인 가족이야기를 만들고 퍼펫을 활용하여 각자 역할에 맞게 대사와 연기를 보여주는 가족퍼펫극을 만들어 보도록 제안한다.

가족퍼펫극이 완성된 후, 상담자는 가족에게 각자 맡은 등장인물 소개와 줄거리를 간단하게 설명해달라고 요청한다. 이후 상담자는 퍼펫 가족에게 일어난 사건이나 경험에 호기심을 가지고 이야기 속 퍼펫들과 마주 보고 인터뷰를 진행한다.

상담자 멘트의 예시는 다음과 같다.

> "이번에는 가족이 함께 가족이야기를 만들고 퍼펫극으로 보여주는 활동입니다. 가족퍼펫극을 통해 가족의 갈등을 이해하고 새로운 대안을 찾는 경험을 할 수 있을 것입니다."

"시작, 전개, 결말이 있는 독창적인 가족이야기를 만들어 보세요. 동화나 만화 등에서 이미 알고 있는 이야기가 아닌, 새로운 이야기를 만들어 보세요."

"가족퍼펫극은 말로만 하는 게 아니라, 각자 맡은 역할에 따라 표정이나 동작도 함께 보여 주어야 합니다. 가족이야기를 만들고 퍼펫극이 완성되면 저를 초대해 주세요."

"퍼펫극에 등장하는 인물들을 소개해 주세요."

"이야기의 주제나 줄거리에 대해 간단하게 설명해 주세요."

**상담자 점검 및 관찰 사항**

① 가족이 퍼펫극을 만드는 과정

- 상담자는 가족의 자유로운 활동을 위해서 일방경 뒤로 가거나 가족과 떨어진 위치에서 조용하게 가족이야기와 퍼펫극을 만들어가는 과정을 관찰한다.
- 가족퍼펫극을 완성하기까지 가족 간 상호작용과 의사 결정 과정은 어떠한가?

② 가족이 퍼펫극을 공연할 때

- 누가 이야기를 시작하는가? 누가 이야기를 소개하는가?
- 가족퍼펫극의 중심인물은 누구인가? 각자 인물들의 역할은 무엇인가?
- 가족이야기에서 어떤 위험이나 갈등이 드러나는가? 위험이나 갈등이 해결되었는가? 어떻게 해결되었는가? 해결방식이 적응적인가, 아니면 부적응적인가?
- 이야기의 주제는 무엇인가? 주제가 명백한가? 새로운 주제로 변경되었는가?
- 퍼펫 간 관계는 어떠한가? 어떤 감정을 주고받는가?
- 퍼펫들이 나누는 대화는 일관성이 있는가? 아니면 혼란스러운가?
- 이야기의 내용이 가족 문제와 어떤 연관성이 있는가?

### ③ 마무리

'은유에서 벗어나기' 단계에서는 현재 가족이 당면한 갈등과 어려움에 대해 대안을 찾아 새로운 이야기로 구성할 수 있도록 도울 수 있다. 상담자는 가족이 가족퍼펫극의 제목을 정하도록 하고, 활동 경험을 통해 알게 된 점을 바탕으로 새로운 대안을 찾도록 촉진한다.

상담자 멘트의 예시는 다음과 같다.

"퍼펫 가족에게 어떤 일(사건)이 있었고 각자 어떤 경험을 했나요?"

"가족퍼펫극의 제목을 무엇으로 할까요? 함께 의논해 보세요."

"가족의 이야기를 같은 주제로 다르게 만들어 볼 수 있을까요?"

**상담자 점검 및 관찰 사항**

- 가족이 만든 가상의 이야기와 현재 가족이 처한 어려움은 어떻게 연결되는가? 가족은 어떻게 대처해 왔으며, 문제를 자각하는 수준은 어떠한가?
- 실제 가족의 갈등이나 경험이 드러날 때 가족의 반응은 어떠한가? 가족은 각자 통찰한 내용을 공유하고 서로 협력하는 태도를 보이는가?
- 가족이 가진 대안적 행동과 대처 기술은 무엇이며, 이러한 자원을 어떻게 활용하고 있는가?



### (5) 활동 시 주의사항

① 퍼펫으로 대화를 나누는 데 어색해하는 가족의 경우, 상담자가 먼저 시연해 보이거나 선택한 퍼펫을 소개하도록 하여 자연스러운 대화를 유도한다.

② 상담자는 가족퍼펫극의 중심이 되어 이끄는 퍼펫에게, 말이 없거나 등장이 적은 퍼펫을 대상으로 질문하도록 하여 접촉을 시도하고 소외된 가족원이 없도록 한다.

③ 가족이야기를 만드는 데 주저하거나 어려워하는 경우, 상담자가 가족 문제나 해결해야 할 과제와 관련된 주제를 제시하는 등 가족의 활동 수준에 따라 적절하게 개입할 수 있다.

④ 상담자는 인터뷰 과정에서 가족이 대답할 수 있는 충분한 여유를 주며, 어린 아동의 경우 가족이 당면한 문제에 압도되지 않도록 세심한 주의를 기울여야 한다.

⑤ 가족이 가족퍼펫극을 완성한 후 질문을 받게 될 것이라는 걱정으로 자유로운 활동이 제한되지 않도록 상담자가 미리 인터뷰 진행을 알리지 않는다.

## 3) 촉진질문

| 상담과정 | 상담자 질문 |
|---|---|
| 도입 | • 특별히 가족의 관심을 끄는 퍼펫이 있나요? 퍼펫의 어떤 점이 끌렸나요?<br>• 퍼펫을 선택할 때 혼자 결정했나요? 아니면 서로 의견이나 대화를 나누셨나요?<br>• 가족이 서로 같은 퍼펫을 가지고 싶을 때 어떻게 했나요? 누구에게 선택권이 있었나요?<br>• 만약 현재 가족의 모습을 이야기로 만들어 공연한다면 어떤 이야기가 전개될까요? |
| 전개 | • 퍼펫 가족에게 무슨 일이 있었나요? 퍼펫극의 주제는 무엇인가요?<br>• 퍼펫 가족에게 당면한 어려움은 무엇인가요? 누가 가장 먼저 알게 되었나요?<br>• 가족퍼펫극에서 각자 맡은 역할은 무엇인가요? 그런 역할을 하면서 어떤 생각과 감정을 느꼈나요?<br>• 어떤 역할이 가장 힘들게 느껴졌나요? 힘든 책임감에서 벗어나도록 도울 수 있는 퍼펫은 누구인가요?<br>• 누가 누구하고 한편(적)인가요? 지나치게 간섭하거나 주변을 맴돈다고 느껴지는 퍼펫은 누구인가요?<br>• 퍼펫 가족들 사이에 갈등이나 충돌하는 부분이 있었나요? 어떻게 부딪혔나요?<br>• 어떤 퍼펫이 앞장서서 아이디어를 내고 어떻게 결정을 내리셨나요? 누구의 의견이 잘 받아들여지고 누구의 의견이 무시되었나요?<br>• 각 퍼펫들은 가족이 처한 어려움을 극복하는 데 어떤 역할을 했나요? 혹, 어떤 비법들이 숨어 있었나요?<br>• 가족이야기에서 갈등이 고조되는 지점은 어디이고, 문제가 해결되는 전환점은 어디인가요?<br>• 퍼펫 가족이 처한 어려움을 해결하는 방식은 마음에 드시나요? 마음에 드는 점과 마음에 들지 않는 점은 어떤 부분인가요? |
| 마무리 | • 이번 퍼펫극에 별점을 준다면 별이 몇 개가 될까요? 그 이유를 설명해 주세요.<br>• 퍼펫극을 하면서 실제 가족의 경험을 떠올리게 하는 장면이 있었나요? 그런 장면은 가족의 일상에서 자주 보게 되나요?<br>• 가족이 원하는 결말은 무엇이었나요? 그런 결말을 위해 좀 더 나은 방법은 무엇일까요?<br>• 후속편이 나온다면 이야기가 어떻게 전개될까요? |

## 4) 추가 활용 방법

### (1) 역할 바꾸기

가족원 각자가 가족퍼펫극에서 서로의 역할을 바꾸어 봄으로써 상호 이해와 공감을 경험하며 긍정적인 의사소통을 촉진할 수 있다.

### (2) 이야기 이어 만들기

가족이야기를 만들 때 한 가족원이 이야기를 시작하면 다음 가족원이 이야기를 이어가고 또 다른 가족원이 자유롭게 이야기를 추가하면서 이야기를 완성할 수 있다.

### (3) 가족퍼펫극 후속편 만들기

상담자는 가족의 동의를 받아 가족퍼펫극을 녹화하여 후속 작업을 실시할 수 있다. 가족은 본인들이 만든 퍼펫극 영상을 다시 보면서 가족이야기를 편집하거나 가족이 원하는 새로운 이야기로 재구성할 수 있다.

## 5) 상담사례

### (1) 내담자 가족

- 모(32세), 큰아들(8세), 작은아들(5세)

### (2) 상담의뢰 경위

지속적인 가정폭력으로 이혼소송 중인 모는 자녀들의 문제 행동과 담임선생님의 권유로 가족상담을 신청하였다.

### (3) 상담내용

모는 이혼 후 자녀 문제가 더 심각해질 것 같아 걱정하며 자녀에게 이혼 사실을 어떻게 알려야 할지 고민된다고 하였다.

자녀들은 상담실에 있는 장난감을 활발하게 탐색하고 바구니에 있는 퍼펫을 끼고 서로 공격하는 모습을 보였다. 상담자는 가족퍼펫극을 제안하였고 안내에 따라 모는 원숭이, 큰아들은 악어, 작은아들은 호랑이를 선택하였다. 가족퍼펫극을 만드는 과정에서 작은아들은 사자를 왼손에 끼우고 호랑이를 낀 손을 휘두르며 "악어가 마을 사람들을 잡아먹으려 한다"고 외치며 다른 동물들을 공격하는 행동을 보였다. 이어서 "힘이 없는 원숭이는 나무 위로 도망갔다"며 호랑이와 사자가 악어를 공격하는 것으로 이야기가 끝이 났다.

상담자가 인터뷰를 통해 가족의 안전과 보호가 주제라는 생각을 하고 있을 때, 원숭이는 "다른 동물들이 걱정된다"라며 나무에서 내려오겠다고 하였다. 가족의 이야기는 원숭이가 나무에 올라가 악어가 나타났다고 신호를 주면 사자와 호랑이, 원숭이가 힘을 합체해서 악어를 물리친다는 이야기로 재구성하였다. 큰아들이 "이제 악어는 영원히 사라졌다" 말하였고, 이에 모는 "악어가 사라진 것처럼 이제 더 이상 아빠와 같이 살지 않기로 했다"라며 부모의 이혼을 알렸다. 자녀들은 엄마를 바라보며 "우리끼리만 사는지, 어디서 살게 되는지" 물었고 모는 "절대 너희들을 버리지 않을 거야"라며 아이들을 안심시키고 "앞으로 행복하게 살자"라고 하였다. 모는 가족퍼펫극을 통해 자녀들에게 자연스럽게 부모의 이혼을 말할 수 있었으며, 자녀들의 불안과 두려움을 달래고 안심시키는 돌봄의 모습을 볼 수 있었다.

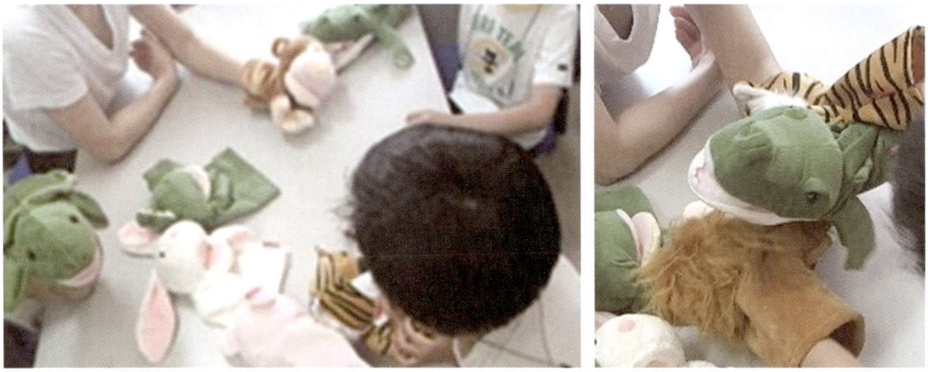

그림 3-9 가족퍼펫극 사례

## 4 가족모래놀이



### 1) 활동 개요

가족모래놀이는 모래상자에 가족이 경험하는 문제를 피규어를 활용하여 이야기로 구성하는 활동이다. 모래상자에 피규어를 활용하여 자유롭게 가족의 이야기를 풀어내게 함으로써 가족이 경험한 가족관계를 시각화하는데 도움을 주며, 가족 내 갈등을 은유적으로 표현하고 갈등을 순화하여 다룰 수 있다.

가족모래놀이는 모래상자에 구성된 가족의 이야기를 다양한 질문과 대화를 통해 문제를 해결하는 방법과 대처 행동을 모색하는 데 도움을 준다. 가족원 각자가 추구하는 생활방식, 규칙, 기대, 가치도 드러나게 된다. 의사소통 과정에서 가족원의 감정과 사고의 변화를 촉진하고 서로를 이해할 수 있도록 도움을 주며 변화하는 환경에서 가족의 적응력을 높일 수 있다. 가족모래놀이 활동을 통해 가족이 만들고 싶은 미래의 가족의 꿈도 나눌 수 있는 경험을 하게 된다.

## 2) 활동 방법

### (1) 목표

- 가족 문제의 공통점 및 차이점을 알아차릴 수 있다.
- 가족 문제의 상호관계성을 이해할 수 있다.
- 가족이 원활하게 의사소통할 수 있다.

### (2) 준비물

- 모래 상자, 동물, 사람, 나무, 건물, 자동차, 돌 등의 다양한 피규어

### (3) 적용 가능 대상

- 커플 및 장난감 사용이 가능한 유 · 아동기 가족

### (4) 진행 방법

상담자는 피규어를 활용하여 모래상자에 각 가족원이 경험하는 가족 문제를 이야기 형식으로 표현하도록 요청한다. 상담자는 가족에게 피규어를 이용하여 모래상자에 가족 문제 이야기를 구성하도록 안내한다. 상담자는 촉진 질문지를 참고하여 평가와 개입 질문을 하며 상담을 진행한다.

#### ① 도입

상담자는 모래상자에 피규어를 활용하여 가족이 생활하면서 경험한 문제를 이야기의 형태로 구성하도록 요청한다.

상담자 멘트의 예시는 다음과 같다.

"가족이 함께 모래상자를 이용해서 활동해 본 적이 있나요? 만약 경험이 있다면 간단히 얘기해 주세요"

"여기에 모래상자와 다양한 피규어들이 있습니다. 각자 가족생활에서 경험하는 가족 문제를 이야기의 형태로 만들어 보세요. 예를 들어, 집에서 집안일만 하는 엄마를 구출하고 싶은 아이가 있다면 조리대 앞에서 일하는 엄마와 스파이더맨을 놓을 수도 있습니다. 각자 상상력과 창의력을 동원해서 다양한 형태의 가족의 문제 이야기를 구성해 보시기 바랍니다."

"참고로 모래상자 안의 모래를 걷으면 바닥이 파란색이라 하늘, 바다, 연못, 우물, 저수지 등을 표현할 수도 있습니다."

**상담자 점검 및 관찰 사항**

- 피규어 선택 시 내담자의 반응을 주의 깊게 관찰한다.
- 모래놀이에서는 젖은 모래나 마른 모래를 다 사용할 수 있는데 각 모래를 만져보게 한 후 가족원들이 어떤 모래를 더 편안하게 느끼는지 탐색한다.



### ② 전개

상담자는 가족원이 각자 구성한 이야기를 간략하게 설명하도록 요청한다. 각자의 설명을 듣고 상담자는 촉진 질문지를 참고하여 몇 가지 질문을 한다. 가족은 다른 가족원의 이야기를 들으며 궁금한 부분에 대해 1~2가지 질문 할 수 있다. 상담자는 가족의 이야기 내용 중에 가장 인상적이고 특이한 부분에 대해 소감을 나누도록 요청한다. 가족원 각자의 가족문제 이야기를 나눈 후, 상담자는 각자의 문제 이야기를 선호하는 이야기로 피규어들을 자유롭게 추가, 제거, 이동, 변형하여 구성하도록 요청한다. 가족이 의논하여 모래상자 안의 각자의 이야기를 가족 모두가 만족하도록 하나의 이야기로 재구성한다.

상담자 멘트의 예시는 다음과 같다.

"가족의 각자 이야기를 다 듣고 나니 어떤 느낌과 생각이 들었는지 이야기해 주세요."

"만약 문제가 해결된다면 어떤 방식으로 해결되기를 바라나요? 해결되기 바라는 방식을 피규어로 표현해 본다면 어떻게 꾸미고 싶은지 말씀해 주세요."

"가족이야기를 통해 새롭게 알게 되었거나 발견된 가족의 자원 및 강점을 말씀해 주세요."

**상담자 점검 및 관찰 사항**

- 가족이 만든 이야기를 설명하도록 한 후, 서로 간 어떤 질문을 하는지, 어떤 이유로 궁금해 하는지 유의하여 관찰한다.
- 가족이 함께 모래놀이를 하면서 서로 의논하는지, 개별적으로 각자 진행하는지, 함부로 제거하거나 추가하는지 등을 살펴보면서 가족역동을 탐색한다.

### ③ 마무리

활동을 마무리하며 가족이 활동에 참여한 소감을 나누도록 한다. 이후 활동 경험에 이름 짓기를 하며 그 이름을 명명한 이유와 의도, 기대, 희망, 바람, 동기 등을 나누며 활동을 마무리한다.

상담자 멘트의 예시는 다음과 같다.

"이제 활동 참여에 대한 소감을 나누겠습니다."

"활동 경험에서 가족생활에 적용할 점이나 특별히 배운 점이 있다면 무엇인가요?"

"이 활동 경험을 의미 있게 기억에 남기기 위해 오늘의 가족 참여 경험에 이름을 붙여주세요."

**상담자 점검 및 관찰 사항**

- 활동 경험을 나눌 때 누가 가장 소극적(적극적)인지, 완성된 모래놀이의 제목을 함께 의논하여 정하는지 등 가족원들의 상호작용을 살펴본다.

### (5) 활동 시 주의사항

① 상담자는 가족의 이야기 표현 방식, 발표 시간 사용의 정도, 의사결정 방식, 가족 내 권력 구조, 의사소통 방식, 참여 및 개입의 정도 등을 관찰한다.

② 갈등이 심한 가족이나 상담 진행 과정에서 갈등이 고조되는 경우, 상담자는 관찰된 가족의 상호작용을 기억해 둔 뒤 모래상자에 구역을 공평하게 정해 주는 것도 좋다. 특정한 가족원이 힘을 가지고 다른 가족원들에게 공간을 지정해 주는 경우도 있으니 가족 내 힘의 관계 구도를 상담자는 유의해서 관찰하고 이를 질문으로 연결한다.

## 3) 촉진질문



| 구분 | 상담자 질문 |
|---|---|
| 도입 | • 각자 모래를 손으로 만져보시니 느낌이 어떤가요?<br>• 피규어도 어떤 모양들이 있는지 찬찬히 살펴보시고 가족에게도 알려줄 수 있나요?<br>• 가족이 함께 모래 상자를 이용해서 가족 활동을 해본 적이 있나요? 만약 그런 경험이 있다면 어떤 경험인지 잠시 얘기해 주세요. |
| 전개 | • 그 문제는 어떤 상황에서 가장 많이 일어납니까?<br>• 그 문제가 일어날 때 당신은 어떤 행동을 하게 되나요?<br>• 그 문제가 반복해서 일어나면 당신은 어떤 사람이 되나요?<br>• 그 문제는 누구와 함께 할 때 약화되거나 커지나요?<br>• 그 문제가 지속될 때 누가, 어떤 이익을 얻게 되나요?<br>• 만약 문제가 사라진다면 누군가가 상처를 입게 되나요? 그 사람은 누구일 것 같나요?<br>• 그 문제가 나타날 때 당신의 감정은 어떤가요?<br>• 그 문제는 당신의 생활(가족, 친구, 학교, 직장, 영성, 경제 등)에 어떤 영향을 받나요?<br>• 그 문제가 당신의 삶에 영향을 주는 것이 괜찮은가요? 괜찮다면 (혹은, 괜찮지 않다면) 그 이유와 근거는 무엇인가요?<br>• 그 문제가 나타나지 않았을 때는 언제인가요?<br>• 당신은 어떤 방향으로 이 문제가 해결되기를 바라나요?<br>• 자신이 만든 작품에 이름을 붙인다면 무엇이라고 말하고 싶나요?<br>• 만약 문제가 해결된다면 어떤 방식으로 해결되기를 바라나요? 해결되기 바라는 방식을 피규어로 표현해 본다면 어떻게 꾸미고 싶은가요? |

| 마무리 | • 가족의 발표를 다 듣고 난 뒤 지금 여기에서의 소감은 어떤가요?<br>• 새롭게 경험하게 된 가족에 대한 느낌에 이름을 붙인다면 어떤 이름이 좋을까요?<br>• 그러한 이름에 담긴 의도나 기대, 소원은 무엇인가요?<br>• 활동 경험에서 가족생활에 적용할 점이나 특별히 배운 점이 있다면 무엇인가요? |
|---|---|

## 4) 추가 활용 방법

### (1) 가족모래놀이 영상 만들기

상담자는 가족의 동의를 받아 활동을 영상으로 촬영하여 가족과 함께 다른 회기에 시청할 수 있다. 영상을 시청하면서 가족이 갈등이나 화합을 조절해 나가는 지점에서 의미 있는 부분을 잠시 정지하고 각자 그때의 기분이나 감정 상태, 당시 소원과 바람, 희망, 기대 등의 이야기를 나눌 수 있다. 그 당시에는 그러한 행동을 했지만 지금은 다른 방식으로 행동 하고 싶은지 촬영 전 · 후에 대해 이야기를 나누고 그 차이점에서 무엇을 발견했는지 등에 대해 이야기 나눌 수 있다.

### (2) 가족모래놀이 기념하기

상담자는 가족 활동 후 소감을 나눈 뒤에 다른 가족에 대해 새롭게 알게 되거나 인상적인 점을 메모지에 간략한 문장이나 단어로 적어서 가족원끼리 나눌 수 있다. 상담자는 가족이 작업한 메모지를 매회기마다 사진으로 남겨두었다가 가족놀이치료가 종결하면 가족사진첩으로 전달할 수 있다. 또는 기억에 남길 기념품(뱃지, 수료증, 명찰 등)을 미술매체로 만들 수 있다.

### (3) 가족동물농장 만들기

상담자는 가족에게 준비된 피규어와 울타리로 '양육과 돌봄'을 주제로 한 가족동물농장을 만들 것이라는 설명과 함께, 각 가족원이 농장에서 어떤 동물이나 역할을 맡고 싶은지 생각해 보도록 안내한다. 각 가족원은 자신을 나타내는 동물 피규어를 선택하고 농장에서 일어날 수 있는 다양한 상황을 연출하고 이야기를 만든다. 동물이 아플 때 다른 동물들이 어떻게 돌보는지, 새로운 동물이 농장에 왔을 때 어떻게 환영하는지 등의 상황을 통해 가족의 이야기 속 양육과 돌봄의 의미를 탐색한다. 활동이 끝난 후, 가족원들은 자신이 맡은 역할과 느낀 점에 대해 이야기를 나누고, 이 과정에서 상담자는 가족 내의 실제 상황과 연결 지어 피드백을 전한다.

### 5) 상담사례

#### (1) 내담자 가족

- 부(45세), 모(43세), 아들(10세)

#### (2) 상담의뢰 경위

- 부모의 잦은 갈등으로 인해 불안이 높아진 아동은 학교생활에 적응하지 못하고 등교를 거부하여 가족상담에 의뢰되었다.

#### (3) 상담내용

상담자는 현재 가족이 각자가 겪는 어려움과 문제를 모래상자에 이야기 방식으로 표현해 보도록 요청하였다. 부는 집과 직장을 오가는 답답함을 이야기했고, 모는 남편의 권위적인 행동에 대한 불만과 가족 내 평등을 바라는 이야기를 하였다. 아들은 밀림의 덩치 큰 동물 간의 거친 싸움으로 인해 약한 동물들이 상처를 입는다는 이야기를 했다. 가족이 겪는 문제이야기를 서로 경청하는 시간을 가졌고 부모는 서로의 이야기에는 관심이 별로 없고 자녀의 이야기에는 높은 관심을 가지는 것이 관찰되었다.

부모는 자녀의 피규어 이야기에 관심을 가지고 활발하게 질문을 했고 자녀의 생각을 알게 되었다고 했다. 또한 자녀의 입장에서 문제이야기를 듣고 부모로서 문제를 실감하게 되었다고 하였다. 상담자는 가족이 선호하는 방식으로 이야기를 변형하도록 요청했다. 가족은 문제이야기를 변형시키며 대화를 활발하게 하면서 자기 주장만 하지 않고 서로의 마음을 들여다보며 상호작용을 하였고 문제를 해결하려는 대화를 시작했다. 가족의 희망이야기를 표현한 활동 후 아들은 동물들의 싸움은 멈추어 평화가 왔고 뱀은 여행을 떠나고 있다고 설명하였다. 모는 가족의 질서가 유지되고 모두가 평등한 존재가 되어 질서정연한 가족이 되기를 희망했다. 부는 남편으로서의 권위가 세워지고 다양한 취미활동으로 자유로움을 표현했다.

상담자는 다양한 촉진질문을 통해 가족원의 바람과 기대를 표현할 수 있도록 도왔고 가족들은 가족의 희망이야기를 모래상자에 표현하면서 서로를 이해해 나갔다. 가족이 가족모래놀이에 참여한 소감으로 서로가 가족에 대해 어떻게 생각하는지를 알게 되었다고 했다.

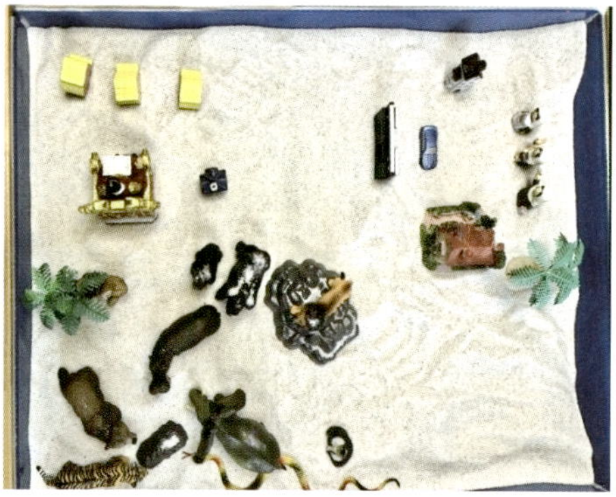

그림 3-10 현재 가족의 문제 이야기를 표현한 가족모래놀이

그림 3-11 가족의 희망 이야기를 구성한 가족 모래놀이

# 5 가족관계 속 자아탐색

## 1) 활동 개요

가족관계 속 자아탐색은 피규어를 활용하여 가족갈등 속에서 서로의 이미지를 탐색하고 상호작용을 촉진하는 활동이다. 이 활동은 가족원이 피규어를 통해 자신과 다른 가족원의 모습을 다양하게 표현함으로써 가족관계 속 자신을 다채롭게 바라볼 수 있게 돕는다. 피규어의 상징적 은유는 안전하게 자신을 표현하거나 혼란스러운 감정을 투사하여 안정감을 가지고 가족관계 속 자신을 바라볼 수 있도록 돕는다. 또한 가족원들이 서로를 어떻게 바라보는지, 피규어로 나타내고 배치하는 활동을 통해 갈등과 상처를 드러내며, 각자가 서로를 객관적으로 관찰하여 자기이해와 통찰을 할 수 있게 한다.

Guerin에 따르면, 분화는 가족의 정서적 혼돈에서 자유로워지는 과정이다. 이를 위해서는 문제를 다른 사람의 탓으로 돌리지 않고, 관계 체계에 적극적으로 참여하여 자신의 모습을 분석할 수 있어야 한다(Nichols & Schwartz, 2008). 가족관계 속 자아탐색 활동은 각 가족원이 표현한 피규어에 투영된 자신을 바라보고 자기이해를 도우며, 경직되고 융합된 가족관계에서 자유롭게 자아를 표현함으로써 자기분화의 단계로 나아가는 데 도움이 될 수 있다.

## 2) 활동 방법

### (1) 목표

- 가족원의 반복되는 갈등관계를 파악한다.

- 가족 갈등 속에서 서로에 대한 마음을 자연스럽게 표현할 수 있도록 한다.
- 가족원이 서로 이해하며 공감하는 시간을 통해 가족관계 속 나를 통찰할 수 있도록 돕는다.

### (2) 준비물

- 다양한 피규어

### (3) 적용 가능 대상

- 커플 및 8세 이상의 자녀가 포함된 가족

### (4) 진행 방법

가족원 중 상담회기가 진행되면서 반복적인 어려움을 호소하는 가족원에게 집중하여 갈등과정에서의 경험을 나누고 상처받은 내용을 이야기할 수 있도록 촉진한다. 다양한 피규어를 소개한 후, 선택된 가족원에게 '내가 생각하는 나의 이미지'와 '다른 가족원이 생각하는 나'의 이미지를 생각해 보고 피규어를 고르도록 한다. 이어서 다른 가족원에게 선택된 가족원에 대한 이미지를 생각하여 피규어를 고르도록 한다. 이어서 가족원이 선택한 피규어에 대해 설명하도록 한다. 선택된 가족원 자신이 고른 피규어의 이미지와 다른 가족원이 고른 피규어의 이미지를 살펴보고 자신에 대한 생각이나 감정이 변화되었는지 이야기를 나누도록 한다.

#### ① 도입

가족 중 가장 갈등을 많이 겪는다고 호소하는 가족원을 한 명 초대한다. 이 가족원에게 다양한 피규어 중 나라고 생각하는 이미지와 가족원들이 자신으로 표현할 것 같은 이미지의 피규어를 선택하게 한 후, 다른 가족원들도 해당 가족원에 대한 생각을 피규어로 표현하도록 한다. 모두 선택이 끝나면 각자의 선택에 대한 설명을 듣고, 다른 가족원들도 초대한 가족원이라고 생각되는 이미지를 피규어로 표현하게 한다. 초대한 가족원이 먼저 자신이 가족 사이에서 어떤 모습인지, 생각한 위치가 어떤지 피규어로 배치하며 설명하고, 이어서 다른 가족원들이 그 가족원을 어떻게 표현했는지 설명하도록 한다.

상담자 멘트의 예시는 다음과 같다.

"가족이 나를 어떻게 생각할지 궁금한 분을 초대해서 가족관계 속 자아탐색 활동을 하려고 합니다. 지원하실 분 계신가요?"

"(초대된 가족원에게) 다른 가족원들이 자신을 어떻게 생각할지 추측해서 피규어로 한번 배치해 주세요."

"(나머지 가족에게) 이제는 여러분이 생각하는 ○○의 모습을 피규어로 표현해 주세요"



**상담자 점검 및 관찰 사항**

- 각자가 서로에 대한 이미지를 주도적으로 선택하고 있는가?
- 활동 과정에서 가족원의 소통 방식은 어떠한가?
- 가족원 간에 연합하거나 갈등하는 사람은 누구인가?
- 활동에 적극적(소극적)으로 참여하는 가족원은 누구인가?

### ② 전개

초대된 가족원이 서로가 선택한 피규어를 보고, 다른 가족원의 설명을 들은 후 자신의 생각과 감정을 자유롭게 이야기하도록 한다. 피규어의 이미지가 가족 내 상호작용 속에서 어떻게 갈등으로 이어지는지 이해할 수 있도록 다양한 질문을 던진다. 이 과정을 통해 가족 내 갈등과 상호작용을 확인하고, 가장 영향을 많이 받는 가족원의 경험을 구체적으로 표현하도록 돕는다.

가족 내 특별한 사건이나 경험을 드러낼 때, 각자가 고른 피규어를 활용해 역할극으로 표현하도록 안내할 수도 있다. 피규어를 통해 가족원에게 하고 싶은 이야기를 우회적으로 표현함으로써, 가족원들은 자신의 솔직한 감정을 드러내는 데 안정감을 느낄 수 있다. 상담자는 초대된 가족원이 내면의 목소리를 솔직하게 말하고, 가족원 간의 생각이나 감정 차이를 통찰할 기회를 제공하도록 돕는다.

상담자 멘트의 예시는 다음과 같다.

"○○가 '나'라고 생각하는 피규어와 가족원이 '나'라고 생각할 것 같은 피규어를 골랐는데 그 이유를 설명해 주세요. 이 피규어를 고른 이유가 되는 상황(갈등)이나 사건이 있다면 함께 알려 주세요."

"다른 가족원은 ○○를 떠올리며 생각나는 것을 피규어로 표현하셨는데 그 이유를 나누어주세요."

"○○는 이제 가족원이 선택한 피규어를 보고 어떤 생각이나 감정이 드는지 느껴 보세요. 그 마음을 나누어 주시겠어요? 혹시 궁금한 것이나 물어볼 것이 있나요?"

"과거에 있었던 그 사건이 반복된다고 생각하나요? 지금도 나에게 영향을 주고 있나요?"

"○○의 피규어가 말할 수 있다면 무슨 말을 할까요? 누구에게 말하고 싶을까요?"

"○○에게 해주고 싶은 말이 있다면 어떤 말을 하고 싶은가요?"

### 상담자 점검 및 관찰 사항

- 가족원 사이에서 느껴지는 나와 실제 가족원이 바라보는 나의 모습을 알아가는 과정에서 가족의 상호작용을 탐색한다. 미처 보지 못하는 부분은 질문해도 좋다.
- 가족의 의사소통 방식은 어떠한가? 서로에게 하고 싶은 말을 자유롭게 하고 있는가?
- 가족원의 정서적 교류 과정에서 누구와 연합하고 단절되는가?
- 가족원이 나타내는 언어적, 비언어적인 태도는 어떠한가?
- 각 가족원이 소통할 때 반응의 차이가 있는가, 어떻게 반응하며 서로에게 미치는 영향은 무엇인가?

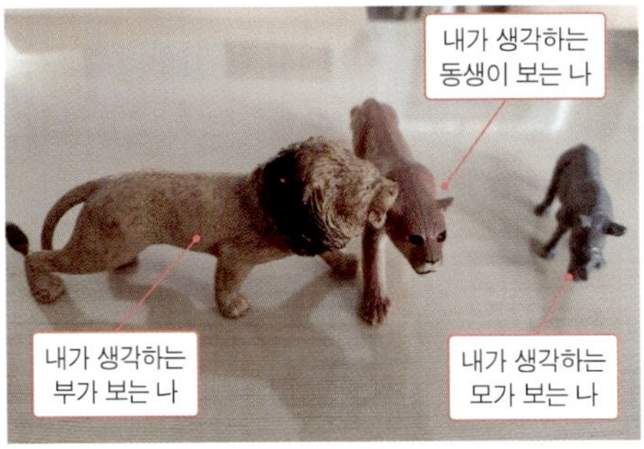


▲ 가족원사이에서 느껴지는 나

▲ 실제 가족원이 바라보는 나

**그림 3-12** 심리적 갈등을 호소하는 가족원의 가족관계 속 자아탐색 활동

### ③ 마무리

가족관계 속 자아탐색 활동 후, 가족원들이 서로의 생각과 느낀 점을 자유롭게 표현하도록 한다. 특히 중심인물이었던 가족원은 이번 활동을 경험하면서 자신에 대해 새롭게 알게 된 점이나 변화된 점을 나누도록 한다. 다른 가족원들은 그 이야기를 듣고 자신이 느낀 점이나 생각을 이야기하며 자유롭게 소통한다. 이 과정을 통해 갈등 속 감정이 해소되고, 서로를 이해하고 통찰할 기회를 제공한다.

상담자 멘트의 예시는 다음과 같다.

"내가 생각하는 나의 이미지와 가족원들이 생각하는 이미지가 다른 점에 대해 어떤 생각이나 느낌이 드는지 알려줄 수 있을까요?"

"지금 내가 가족에게 가장 듣고 싶은 말은 무엇일까요?"

"지금까지 하고 싶은 말이 있는데 못하고 있는 말이 있다면 어떤 것인가요?"

"다른 가족분들은 ○○의 이야기를 듣고 느낀 점이 있으시면 말씀해 주세요."

"가족관계 속에서 나에 대한 생각이 달라진 것이 있다면 무엇인가요?"

"가족원이 서로 해주고 싶은 말이 있다면 자유롭게 얘기를 해볼 수 있어요."

상담자 점검 및 관찰 사항

- 가족원의 표정이 초기와 다른 변화가 있는지?
- 변화를 촉진하는 데 적극적인 가족원은 누구인가?
- 이 활동을 통해 가족원이 자유롭게 변화를 표현할 수 있는가 ?
- 반복적인 갈등 상황의 변화 정도를 가족원들은 어느 정도 느끼는가?
- 활동 마무리 즈음에 미해결 정서를 표현하는 가족원이 있는가?

그림 3-13 초대된 가족원이 기대하는 가족관계 속 나의 모습

### (5) 활동 진행 시 주의사항

① 가족이 갈등 상황에서 어려움을 드러낼 때, 한 가족원이 해결 과정에 섣불리 개입하지 않도록 하고, 가족의 역동을 관찰하며 충분한 상호작용 기회를 제공한다.

② 처음에 가족원이 상징적으로 표현한 피규어를 사진으로 남기고, 이후 변화를 확인할 수 있도록 한다.

③ 가족이 각자의 감정을 조용한 분위기에서 피규어로 표현할 수 있도록 하며, 신뢰로운 관계와 편안한 분위기 조성이 중요하다.

④ 상담자는 활동 과정에서 각 가족원의 시선, 접촉, 얼굴 표정, 행동 등 비언어적 메시지에 주의를 기울인다.

⑤ 각 가족원의 감정을 존중하고 작은 변화에도 긍정적인 관점을 유지하여 자연스러운 통찰이 이어질 수 있도록 촉진한다.

### 3) 촉진질문

| 상담과정 | 상담자 질문 |
|---|---|
| 도입 | • 갈등이 자주 일어나는 상황은 언제이며 그 상황에서 어떤 도움을 받고 싶은가요?<br>• 가족과 함께 있을 때 어떤 느낌이 드나요?<br>• 가족원이 나의 이미지로 고른 피규어를 보니 어떤 감정이 드나요?<br>• 호소문제로 초대된 당사자가 고른 이미지를 볼 때 다른 가족원은 어떤 생각이 들었나요? |
| 전개 | • 가장 편하게 생각하는 가족원이 있나요?<br>• 내가 보는 나의 모습과 가족이 보는 모습의 차이는 어떤가요?<br>• 가족원들이 바라는 것과 내가 바라는 것의 차이가 무엇일까요?<br>• 다른 가족원이 나의 이미지를 표현하고 설명을 했을 때 어떤 느낌이 들었나요? 혹시 궁금한 것이 있나요?<br>• 가족원이 나를 볼 때 특히 힘들게 느껴지는 것은 무엇인가요?<br>• 가족원에게 내가 상처를 받았을 때 주로 하는 행동이 있나요?<br>• 갈등이 일어날 때 상대 가족원은 어떤 마음이었을까요?<br>• 나의 행동이 갈등 해소에 도움이 되지 않는다면 다른 방식이 있을까요? |
| 마무리 | • 활동 과정에서 감정의 변화를 느꼈던 시점이 있다면 어떤 시점일까요?<br>• 가장 듣고 싶은 말이 있다면 무엇인가요? 누가 그 말을 해주었나요? 내가 달라졌다면 당신의 어떤 모습에서 알 수 있을까요?<br>• 서로에게 지지와 격려를 보낸다면 어떤 말을 주고받을 수 있을까요?<br>• 갈등 상황이 나아진 상태를 피규어로 놓아본다면 어떻게 달라질까요?<br>• 호소하는 가족원이 미처보지 못한 좋은 점을 피규어로 골라준다면 어떤 것을 고를 수 있을까요? |

## 4) 추가 활용 방법

### (1) 개인회기에서의 대인관계 탐색

가족관계 속 자아탐색은 가족이 함께 진행하는 것이 보편적이나 특별히 가족원 중 한 명이 깊은 고민을 드러낼 때 그 가족원을 대상으로 개인회기로 진행할 수 있다. 개인회기에서는 가족관계 속 자신의 모습뿐만 아니라 친구관계, 학교, 직장 등의 다양한 환경에서 자신의 모습을 피규어로 표현하게 함으로써 자신에 대한 통찰을 돕고 다양한 대인관계 패턴을 이해할 수 있도록 돕는다.

### (2) 생애발달주기 속 자아탐색

개인회기에서는 인생발달곡선을 그리고 유아기, 아동기, 청소년기, 성인기 등 생애발달 과정 속에서 자신의 모습을 어떤 피규어로 표현할 수 있는지 배치해 보게 한 후, 그 이유를 설명하며 본인의 성장 과정을 이해하도록 돕는다. 가족상담에서는 가족원들이 함께 중요한 인생 사건을 논의한 후, 각자가 그때 어떤 역할을 했는지 피규어으로 표현하도록 한다. 이어서 가족원들이 생각하는 서로의 피규어를 배치하고, 본인의 생각과 가족원의 생각의 차이를 살펴보며 피드백을 주고받도록 도우면서 상호작용을 촉진한다.

## 5) 상담사례

### (1) 내담자

- 남편(40세), 아내(38세)

### (2) 상담의뢰 경위

- 결혼한 지 5년이 된 부부로 자녀는 없으며, 결혼 초부터 갈등이 반복되고 있어 아내가 상담을 의뢰하여 부부가 상담에 참여하였다.

### (3) 상담내용

결혼생활 내내 갈등을 호소하는 부부에게 부부관계 속에서 아내의 모습을 피규어로 표현해 보는 활동을 진행하였다. 먼저 아내는 부부관계에서 자신의 모습을 '눈치 보는 고양이'로 표현하며 작은 고양이 피규어를 골랐고, 남편이 자신을 '닭'으로 생각할 것 같다고 설명했다. 아내는 남편의 눈치를 보며 감정을 살피지만, 남편은 자신을 큰소리로 울고 콕콕 찌르는 닭처럼 생각할 것 같아 골랐다고 하였다. 남편에게 아내를 표현하는 피규어를 고르도록 하자 '젖소'로 선택한 후, 아내가 부지런하고 책임감 있게 자기 할 일을 잘 해낸다고 하였다.

아내는 남편이 '잔소리 그만해라, 피곤하다' 등의 말을 자주 하여 늘 자신에 대해 반감을 갖고 부정적으로 생각하는 줄 알았다고 한다. 남편은 결혼 전에는 긍정적이고 사랑스럽던 아내가 결혼 이후 늘 스스로에 대해 부정적으로 생각하고 사소한 갈등도 크게 만들어서 싸우기 싫어 피하게 된다고 하였다.

아내는 남편이 자꾸 피하고 말하기 싫어해서 더 이상 나를 좋아하지 않는다고 생각되어 화내듯이 따지게 된다고 하였다. 아내는 남편의 행동이 아내와의 갈등을 줄이기 위한 것임을 알게 되었고, 남편이 아내가 노력하는 마음을 알아준다는 것을 확인하게 된 것 같다고 하였다.

아내는 남편에게 하고 싶은 말이 있다면 어떤 것인지 표현해보도록 하자 "내가 의견을 낼 때 거절하면 상처를 많이 받는 편이니 조금 부드럽게 반응을 해주면 좋겠어."라고 하였다. 남편은 아내에게 하고 싶었던 말이 "당신이 불같이 화를 내니까 자꾸 피하게 돼. 당신은 성실하고 좋은 점이 많은 사람이라서 항상 고맙게 생각하고 있어."라고 하였다. 남편의 말을 들은 아내에게 소감을 묻자 부부관계에서 서로가 몰랐던 마음을 알게 되었으며 속마음을 나누게 된 계기가 되었다고 하였다. 긍정적인 부부관계를 위해 서로가 어떤 노력을 하면 좋을지 함께 이야기를 나누며 활동을 마무리하였다.

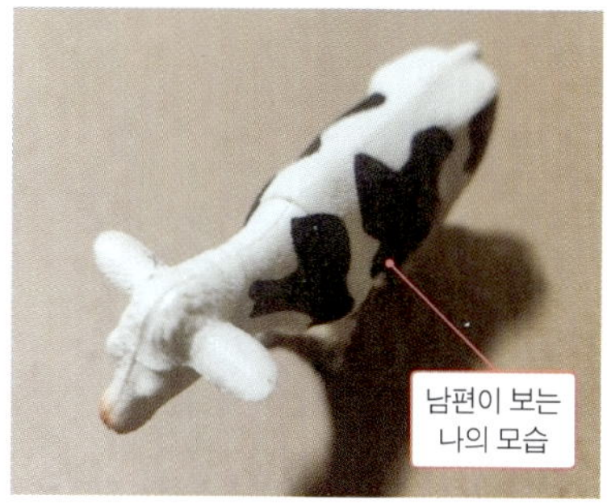


**그림 3-14** 부부 갈등관계에서 피규어를 활용한 자아탐색

04

CHAPTER

# 카드 기반 가족놀이치료

황경란, 김영진, 빈미향

CHAPTER 04

# 카드 기반 가족놀이치료



카드 기반 가족놀이치료는 은유와 상징으로 표현된 카드를 통해 가족의 내면과 가족 간 관계를 통찰할 수 있도록 돕는 가족상담의 한 영역이다. 카드는 구체적이고 사실적인 묘사를 통해 삶의 여러 상황이나 마음을 표현하는 도구로, 단어 또는 이미지로 표현된 매체이다(김준형, 유순덕, 2022). 시각 자극을 활용한 카드매체는 개인의 과거 경험을 재경험화하거나 가족 및 타인에 대한 사고를 조직화하고 미래 과정을 예측하도록 촉진할 수 있다.

카드를 활용하는 상담 활동은 개인 내적 과정뿐만 아니라 대인관계 과정을 표현하거나 이해하는 데 도움을 준다. 카드의 내용에 반응하거나 해석하는 것에 있어서 옳고 그름이 있는 것이 아니라 개인 간에 차이가 있을 뿐임을 배우게 된다(Weiser, 2014). 이러한 통찰은 가족관계에서 공감대를 형성하고 불안의 투사과정을 감소시키고 서로를 수용하고 인정하도록 돕는다.

교육 및 상담 현장에서는 오래전부터 카드를 개발하고 사용해 왔다. 이미지카드의 경우는 투사도구인 로르샤흐검사, 주제통각검사 등에서 출발하였다. 단어카드는 청소년의 진로개발과 관련된 직업카드, 의사소통 향상을 위한 감정카드, 욕구카드, 가치관카드 등이 개발되어 사용되고 있다. 최근에는 단어카드에 이미지를 삽입하여 함께 제작하는 방식도 점차 증가하고 있다.

이러한 측면에서 카드는 인간의 시각적 사고 활동의 동기를 촉진하여 상담에 몰입할 수 있도록 도와주고, 공감 능력과 가족관계 향상에 효과적인 매체라 할 수 있다. 4장에서는 감정카드, 바람카드, 장점카드, 이미지 카드를 중심으로 가족상담에서 활용할 수 있는 방법에 대해 살펴보고자 한다.

## 1 감정카드

### 1) 활동 개요

감정카드는 표정이나 상황을 이미지나 단어로 표현하여 미세한 감정들을 구별하게 하고 자신과 타인의 감정을 인식하며, 감정표현에 도움을 주는 연습을 통해서 대인관계 기술을 향상시킬 수 있는 도구이다(권현숙, 최웅용, 2015; 김덕일, 2013). 감정카드는 이론적 배경에 따라 다양하게 출판되어 있다. 각각 카드마다 5세 이상부터 성인까지 사용할 수 있는 대상의 차이가 있으므로 자녀가 있는 가족을 대상으로 가족놀이치료를 진행할 때에는 감정을 이미지로 표현해 놓은 감정카드 선택이 고려되어야 할 것이다.

감정카드는 가족상담 전반에 사용될 수 있다. 가족관계 내에서 발생된 감정을 구체적으로 찾고, 게임 요소를 추가하여 가족원들의 흥미를 증진시켜 적극적인 참여를 유도한다. 또한 가족원에게 서로의 감정을 나누는 과정에서 공감적 위로를 교환하면서 감정표현 강도 및 적절성의 방법을 조율할 수 있다.

그림 4-1 감정카드

## 2) 활동 방법

### (1) 목표

- 구체적인 상황이 묘사된 이야기를 통해서 다양한 감정이 일어날 수 있음을 이해한다.
- 이야기에 투사된 가족원들의 감정을 파악한다.

### (2) 준비물

- 감정카드[1], A4용지, 필기도구, 색연필

### (3) 적용 가능 대상

- 커플 및 가족

1 감정카드는 다양한 버전이 있는데 이 프로그램에서는 학지사에서 발행한 감정카드를 활용함.

### (4) 진행 방법

감정카드를 분노, 혐오, 슬픔, 두려움, 기쁨 5가지로 분류하여 뒤집어 놓는다. 가족원들이 각 분류별 한 장씩의 카드를 선택하여 총 5장의 카드를 선택하도록 한다. 카드 순서를 고려하지 않고 선택된 카드 모두를 활용하여, 자신만의 6분할 그림 이야기를 만들도록 한다. 그림 이야기는 A4용지를 6등분하여, 선택한 감정카드에 나타난 감정을 배열하여 하나의 이어진 그림 이야기를 만든다. 이야기 구성에 필요할 경우 자신이 원하는 감정을 임의로 하나 선택하여 추가할 수 있다. 6분할 그림 이야기는 색연필로 색칠하여 꾸미도록 하고 완성된 후에는 각자 돌아가면서 자신의 이야기를 소개한다. 가족원의 이야기에 어떤 것을 느꼈는지 표현하는 시간을 가진다.

#### ① 도입

상담자는 활동에 대한 전반적인 소개를 한 후 감정카드를 분노, 혐오, 슬픔, 두려움, 기쁨 5가지로 분류하여 뒤집어 놓고 종류별로 한 장씩 선택하도록 한다. 6분할 그림 이야기를 만들면서 이야기들이 최대한 잘 이어질 수 있도록 조력한다.

상담자 멘트의 예시는 다음과 같다.

"여기 분노, 혐오, 슬픔, 두려움, 기쁨 5가지로 분류된 감정카드가 있습니다. 가족원 모두 종류별로 한 장씩 각자 총 5장을 선택해 주세요."

"선택된 감정카드를 잠시 살펴보세요. 그리고 선택된 감정카드의 감정이 들어가 있는 6분할 그림 이야기를 A4용지에 그려주세요. 6개의 장면이 있는 이야기가 잘 이어지도록 구성해 주세요. 감정카드가 선택되지 않은 한 칸은 각자가 원하는 감정을 추가로 넣거나, 이야기 구성을 위해 필요한 장면을 그려 넣으시면 됩니다."

"그림은 색연필을 이용하여 색칠하서도 됩니다."

상담자 점검 및 관찰 사항

- 가족원 간의 카드 선택 순서는 어떠한가?
- 가족원이 선택된 카드를 살펴볼 때의 드러나는 감정 반응은 어떠한가?
- 이야기 구성 시 제일 쉽게 표현하는 카드가 무엇이고, 제일 어렵게 표현하는 카드는 무엇인가?
- 이야기를 그림으로 표현할 때 그림의 표현 수준(그림의 묘사 수준, 색의 구성 등)은 어떠한가?

### ② 전개

6분할 그림 이야기를 순서대로 발표하도록 한다. 감정 이야기가 자연스럽게 나올 수 있도록 가족의 권력구조에 따라 이야기의 순서를 지정할 수도 있고, 자발적으로 이야기 순서를 정하는 것도 가능하다. 앉은 자리에서 다른 가족원이 충분히 볼 수 있도록 자신의 그림을 들고 발표하도록 한다. 가족원이 발표 시 상담자는 어떤 감정 카드가 선택되었는지 다른 가족원들에게 고지하도록 한다. 각 가족원이 만들어 낸 이야기를 듣고 상담자는 발표자의 이야기와 가족원들의 감정을 통합하고 연결하는 작업을 진행한다.

상담자 멘트의 예시는 다음과 같다.

"이제 각자가 만들어 놓은 6분할 그림 이야기를 다른 가족들에게 공유해 주세요. 자발적으로 원하는 순서대로 하시면 됩니다. 발표하실 때는 선택된 감정의 단어가 이야기 속에 잘 표현되도록 해주시고, 그림이 그려진 종이는 손에 들고 모두 함께 볼 수 있도록 해주세요."

"○○○이 선택한 카드는 '두렵다, 행복하다, 화나다, 후회스럽다, 힘들다'입니다."

**상담자 점검 및 관찰 사항**

- 가족원의 발표 순서는 어떻게 정해졌는가?
- 6분할 그림 이야기에서 나타나는 가족의 공통된 주제가 있는가?
- 자신의 그림 이야기를 발표할 때 주저하는 감정표현은 무엇인가?
- 발표자의 그림 이야기를 들을 때 다른 가족원의 반응은 어떠한가?
- 가족원의 그림 이야기에 자주 등장하는 가족원이 있는가? 혹은 등장하지 않는 가족원이 있는가? 혹은 가족원들의 이야기에서 반복되는 가족원의 특정한 역할은 무엇인가?

### ③ 마무리

서로의 6분할 그림 이야기를 듣고, 그에 대해 자유롭게 이야기하도록 촉진한 후 그 과정에서 느낀 점을 나누도록 안내한다. 만들어진 그림 이야기에 대하여 새로운 의미를 부여하거나 대처방안 등을 생각해 보도록 안내할 수도 있다.

상담자 멘트의 예시는 다음과 같다.

> "지금까지 감정카드로 6분할 그림 이야기를 만들어서 자신의 이야기를 들려주기도 하고 상대방 이야기를 들어보기도 했습니다. 이 과정에서 알게 되거나 느낀 점이 있다면 말씀해 주십시오."
>
> "새롭게 알게 된 자신 또는 가족원의 감정이 있나요?"
>
> "이야기 속에 드러난 상대방의 감정에 대해 알게 된 점이나 느낀 점이 있을까요?"

**상담자 점검 및 관찰 사항**

- 가족원들이 자신의 감정이나 생각을 구체적으로 표현하는가?
- 가족원들이 추가로 가져간 감정 또는 빼고 싶은 감정과 상담목표는 어떻게 연결할 수 있는가?
- 감정표현에 적극적(소극적)인 가족원은 누구인가?

### (5) 활동 시 주의사항

① 가족원들이 감정카드 작업을 어려워하는 경우, 준비된 감정카드를 모두 펼쳐 놓고 어떤 감정이 있는지 먼저 살펴보도록 한 후 가족원끼리 생소한 단어에 관한 이야기를 나누어 보는 시간을 갖도록 한다.

② 이야기 만드는 것이 익숙하지 않을 경우, 이야기 만드는 방법을 상담자가 간단히 시연할 수 있다.

③ 가족원이 설명하는 6분할 그림 이야기의 내용이 충분하지 않을 경우 상담자가 질문으로 이야기의 내용이 풍성해지도록 조력한다.

④ 다른 가족의 이야기를 들을 때 감정에 대해 공감하고 표현하는 방식을 상담자가 알려주고, 직접 시연해서 보여주는 것도 필요하다.

⑤ 다른 가족원들이 이야기할 때에는 비난과 평가하지 않고 경청과 공감을 할 수 있도록 조력한다.

⑥ 자녀가 초등 저학년이거나 가족원 중에 한국어 문해력이 낮은 경우가 있을 때에는 선택하는 카드의 수를 2~3개 정도로 축소하여 이야기를 만들도록 할 수 있다.



## 3) 촉진질문

| 상담과정 | 상담자 질문 |
|---|---|
| 도입 | • 감정에 대한 다양한 단어가 있다는 것이 어떤가요?<br>• 감정카드로 나만의 그림 이야기를 만들어 본 후 어떤 생각이 듭니까? |
| 전개 | • 당신이 만들어 낸 이야기에서 주인공은 ○○감정에 대해서 혼자서 처리하려고 합니다. 그런 선택을 한 이유는 무엇인가요?<br>• 이야기의 주인공은 ○○감정에 대해서 적극적으로 표현하고 있습니다. 당신도 그러한 선택을 한 적이 있나요?<br>• 당신의 적극적인 감정표현에 제일 잘 반응해 주었던 가족은 누구인가요? |

| | |
|---|---|
| | • 주인공이 ○○감정일 때 제일 잘 알아주는 사람이 누구일까요? 혹은 ○○감정을 알아주기를 바라는 사람은 누구일까요?<br>• 당신 이야기의 주인공처럼 ○○감정을 느꼈을 때 당신이 했던 행동과 주인공이 했던 행동에는 공통점(차이점)이 있나요?<br>• 여러분들이 만들어 낸 이야기에서 주인공이 부정적인 감정이 들 때 주로 표현하지 않는 공통점이 있습니다. 이것이 우리 가족의 모습과 닮은 부분이 있나요?<br>• 선택된 감정들 중에서 그림 이야기로 표현하는 것이 어려웠던 감정이 있나요? 그 이유는 무엇인가요? |
| 마무리 | • 다른 가족원의 그림 이야기를 들으면서 나의 모습과 많이 닮아 있는 이야기가 있었다면 어떤 것이었나요?<br>• 그때는 몰랐지만 그림 이야기 만드는 작업에서 알게 된 감정이 있나요?<br>• 자녀(혹은 배우자)가 묘사한 상황에서 가장 마음에 남는 감정은 무엇인가요? 자녀(혹은 배우자)가 그런 감정을 느꼈다는 것이 당신에게는 어떠한 마음이 들게 하나요?<br>• 실제 생활에서 오늘과 같은 감정들을 서로에게 말로 표현하게 된다면 어떤 일이 일어날까요?<br>• 가족의 생활에서 더 추가하고 싶은 감정이나, 빼고 싶은 감정이 있나요?<br>• 상대방에게 선물하고 싶은 감정이 있다면 어떤 것이 있나요?<br>• 자녀(혹은 배우자)가 묘사한 상황에서 좀 더 새로운 이야기를 이어간다면 어떤 이야기가 펼쳐질까요? |



## 4) 추가 활용 방법

감정카드는 다양한 활동들과 연계하여 가족원들 간의 공감과 표현력을 증진시키는 데 도움을 줄 수 있다. 다음은 감정카드를 활용하여 진행할 수 있는 다른 기법을 소개하고자 한다.

### (1) 감정묘사게임

활동 전 감정카드를 가족원들이 볼 수 없도록 뒤집어 섞어 놓는다. 순서대로 한 명씩 나와서 뒤집어 놓은 카드 중 한 장을 선택하여 카드에 제시된 감정을 얼굴 표정이나 행동, 말로써 설명하면, 나머지 가족원은 표현된 감정단어가 어떤 것인지

“정답!”을 외치며 손을 들어 맞추도록 한다. 정답을 맞힌 사람에게는 가족원들이 직접 스티커를 손등에 붙여주도록 한다.

감정단어가 어려워서 시간이 많이 지체될 경우, 상담자가 간단한 힌트를 제시할 수 있다(예: 감정단어의 초성 제시). 가족원들이 최소 3번씩은 나와서 감정묘사를 할 수 있도록 운영한다. 게임이 종료되면 제일 많이 맞춘 사람에게 가족 모두의 박수를 받도록 유도하고, 승리할 수 있었던 요인이 무엇인지 표현하게 한다. 작업완료 후 감정묘사게임에서 느낀 바를 나누는 시간을 갖는다.

### (2) 감정카드를 활용한 가족발달 인생곡선

가족원 각자에게 4절 용지에 그려진 가족발달 인생곡선 도표를 1장씩 제공한다. 도표의 가로축 눈금 단위는 연 단위로 표시하고, 결혼지속기간 또는 가족구성 기간에 따라 1년, 3년 또는 5년 단위로 표시한다. 도표의 세로축은 상단은 긍정적 경험으로 하단은 부정적 경험을 표현하는 이모티콘을 그린다. 또한 세로축의 척도는 긍정적 경험 최대 10점, 부정적 경험 최대 10점으로 정한다. 가족이 형성된 이후부터의 경험을 떠올려 긍정적, 부정적 감정의 정도를 표시하고 그려진 점을 이어서 가족발달 인생곡선을 그리게 한다. 인생곡선의 굴곡마다 어떤 감정으로 행복하고, 또 그렇지 못했는지 감정카드를 올려놓도록 한다. 작업완료 후 서로의 가족발달 인생곡선에 대한 설명을 하고 서로의 인생카드에 대한 느낌을 나누는 시간을 가진다.

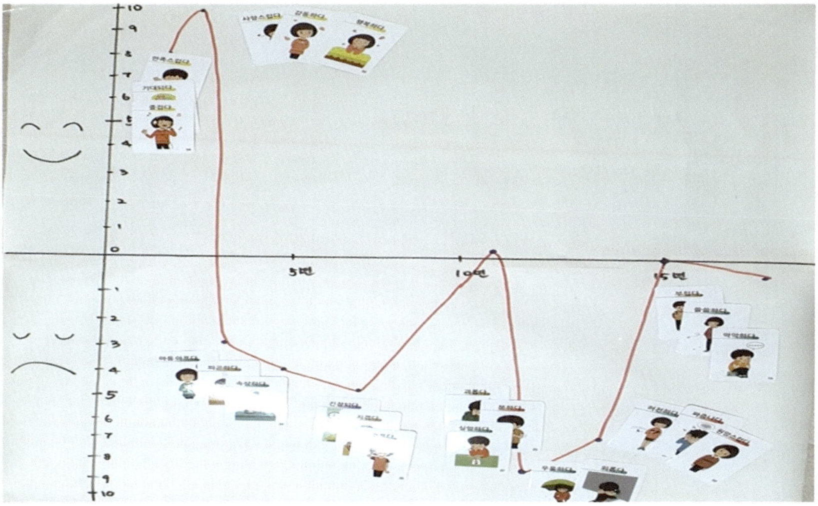

그림 4-2 감정카드를 활용한 가족발달 인생곡선



## 5) 상담사례

### (1) 내담자

- 모(46세), 첫째 딸(14세)

### (2) 상담의뢰 경위

- 자녀의 SNS 과다사용으로 인한 부모와 사춘기 자녀의 갈등과 어머니에 대한 강한 적개심으로 상담을 신청하였다.

### (3) 상담내용

자녀가 중학교 입학한 이후 SNS를 과다 사용하고 있고, 이로 인해 SNS를 적절히 사용할 수 있도록 어머니가 훈육을 하면 딸이 '간섭하지 말라'고 하면서 부모와 자주 싸우고, 그 과정에서 고성과 욕설이 오가는 문제로 내방하게 되었다.

어머니와 딸은 서로에게 드러내는 부정적인 감정에만 반응하고 더욱 격한 감정을 표현하는 방식으로 상호작용하고 있었다. 겉으로 드러나는 감정 이면에 숨겨져 있는 실제 감정에 대한 인식과 표현을 돕기 위하여 감정카드를 통해 6분할 그림 이야기를 만들어 숨은 감정을 드러내도록 하였다.

딸은 학교에서 어떤 친구가 자신의 샤프가 없어졌다며 의심을 받은 장면에 대해 이야기하였다. 그때 감정은 비참하고 분해서 몸이 떨렸다고 한다. 집에 오면서도 너무 슬퍼서 울면서 왔는데 옆에 있던 친구가 딸에게 '너는 절대 그런 아이가 아니라고 말해 주어서 감동받았다'라고 하며 자신의 감정을 표현했다. 집에서는 자신의 힘듬을 표현할 수가 없어서 폰을 많이 사용하게 된 것 같다고 말했다.

어머니는 딸이 만들어 낸 이야기를 통해 중학교 입학 이후 힘들어하던 딸의 모습을 좀 더 이해하고자 하지 않고, 어머니에 대한 반항이라고만 생각했던 자신의 행동에 대해서 다시 생각해보게 되었다고 이야기하였다. 딸은 자신이 그려낸 상황에서의 감정을 이해하고, 직접 표현하니 마음이 울컥하고 슬프다고 이야기하였다.

이후 가족상담에서는 어머니와 딸이 서로 감정을 잘 표현할 수 있도록 연습하고, 딸의 SNS 사용에 대한 교육과 더불어 사춘기 자녀와의 경계 설정과 의사소통 방법을 중심으로 다루고 마무리하였다.

그림 4-3 감정카드로 표현한 딸의 마음

# 2 바람카드

## 1) 활동 개요

바람카드는 내면의 기대나 욕구를 구체화하고 표현할 수 있도록 도움을 주는 매체이다. 사용되는 목적에 따라 가치카드, 바람카드, 욕구카드 등으로 구분되어 활용되고 있다. 바람카드는 공감, 의사소통, 관계성 향상 등 다양한 프로그램에서 사용되고 있는데 가족치료에서는 가족의 호소문제를 문제해결 방향으로 이어지도록 하는데 도움이 된다. 이를 통해 가족원들의 더 깊은 자기이해를 돕고 다른 가족원에 대한 공감을 가능하게 할 수 있다.

바람카드를 활용하여 가족관계 내에서 발생된 감정에 대한 구체적인 행동 방향을 설정하고, 가족의사소통에서 각 구성원의 가치, 바람 등을 표현하여 자기주도성을 드러나게 할 수 있다. 가족에서 조율된 기대와 욕구를 드러내는 과정으로 상담 중, 후반기에 사용하기 적합하다.

그림 4-4 바람카드

## 2) 활동 방법

### (1) 목표

- 겉으로 드러난 행동 이면에는 개인의 바람과 기대가 숨겨져 있음을 이해한다.
- 가족원의 욕구에 대한 이해와 공감을 표현한다.

### (2) 준비물

- 바람카드[2], 그림책(화가 나서 그랬어!)

### (3) 적용 가능 대상

- 커플 및 가족

### (4) 진행 방법

가족원 1인당 바람카드 한 세트씩을 나누어 준다. 상담자는『화가 나서 그랬어!』라는 책을 제공하고 가족원에게 자발적으로 책을 읽어줄 사람을 지원받는다. 지원한 가족원이 책을 읽는 동안 가족원들은 각 장면에 나타나는 주인공의 '화내는 행동' 이면에 숨겨진 주인공의 기대나 바람이 무엇인지 생각해보도록 안내한다. 책을 다 읽고 난 뒤 동화책의 각 장면을 다시 펼쳐서 상담자가 '주인공 소피는 어떤 기대 또는 바람이 있는 것일까요?'를 질문하고 가족원들은 그에 대한 적절한 바람카드를 골라 제시한다. 가족원들이 선택한 카드의 이유를 각자 설명하는 시간을 가진다. 이후 선택된 바람카드와 연결된 자신의 경험을 이야기하고 각 가족원들이 가지고 있던 자신의 기대와 욕구를 표현할 수 있도록 한다.

2 바람카드는 다양한 버전이 있는데 이 프로그램에서는 학지사에서 발행한 바람카드를 활용함.

### ① 도입

그림책을 활용한 바람 드러내기에 대해서 전반적인 설명을 한 후 가족원들에게 바람카드를 한 세트씩 나누어 준다. 가족원들 중 책을 읽어줄 사람을 자발적으로 지원받은 후 상담자는 가족원들이 함께 책을 볼 수 있는 위치에 지원자의 자리를 선택하여『화가 나서 그랬어!』동화책을 소리 내서 읽도록 한다. 동화책의 내용을 전반적으로 한 번 더 언급한 다음 주인공이 화가 나는 각각의 페이지를 펼쳐서 그 상황에 주인공이 어떤 바람이 있었는지 생각해 보게 한다.

상담자 멘트의 예시는 다음과 같다.

"오늘은『화가 나서 그랬어!』라는 동화책을 여기 모인 가족들과 함께 읽어보도록 하겠습니다. 책에서 주인공인 소피는 다양한 상황에서 화를 냅니다. 여러분들은 주인공이 화를 내는 장면에서 어떤 욕구가 충족되기를 바라는지 충분히 생각해 본 후 바람카드에서 선택해 보도록 하겠습니다. 우선 책을 전체적으로 읽어보겠습니다."

"혹시 자발적으로 이 책을 다른 가족들 앞에서 읽어주실 분 있을까요?"

"(책을 다 읽은 후) 읽어주셔서 감사합니다. 네, 주인공 소피는 다양한 상황에서 화를 내고 있네요. 화를 내는 각각의 장면을 한 번 더 살펴보겠습니다."

**상담자 점검 및 관찰 사항**

- 자발적으로 책 읽어주기에 지원한 가족원은 누구인가?
- 그림책을 읽는 사람의 목소리의 음량과 속도 등은 어떻게 되는가?
- 한 사람이 그림책을 읽을 때 다른 가족의 경청 태도는 어떠한가?

### ② 전개

그림책에서 주인공이 화를 내고 있는 페이지를 다시 한 번 설명해 주고 주인공 소피의 기대 또는 바람이 무엇이었는지 바람카드에서 선택하게 한다. 가족원들이 선택한 바람카드의 이유에 대해서 나누고 개인적인 경험을 연결한다.

상담자 멘트의 예시는 다음과 같다.

"그림책의 이 장면에서 주인공의 바람은 무엇인지 카드에서 선택해 보세요."

"그 카드를 선택한 이유에 대해서도 설명해 주세요."

"혹시 가족원 중에서 실제 생활에서 이러한 바람을 가지신 적이 있는지, 어떤 상황이었는지 설명해 주세요."

**상담자 점검 및 관찰 사항**

- 그림책 주인공의 바람을 가장 잘 찾아내는 사람은 누구인가?
- 선택한 바람카드와 주인공의 욕구를 연결하여 잘 묘사하는 사람이 누구인가?
- 가족이 가진 기대 또는 욕구가 어떤 상황에서 좌절되는가?
- 가족이 가진 기대 또는 욕구가 좌절되는 공통된 상황이 있는가?
- 가족원들의 바람이 좌절될 때 이들의 반응 방식은 어떠하고, 서로 간의 상호작용 패턴은 어떠한가?



### ③ 마무리

가족에게 자신의 바람과 기대, 욕구 등을 직접 표현해 보도록 하고, 다른 가족원의 바람과 기대 또는 욕구를 이해하고 수용하는 기회를 가진다.

상담자 멘트의 예시는 다음과 같다.

"각자가 가족 안에서 생활하면서 지켜지기를 원하는 바람이 있다면 표현해 주세요. 그 바람이 자신에게 소중한 이유도 다른 사람이 이해할 수 있도록 이야기해 주세요."

"다른 가족이 표현한 바람을 들었을 때 어떤 마음이 드는지 표현해 봅시다."

상담자 점검 및 관찰 사항

- 자신의 바람을 가장 소극적(적극적)으로 드러내는 사람은 누구인가?
- 다른 가족의 바람을 가장 소극적(적극적)으로 수용하는 사람은 누구인가?
- 가족이 표현하는 바람들이 가족의 호소문제와 어떻게 연결되어 있는가?
- 가족이 표현하는 바람들이 특정 사람을 문제시하는 것과 연관되어 있는가?

### (5) 활동 시 주의사항

① 활동 전 바람카드에 어떤 내용들이 있는지 살펴보게 한다.

② 환경적인 조건이 가능하다면 동화책을 빔 프로젝트 화면에서 볼 수 있도록 하면 동화책의 내용에 더욱 집중할 수 있다.

③ 가족원 중 한사람이 주도하여 자신의 기대나 바람을 지나치게 드러내지 않도록 한다.

④ 바람카드에서 원하는 내용이 없을 때는 글자가 적혀 있지 않은 60번 카드를 제시하고 그 카드에 직접 단어나 문장을 적도록 안내할 수 있다.

⑤ 경직된 가족일수록 바람을 드러내는 일이 어려우므로 시작 전 상담자와 간단한 워밍업 작업을 하는 것도 필요하다.

⑥ 어린 자녀가 포함되어 있지 않은 청소년기 이상의 자녀로 구성된 가족일 경우 그림책 이외에도 다른 영상매체(드라마, 영화 등)를 이용할 수 있다.

## 3) 촉진질문

| 상담과정 | 상담자 질문 |
| --- | --- |
| 도입 | • 생활 속에서 다른 가족원들의 바람을 들어보거나 자신의 바람을 표현해 보신 적이 있나요?<br>• ○○님이 자발적으로 책을 읽어주신다고 하니 어떤 느낌이세요?<br>• 책을 읽고 어떤 느낌이었나요?<br>• 당신이 책읽기를 할 때 가장 잘 듣고 있었다고 생각되는 가족원은 누구인가요? 왜 그렇게 생각했나요? |

| | |
|---|---|
| 전개 | • □□바람카드를 선택한 이유는 무엇인가요?<br>• 책의 주인공처럼 □□바람을 당신도 느껴본 적이 있나요?<br>• 책에서의 주인공은 □□바람이 이루어지지 않았을 때 화를 내는데, 당신은 어떻게 반응하였나요?<br>• 당신의 기대나 바람을 잘 알아차리는 가족원은 누구인가요? 그것을 어떻게 알 수 있나요?<br>• 가족생활에서 드러내지 말아야 할 바람이나 기대가 있나요? 그때가 언제였나요? 그 사건과 관계가 있었던 사람은 누구인가요?<br>• 당신이 □□바람을 드러낼 때 각각의 가족원들은 당신에게 어떤 반응을 보이나요? 그럴 때 당신의 감정(느낌)은 어떠한가요?<br>• 책의 내용에서 각각의 구성원을 떠올리게 하는 등장인물이 있나요? 왜 그렇게 생각했나요?<br>• 다른 가족원의 □□바람이 당신에게는 어떻게 느껴지나요? 자녀/배우자의 바람이 느껴질 때 당신은 어떻게 반응하나요?<br>• 우리 가족에게서 금지된 또는 허용되는 바람이 있나요? |
| 마무리 | • 당신이 가족에게 원하는 바람을 직접 표현해 보시겠습니까? 표현한 후 당신은 어떤 느낌이 듭니까?<br>• 당신이 □□바람을 앞으로 표현하고 싶을 때 어떻게 하면 더 자유롭게 표현할 수 있을까요? 상대방이 어떻게 해주면 더 자유롭게 표현할 수 있을까요?<br>• 당신의 □□바람이 더 잘 표현되고 수용된다면 당신은 어떻게 될 것 같습니까?<br>• 우리 가족에서 □□바람들이 더 잘 수용된다면 우리 가족은 어떻게 변할 것 같습니까? |



## 4) 추가 활용 방법

### (1) 감정카드와 바람카드를 활용한 가족의사소통

가족원에게 감정카드, 바람카드 1세트씩 제공하고, 순서를 정하여 한 사람씩 돌아가면서 자신의 일상을 감정, 욕구, 바람 등의 단어는 빼고 구체적 상황만 말한다. 발표의 상황을 듣고 나머지 가족원은 그때 화자의 감정이 무엇일지 감정카드에서 선택한 후 "당신은 그때 ○○함을 느꼈을 것 같아"라고 표현하면서 선택한 카드를 테이블 위에 둔다.

발표자는 가족원이 선택하여 테이블에 올려놓은 여러 감정카드 중 자신의 감정과 유사한 카드를 선별하여 "나는 그때 ○○, ○○, ○○함을 느꼈어."라고 이야기해 준다. 선택된 카드 중 자신의 감정과 유사한 것이 없거나 보완이 필요하다면 뭘 더 추가하고 싶은지 자신의 카드에서 선택가능하다.

감정카드 선택과정이 끝나면 다시 발표자의 상황을 떠올리고 가족원이 가지고 있는 바람카드에서 "너는 그때 ○○이 중요했구나, ○○을 하고 싶었구나, ○○이 필요했구나"라고 표현하면서 선택한 카드를 테이블 위에 둔다. 발표자는 가족원이 선택하여 테이블에 올려놓은 여러 바람카드 중 자신의 바람과 유사한 카드를 선별하여 "나는 그때 ○○게 하고 싶었어, ○○가 필요했어"라고 이야기해 준다. 감정카드와 바람카드 작업이 끝나고 가족 간의 어떤 것을 느꼈는지 표현하는 시간을 가진다.

## 5) 상담사례

### (1) 내담자

- 모(41세), 아들(10세)

### (2) 상담의뢰 경위

- 아들의 학교 부적응, 모에 대한 공격적 행동으로 상담을 신청하였다.

### (3) 상담내용

아들이 또래관계에서 크고 작은 싸움이 잦고, 자신이 하고자 하는 일에 담임선생님이 개입을 하면 지나친 공격성을 드러내고 적대적인 언행을 표현하였다. 집에서는 모와 같이 있으려고 하지 않고 자신의 방에서 홀로 시간을 보내려고 하여, 이를 제지하면 모에 대한 분노를 표출하면서 간섭, 잔소리를 하지 말라고 소리치는 일이 빈번하게 일어났다.

『화가 나서 그랬어!』 동화책을 함께 읽으며 아동은 첫 장면에서부터 반응을 보이기 시작하였고, 주인공이 자고 있는 방에 동생이 들어와서 만지는 장면에서 주인공의 바람은 '(몸, 마음이) 편안'하고 싶다고 하는 카드를 선택하였다. 모는 '휴식이나 잠이 필요한' 바람 카드를 선택하였다. 이에 대한 아동의 개인적인 경험을 탐색하였을 때 모는 자신이 방에 있을 때마다 방문을 열어둘 것을 강압적으로 요구하고, 이를 거부하면 '문을 부숴버리겠다'고 소리친다는 말을 하면서 눈물을 흘리는 모습을 보였다. 이에 모는 혼자 있으면 아들이 무슨 짓을 하는지 모르기 때문에 방문을 닫고 있는 것은 자신에 대한 '거부, 반항'이라고 생각된다고 화를 표현하였다.

동화책을 읽고 각 페이지에 드러난 주인공의 바람을 선택하는 과정에서 아동은 모의 감시에 대한 답답함, 억울함 등을 보고하였고, 모는 주인공의 화를 내는 행동을 자신에 대한 무시와 반항의 태도라고 해석하는 자신의 모습을 깨닫게 되었다. 바람카드를 통해 동화책 주인공의 바람과 기대를 이해한 후 아들과 모에게 자신의 마음을 화로 표현하기 전에 원하는 것을 말로 표현할 수 있도록 하였다.

이에 아들은 모에 대한 자신의 바람을 동화책 첫 장면에서 고른 바람카드(몸과 마음이 편안)를 선택하면서 '모가 자신을 그만 감시하고 자유롭게 해주었으면 좋겠다'라고 표현하였다. 모는 '사랑을 받거나 주고 싶다'의 바람카드를 선택하였고 '아들이 예전처럼 자신을 사랑한다는 표현을 해주기를 바라고, 나도 그렇게 다가가고 싶다'라고 하였다. '아들이 편안해지면 다시 사랑을 표현할 날이 오겠지요'라고 눈물을 흘리면서 아들의 바람을 수용하려고 노력해야 할 것 같다고 말하였다.

이후 상담에서는 아들과 모의 관계 재구조화, 아들의 마음에 대한 공감과 타당화 표현, 모자간의 의사소통 훈련을 중심으로 회기를 구성하여 마무리하였다.

그림 4-5 바람카드로 표현한 아들의 마음

## 3 장점카드

### 1) 활동 개요

장점카드는 다중지능 이론을 기반으로 선천적인 재능과 강점을 탐색하는 놀이 매체이다. 장점카드는 미국 하버드 대학교의 인지교육학 교수인 하워드 가드너의 다중지능이론을 기반으로 제작되었는데 다중지능이론은 8개의 지능으로 분류하지만 장점카드는 보다 쉽게 이해하도록 손재능, 공간지각, 음악, 창의력, 언어, 수리논리, 자기성찰, 대인관계, 자연친화, 예술시각의 10가지로 분류되어 있다.

장점카드를 활용하여 가족의 다양한 장점들을 부각시켜 가족의 결속력과 유대감을 높일 수 있으며 단어와 이미지로 구성되어 있어 유아나 초등생도 참여할 수 있다. 가족놀이치료에서 장점카드를 활용하면 가족 간 격려와 지지를 통해 가족의 결속력을 높일 수 있다.

그림 4-6 장점카드

## 2) 활동 방법

### (1) 목표

- 가족원들이 서로 본인의 장점을 서로 공유하면서 인정과 지지를 받는 기회를 제공한다.
- 장점인터뷰 활동을 통해 가족 간의 유대감을 증진시킨다.
- 장점을 서로에게 선물하면서 감사를 전하고 즐거운 기억을 체험할 수 있도록 촉진한다.

### (2) 준비물

- 장점카드

### (3) 적용 가능 대상

- 커플 및 가족

### (4) 진행방법

상담자는 가족에게 장점카드를 1벌씩 나누어주고 장점카드를 살펴보게 한 후 각자 본인의 장점이라고 생각되는 장점을 3~5장 선택하고 본인의 장점을 다른 가족원에게 소개하도록 한다. 가족원 모두의 장점소개가 끝나면 돌아가면서(또는 지정하여) 상대방의 장점에 대해 인터뷰하는 시간을 가진다. 마지막으로 상담자는 가족원에게 각자 자신의 장점카드 더미에서 다른 가족원에게 선물하고 싶은 카드를 가족원 별로 2~3개씩 골라 선물하는 시간을 가진다.

① 도입

상담자는 가족원에게 본인의 장점카드 더미를 살펴보면서 자신의 장점이라고 생각되는 것을 3~5장 선택한 후 각자 돌아가면서 본인의 장점을 다른 가족원에게 소개하는 시간을 가진다.

상담자 멘트의 예시는 다음과 같다.

"지금부터 장점카드를 활용해서 새로운 방식으로 소통하는 시간을 가지겠습니다."

"장점카드를 보고 본인의 장점이라고 생각되는 카드를 3~5장 찾아주세요. 카드의 이미지를 보고 떠오르는 장점도 좋고, 카드 뒷면에 적혀 있는 내용을 보고 고르셔도 됩니다."

"만약 카드에 적혀있는 장점 내용을 이해하기 어렵다면 다른 가족의 도움을 받아도 됩니다."

"모두 장점카드를 선택하셨다면 한 사람씩 돌아가면서 자신의 장점에 대해 설명하는 시간을 가지겠습니다."

#### 상담자 점검 및 관찰 사항

- 장점카드를 쉽게(어렵게) 찾는 사람은 누구인가?
- 가족원 중에서 활동을 가장 잘 이해한 사람은 누구인가?
- 다른 가족원의 도움이 필요한 사람은 누구인가?

### ② 전개

상담자는 가족원이 서로 의논하여 인터뷰 하는 방식을 정하도록 한다(예를 들면, 지명하는 사람끼리, 마주본 사람끼리 또는 나란히 앉은 사람끼리, 대각선으로 앉은 사람끼리 등). 인터뷰 방식이 정해졌다면 상담자는 인터뷰 질문지를 주고 한 사람씩 인터뷰 하는 시간을 가진다.

상담자는 인터뷰가 진행될 때 나머지 가족원들에게 인터뷰이(대답하는 가족원)의 이야기를 경청할 수 있도록 안내한다.

상담자 멘트의 예시는 다음과 같다.

"지금부터 장점인터뷰를 하는 시간을 가지겠습니다. 누가 누구를 인터뷰 할지 정해 주세요. 장점인터뷰는 모두 돌아가며 한 번씩 질문하고 답하는 방식으로 진행됩니다."

"인터뷰는 나눠드린 질문지를 참고 하시고 더 질문하고 싶은 것이 있다면 추가해서 질문하셔도 됩니다."

"인터뷰이(대답하는 사람)가 질문에 대답할 때 다른 분들은 경청하는 태도를 보여주시기를 바랍니다."

- 장점 인터뷰

  Q 1. 이 장점을 어떻게 발견하게 되었나요?

  Q 2. 그 장점이 당신의 삶에 도움(빛을 발하게) 되었던 순간이 있었다면 소개해주세요.

  Q 3. 혹시 약점이 있다면 무엇인가요?

  Q 4. 그 약점이 장점으로 변화했던 경험이 있다면 이야기 해주세요.

**상담자 점검 및 관찰 사항**

- 인터뷰를 할 때 나머지 가족원들은 경청하는가?
- 인터뷰 질문지에 있는 질문 외 추가질문을 하는 가족원은 누구인가?
- 인터뷰를 하는 가족원은 상대방에게 어떠한 태도(언어적, 비언어적)를 보이는가?

③ 마무리

상담자는 가족원들이 각자 가지고 있는 장점카드 더미에서 가족원 각각에게 선물하고 싶은 장점카드를 2~3장씩 골라 선물하고 감사의 뜻을 전하는 시간을 가진다.

상담자 멘트의 예시는 다음과 같다.

> "지금 여러분이 가지고 있는 장점카드 더미를 보면서 가족원 각각에게 선물 하고 싶은 장점을 2~3장씩 골라주세요."
>
> "해당 가족원에게 장점을 선물할 때 '너(엄마, 아빠, 언니 등)를 보면 평소에 이런(선물하는 장점) 장점이 있다고 느꼈어. 그래서 **장점을 선물하고 싶어.'라고 말하면서 장점카드를 선물합니다. 선물을 받는 사람은 '고맙습니다'라고 화답합니다."

**상담자 점검 및 관찰 사항**

- 다른 가족원의 장점을 찾기 힘들어 하는(쉽게 찾는) 사람은 누구인가?
- 해당 활동에 적극적(소극적)으로 참여하는 사람은 누구인가?
- 상대방의 약점이나 부족한 점을 언급하는 사람은 누구인가?

### (5) 활동시 주의사항

① 상담자는 가족이 서로 경청할 수 있도록 촉진한다.

② 가족이 장점을 찾아 공유할 때 비난하지 않도록 주의한다.

③ 장점 인터뷰를 할 때, 가족이 리액션을 잘할 수 있도록 미리 연습시키면서 분위기를 따뜻하고 편안하게 만든다(예: 머리를 끄덕이거나 감탄사를 낸다).

④ 상담자는 가족원들이 서로에 대한 장점을 찾아서 선물할 때 구체적인 행동이나 상황을 바탕으로 장점을 표현할 수 있도록 한다(예: 포기하고 싶은 힘든 순간에도 끝까지 끈기 있게 해내는 모습에 감동했어).

### 3) 촉진질문

| 상담과정 | 상담자 질문 |
|---|---|
| 도입 | • 평소에 가족의 장점과 관련된 대화를 해본 적이 있나요?<br>• 장점을 찾으면서 어떤 생각이 들었나요?<br>• 가족의 장점 중에서 누구의 장점이 가장 마음에 들었나요? |
| 전개 | • 장점 인터뷰를 하면서 우리 가족에 대해 어떤 감정을 느꼈나요?<br>• 장점 인터뷰를 하면서 가족에 대해 새롭게 알게 된 것이 있다면 그것은 무엇인가요?<br>• 장점 인터뷰를 하면서 느낀 우리 가족의 공통 장점이 있다면 그것은 무엇인가요?<br>• 이 활동을 하면서 이전에 눈여겨보지 않았지만 이번에 특별히 눈에 띈 사람은 누구인가요?<br>• 장점 인터뷰를 하면서 더 이해하게 된 가족원은 누구인가요? 그 사람의 어떤 부분 때문에 더 이해하게 되었나요? |
| 마무리 | • 가족에게 선물할 장점을 찾으면서 어떤 기분(생각)이 들었나요?<br>• 가족에게 장점을 선물하고 고맙다는 말을 들었을 때 어땠나요?<br>• 가족의 장점을 발견하고 말해 주는 것은 앞으로 우리 가족관계에 어떤 영향을 미칠까요?<br>• 이 시간 동안 가장 노력하고 애쓴 사람이 있다면 누구인가요? 그 이유는 무엇인가요?<br>• 이 시간을 통해 당신과 가족에게 변화가 있다면 무엇인가요? |

### 4) 추가 활용 방법

#### (1) 가족 장점샤워

가족원 각자가 고른 장점카드의 장점을 가족원들이 서로 돌아가면서 크게 외쳐주는 장점샤워 활동을 할 수 있다. 상담자는 가족원에게 장점카드를 1벌씩 나눠준 후 본인의 장점을 3~5장씩 고르게 한다. 장점샤워 받을 순서를 정한 후 한 사람씩 가운데 세우거나 의자에 앉게 한고 나머지 가족원들은 가운데 있는 가족원의 어깨나 손을 쓰다듬으며 해당 가족원의 장점을 크게 외친다. 장점샤워는 가족이 서로의 장점을 인정하고 지지하는 과정으로, 가족관계 안에서 환희와 기쁨, 수용받는 체험을 할 수 있다.

### (2) 장점 롤링페이퍼

가족원들은 본인을 제외한 나머지 가족원의 장점을 떠올리거나 장점카드를 활용하여 장점 롤링페이퍼 활동을 할 수 있다. 상담자는 가족에게 본인을 제외한 나머지 가족원의 장점을 A4용지나 편지지 등에 작성하게 한다. 이때 장점을 키워드 형식으로 작성하지 않고 짧게라도 문장 형식으로 작성하게 한다. 가족원 모두가 작성한 장점 롤링페이퍼 하단에는 가족원들이 사인하게 함으로써 서로의 장점을 인정하고 수용하는 의미로 활용할 수 있다. 이 과정을 통해 가족원은 서로를 더 이해하고 존중하는 가운데 자신감과 자아존중감 증진을 도울 수 있다.

## 5) 상담사례

### (1) 내담자

- 모(44), 딸(15), 첫째 아들(10), 둘째 아들(8)

### (2) 상담의뢰 경위

- 부모의 이혼 갈등으로 인하여 가족 내 불안이 높아지자 자녀들의 정서 불안을 걱정한 모가 가족상담을 의뢰하였다.

### (3) 상담내용

부모의 이혼 갈등으로 분노한 부가 만들어 내는 긴장된 가족 분위기에서 자녀들의 불안이 높아지고 있었다. 자녀들도 짜증, 우울, 분노, 불안의 감정으로 힘들고 시간이 지날수록 가족 상호작용의 질이 현저하게 낮아지고 있었다. 평소 개그맨 같은 막내의 웃음이 줄어들고 든든하고 여유로운 큰아들도 위축되면서 가족은 사뭇 달라진 가족 분위기를 경험하면서 어떻게 행동할지 몰라서 긴장감이 해소되지 않았다.

문제가 발생하기 전, 가족의 장점을 찾아 지지하고 즐거웠던 기억을 회상하는 시간을 가졌고 가족이 서로의 장점을 찾아주고 지지해 주면서 가족 내 좋은 상호작용이 활발해지게 되었다. 가족은 함께 해외여행을 갔던 때를 떠올렸고 작은아들이 기분이 좋아 원숭이춤을 추며 가족들을 행복하게 했던 기억을 쉽게 떠올릴 수 있었고 배에서 밤하늘을 바라보며 진지한 말을 했던 큰아들의 지지적인 말도 떠올릴 수 있었다. 당시 큰아들이 '가족이 있어서 행복하다'는 말을 했다는 것을 회상하며 힘들지만 가족들이 있기에 버텨나갈 수 있음을 공유하며 다 함께 울기도 했다. 가족의 즐겁고 행복한 추억들을 나누면서 가족의 상호작용과 정서가 문제를 만나기 전 단계에서 경험했던 정서로 회복되는 시간을 가졌다.

그림 4-7 가족의 장점(단어)

그림 4-8 가족의 장점(이미지)

# 4 솔라리움 이미지카드

## 1) 활동 개요

솔라리움(soularium)은 영혼(soul)과 일광욕실(solarium)의 합성어로 '내면을 비추는 방'이라는 의미이다. 솔라리움 이미지카드는 다양한 삶의 모습, 자연풍경, 인물 표정 등 50장의 이미지카드로 구성되어 있다. 동작을 포함한 인물의 모습과 자연풍경 등의 이미지로 구성되어 가족의 호소문제 및 목표, 가족원의 감정과 생각 등을 상징적으로 보여주는 데 도움이 된다. 이러한 활동을 통해 서로의 감정과 생각을 표현하고 알아차리는 등 경청과 공감 도구로 사용할 수 있는 매체이다.

그림 4-9 솔라리움 이미지카드

## 2) 활동 방법

### (1) 목표

- 가족의 현재 어려움과 가족이 지향하는 목표를 서로 협의하여 구체화한다.
- 가족 어려움에 대한 새로운 대처방식을 위한 가족의 자원을 탐색한다.
- 새로운 대처방식을 구성하기 위한 가족 간 의사소통을 향상한다.

### (2) 준비물

- 이미지카드(솔라리움) 2세트 이상, 4절지, 필기구 등

### (3) 적용 가능 대상

- 커플 및 가족



### (4) 진행 방법

가족원들의 현재 모습과 유사한 이미지카드를 가족원들이 의논해서 1장 선택하도록 한다. 그리고 상담 후 가족들이 변화하기를 바라는 미래 가족모습을 상징하는 이미지카드를 1장 선택하도록 안내한다. 그리고 무작위로 현재와 미래의 가족이미지를 연결해 주는 대처카드를 각자 선택하고 도화지에 배치 후 가족이야기를 구성하도록 한다.

#### ① 도입

가족들은 협의를 통해 현재 가족의 모습을 상징하는 이미지카드를 한 장 선택한다. 또는 가족원 각자가 이미지카드를 1장씩 먼저 선택하고 이후 가족원들끼리 협의하여 1장의 카드를 결정하도록 안내하는 방식도 있다. 그리고 상담 이후 변화되

기를 원하는 가족의 모습, 즉 가족의 미래 모습을 가족의 협의를 통해 1장의 이미지카드로 선택하거나 각자 선택 후 최종 1장의 이미지카드를 결정하는 방식으로 진행한다. 선택 작업이 끝나면, 이미지카드를 선택한 이유에 대해 이야기를 나눈다.

상담자 멘트의 예시는 다음과 같다.

"먼저 가족끼리 협의하여 현재 가족의 모습이라고 생각되는 이미지카드를 1장 선택해 주세요. 또 다른 방법으로는 가족원 각자 가족의 모습을 1장씩 선택하고 서로 협의하여 1장의 이미지카드로 결정하는 방법도 있습니다. 가족들이 진행 방식을 결정해 주세요."

"현재의 가족 모습에 해당하는 카드 선택이 끝났다면, 상담을 마치고 난 뒤 변화된 미래의 가족의 모습을 이미지카드로 1장 선택해 주세요. 미리 협의해서 선택할 수도 있고 각자 선택 후 협의를 통해 결정하는 방식도 가능합니다."

"현재 가족의 모습과 미래 가족의 모습을 나타내는 이미지카드를 선택한 이유에 대해 이야기해 주세요."

**상담자 점검 및 관찰 사항**

- 상징과 은유를 활용한 이미지카드 작업에서 가족원의 반응은 어떠한가?
- 이미지카드를 선택하는 과정에서 누가 소극적(적극적)으로 참여하는가?
- 가족협의 과정에서 가족원 간의 역동은 어떠한가?
- 가족원이 기대하는 미래의 가족모습이 되기 위해서는 어떤 가족원의 변화가 가장 필요한가?

#### ② 전개

이후 새로운 이미지카드를 준비하여 현재 가족과 미래 가족의 이미지를 연결해 줄 대처카드 작업을 진행한다. 대처카드를 선택할 때는 카드의 내용을 알 수 없도록 뒷면이 보이게 배치하고 무작위로 선택하게 한다. 대처카드는 가족원이 각자 1장씩 선택하도록 안내한다.

상담자 멘트의 예시는 다음과 같다.

"이제 새로운 이미지카드를 사용할 것입니다. 이것을 대처카드라고 합니다. 마음속으로 '현재와 미래의 가족의 모습을 연결해 주는 대처카드를 보여주세요'라고 말해 보세요. 그리고 자신의 마음이 이끄는 대로 이미지카드를 각자 한 장씩 무작위로 선택해 주세요."

"이제 준비한 종이의 왼쪽에는 현재 가족 모습의 카드를 놓고 가운데는 각자가 선택한 대처카드를 놓고 그리고 오른쪽에는 미래 가족의 모습을 나타내는 카드를 배치해 주세요."

"이제 각자의 대처카드를 실제 생활에서 어떻게 적용할 수 있는지에 대해 이야기를 나누려고 합니다. 상담실 밖에서 자신들이 각자 어떻게 노력하겠다는 실천약속을 만들어 주세요. 혹시 혼자서 실천약속을 만들기 어려우면 다른 가족원들이 도와주셔도 됩니다."

| 구분 | 현재 가족의 모습<br>(첫번째 선택 카드) | 대처카드<br>(세번째 선택 카드들) | 미래 가족의 모습<br>(두번째 선택 카드) |
|---|---|---|---|
| 가족원<br>(1) | | 이미지 카드<br>3-1. 카드의 앞면을 보지 않고 무작위로 대처카드를 선택함 | |
| 가족원<br>(2) | 이미지 카드<br>1. 가족원들이 협의하여 현재의 가족모습과 유사한 이미지카드를 선택함(이미지카드의 앞면을 보면서 의식적으로 선택함) | 이미지 카드<br>3-2. 카드의 앞면을 보지 않고 무작위로 대처카드를 선택함 | 이미지 카드<br>2. 가족원들이 협의하여 상담 후 변화된 미래의 가족 모습으로 기대하는 이미지카드를 선택함(이미지카드의 앞면을 보면서 의식적으로 선택함) |
| 가족원<br>(3) | | 이미지 카드<br>3-3. 카드의 앞면을 보지 않고 무작위로 대처카드를 선택함 | |

**상담자 점검 및 관찰 사항**

- 대처카드 선택에서 나타나는 가족원의 역동은 어떠한가?
- 대처카드를 해석하는 과정에서 변화의 주체를 자기로 표현하는가?
- 대처카드 해석에서 어떤 가족원들이 서로 연결되어 있는가?
- 대처카드 해석에서 누가 적극적(소극적)으로 참여하는가?
- 가족원이 언급한 노력을 인지적, 정서적, 활동적 측면에서 어떻게 구체화할 수 있을까?
- 가족원의 대처방식에 따른 자원 및 장점 찾기에 대한 가족의 반응은 어떠한가?
- 실제 가족생활에서의 모습과 상담장면에서 모습이 유사하거나 다른 사람은 누구인가?

### ③ 마무리

이미지카드를 활용하여 가족의 현재와 미래, 그리고 새로운 대처방식을 계획하고 실천 약속을 만드는 작업을 통해 알게 된 점이나 느낀 점에 대해서 가족원들이 이야기하도록 안내한다.

상담자 멘트의 예시는 다음과 같다.

"오늘 새로운 대처방식 정하기 활동에 이름을 붙인다면 무엇이라 할 수 있을까요?"

"이미지카드를 활용한 활동을 하면서 알게 되었거나 느낀 점이 있다면 말해 주십시오."

"이미지카드를 선택하고 결정하는 작업 활동은 어떠하였나요? 가족원 중에서 가장 열심히 참여한 사람은 누구였나요? 그 사람의 모습은 실제 생활에서도 비슷합니까?"

"실제 가족생활에서와 다른 새로운 모습을 보여준 사람은 누구입니까? 이러한 모습이 다른 가족원들에게는 어떤 의미가 있습니까?"

**상담자 점검 및 관찰 사항**

- 가족원들은 작업 활동에 대한 느낌이나 기분을 구체적으로 표현하는가?
- 이 활동을 가족의 호소문제와 상담목표 세우기와 어떻게 연결할 수 있는가?
- 도입, 전개, 마무리 단계에 따라 가족원의 참여 정도는 어떠한가?

### (5) 활동 시 주의사항

① 본 활동을 하기 전, 이미지카드 뒷면을 보면서 무작위로 선택하거나 앞면을 보면서 의도적으로 선택하여 이미지카드에서 느껴지는 감정이나 생각을 가족원끼리 이야기 나누어 보는 시간을 갖는 것도 도움이 된다.

② 현재 및 미래를 나타내는 이미지카드와 대처방식을 나타내는 이미지카드를 각각 준비하는 것이 필요하다.

③ 가족들이 협의해서 이야기를 만드는 것이 필요하지만, 잘 진행되지 못할 때는 상담자가 긍정적이고 실행가능한 방식으로 촉진할 수도 있다.

④ 가족 전체의 대처방식에 대한 이야기를 글로 작성하여 실천약속을 글로 적어서 선언하는 방식을 사용할 수도 있다.

## 3) 촉진질문

| 상담과정 | 상담자 질문 |
|---|---|
| 도입 | • 현재 또는 미래 가족모습을 선택하는 과정에서 무엇을 느끼거나 알게 된 것이 있나요?<br>• 현재의 가족모습과 미래의 가족 모습은 어떤 차이가 있나요?<br>• 현재나 미래 가족모습을 수정하거나 추가할 수 있다면 어떤 이미지카드를 선택하고 싶은가요?<br>• 가족이 선택한 이미지카드를 보면서 기분(생각)은 어떤가요?<br>• 이미지카드를 선택할 때 가장 적극적 또는 소극적인 가족원은 누구인가요?<br>• 현재 가족모습에서 미래 가족모습으로 변화하고자 할 때, 어떤 가족원의 노력이 가장 필요한 것 같나요? |
| 전개 | • 가족들이 정한 대처방식으로 가족 어려움을 해결할 때, 가족이 가지고 있는 실제 자원은 무엇인가요?<br>• 그 자원은 가족 중에서 누가 가장 많이 가지고 있나요? 누가 알고 있나요?<br>• 누구와 누구의 대처방식이 서로 연결되거나 방해가 될 수 있을까요?<br>• ○○○의 카드처럼 대처방식을 선택할 때 가족원 중에 가장 좋아할 사람은 누구인가요?<br>• ○○○의 대처방식은 과거와 어떻게 달라진 것인가요? |

| | |
|---|---|
| | • □□□의 대처방식에 대해 가족원들은 어떻게 생각하나요?<br>• ○○○가 말한 대처방식에 대해 다른 가족원의 마음은 어떤가요?<br>• 새로운 대처방식을 이야기로 만드는 과정은 어떠했나요?<br>• 대처방식이야기를 하면서 새로 수정하거나 추가할 것이 있나요? |
| 마무리 | • 실천약속에서 수정하거나 추가할 것이 있나요?<br>• 자신이 약속한 대처방식을 실행하는 데 어려움이 예상되는 가족원이 있을까요?<br>• 만약 어려움이 있다면, 어떤 가족원의 도움이 필요한가요?<br>• 어떤 가족원이 대처카드에서 약속한 실천약속을 실행하지 않는다면 어떻게 할 것인지에 대해 이야기 나누어 보세요.<br>• 이미지카드를 선택하고 결정하는 작업 활동은 어떠하였나요? |

## 4) 추가 활용 방법

이미지카드를 활용하여 상담을 본격적으로 시작하기 전에 가족에게 매체와 친숙해지는 활동을 먼저 하는 것이 좋다. 다음은 사전활동 때 사용할 수 있는 기법들이다.

### (1) 솔라리움 카드와 숫자놀이

이미지카드(솔라리움)와 미션 수행 후 사용할 스티커를 준비한다. 카드의 뒷면이 보이게 섞어 놓고 가족들에게 무작위로 카드를 1장씩 선택하라고 안내한다. 그리고 상담자가 제시하는 지시어에 해당하는 이미지카드를 가진 가족원에게 스티커를 붙여준다. 스티커를 미리 약속한 갯수 만큼(3~5개) 붙인 가족원은 미션으로 다른 가족원들에게 칭찬 또는 감사의 말을 하라는 미션을 제시한다. 스티커는 상담자가 아니라 가족원끼리 붙일 수 있도록 안내한다.

### 솔라리움 이미지카드와 숫자놀이 멘트

① 이미지카드에 적혀 있는 번호(숫자)가 가장 낮거나 높은 사람은?

② 이미지카드의 번호(숫자)의 앞뒤를 더해서 가장 낮거나 높은 사람?

- 예: 21번은 2+1=3, 7번은 그냥 7

③ 이미지카드의 번호(숫자)의 앞뒤를 곱해서 가장 낮거나 높은 사람?

- 예: 32번은 3×2=6, 10번은 1×0=0, 7번은 그냥 7

④ 이미지카드의 내용에서 사람 수가 가장 적거나 많은 사람?

- 그림 속에 손(발) 그림도 한 사람으로 인정. 벽화의 사람그림도 인정

⑤ 이미지카드의 색깔에서 특정 색(빨간? 파랑? 검은?)이 많은 사람?

⑥ 이미지카드에서 특정 이미지카드를 가진 사람 찾기: 황소, 밥상 그림 찾기 등

가족원 중에서 미취학 아동이나 저학년이 있는 경우, 사칙연산을 힘들어 할 수 있으니 그런 경우에는 위의 ④~⑥처럼 구체적 지시를 하는 방법이 좋다. 술래가 되었을 때 해야 할 미션은 부정적인 것보다는 가족 간 칭찬하기, 감사하기 등 긍정적인 것을 하는 것이 좋다.



### (2) 솔라리움 이미지카드와 경청 및 공감 놀이

솔라리움 이미지카드를 약 10~15개 선택하고 앞면이 보이지 않게 뒤집어 놓는다. 가족원 중에서 한 사람이 먼저 무작위로 선택하고 그 이미지카드를 보면서 느껴지는 감정이나 생각을 말하고 그 이미지카드를 테이블에 있는 다른 이미지카드와 섞는다.

나머지 가족원들은 술래가 말한 내용에 알맞은 이미지카드를 선택하고 맞춘다. 앞에서 사용한 이미지카드는 이미지카드 통에 넣고 새로운 카드를 한 장 추가하고 술래를 바꾸어서 이 놀이를 계속한다(한 사람이 2~3번 정도 술래가 될 때까지 진행한다).

자녀가 어린 경우 또는 다문화 부모가 있는 경우, 그림을 보고 감정단어로 표현하

고 해당 그림을 맞추는 것이 어려울 수 있다. 이때는 특징을 한두 단어로 말하는 방식으로 단순화시키는 방법도 가능하다.

### 5) 상담사례

#### (1) 내담자 가족

- 부(49세), 모(46세), 첫째 딸(17세)

#### (2) 상담의뢰 경위

- 자녀의 학업과 생활 태도에 대해 부모의 지나친 개입과 사춘기 자녀 간의 갈등으로 상담을 신청하였다.

#### (3) 상담내용

사춘기에 접어든 고등학생 자녀와 부모 간의 의사소통의 어려움을 주제로 가족상담을 진행하였다. 아버지는 사춘기 자녀의 반항적인 태도와 아내의 딸에 대한 지나친 허용적인 태도로 인해 자신이 소외감을 느낀다고 말하였다. 어머니는 사춘기 딸에게 엄격하게 대하는 남편과 반항하는 딸 때문에 느끼는 혼란스러움과 우울감을 호소하였다. 딸은 아버지의 지나친 엄격함과 처음에는 자신의 편을 들어주다가 결국에 아버지 편을 드는 엄마에 대한 불만을 토로하였다.

상담에서는 호소문제와 연결하여 현재 가족의 모습을 상징하는 솔라리움 이미지카드를 선택하고 연달아 상담 후 가족이 어떤 모습으로 변화기를 기대하는 모습을 솔라리움 이미지카드에서 선택하라고 안내하였다. 가족은 현재의 모습을 서로 얼굴에 가면을 쓰고 있는 모습을 선택하여 서로 마음을 열지 못하고 감정표현을 잘하지 못하는 모습을 나타낸 것이라 하였다. 미래 모습에서는 사람들이 서로 두 손을 마주 보고 있는 모습을 선택하여 상담 후에 지금보다 친밀해지고 대화를 많이 하는 가족이기를 기대한다고 하였다.

무작위로 선택한 대처방식 이미지카드에서, 어머니는 빈 의자가 있는 이미지카드를 선택하고 남편과 딸의 관계에 지나치게 관여하지 않고 타인보다 자신의 감정에 보다 충실할 필요가 있을 것 같다고 말하였다. 아버지는 모닥불 그림을 선택하여 자신이 화를 조절하며 가족에게 차분히 이야기하는 습관을 가져야 할 것 같다고 통찰하였다. 마지막으로 딸은 손 전화기를 사용하는 사람이 그려진 이미지카드를 선택하여 지금보다 부모님들과 소통하려고 노력하는 모습이 필요할 것 같다고 말하였다.

이후 가족상담 회기에서는 아버지의 분노 조절과 관련된 일시중단법, 어머니의 탈삼각관계, 딸의 일치적 의사소통 방법을 중심으로 다루고 마무리하였다.

그림 4-10 대처카드 탐색 및 가족의 실천 약속

# 5 이너액티브 이미지카드

## 1) 활동 개요

이너액티브 이미지카드는 인간의 정신세계에 내재되어 있는 생각과 감정, 상처와 보호 갈등 등을 나타내는 인격체의 작은 부분들을 이미지로 표현한 것이다. 이너액티브 이미지카드는 내면가족체계치료(Internal Family Systems Therapy: IFS Therapy)이론을 바탕으로 톰 홈즈(Tom Holmes)와 로리 홈즈(Lauri Holmes) 그리고 샤론 에크스타인(Shaon Eckstein)이 함께 개발한 카드이다. 특정 이론을 전제로 개발되기는 했지만 보웬, 사티어 등 가족체계이론을 기반으로 한 가족상담에서 활용될 수 있다고 밝히고 있다.

총 70장의 이미지카드로 구성되어 있으며 가족원의 현재 및 과거 모습, 감정과 행동을 탐색하는 데 도움이 되며 내면과 외면의 삶에서 조화와 균형을 이루고자 할 때 시각화를 통해 구체적인 방법을 모색하는 데 도움을 준다(Holmes & Holmes, 2019).

그림 4-11 이너액티브 이미지카드

## 2) 활동 방법

### (1) 목표

- 갈등상황에서 자신과 가족원의 반응행동을 탐색하고 표현한다.
- 가족원간의 반응과 갈등 악화 과정을 이해한다.
- 가족원의 반응과 연결된 감정 및 기대를 탐색하고 수용한다.
- 각자의 기대를 부탁 문장으로 표현하고 협의한다.

### (2) 준비물

- 이너액티브 이미지카드(참여 가족원 수만큼 준비), 4절지, 필기구 등



### (3) 적용 가능 대상

- 커플 및 가족

### (4) 진행 방법

가족 간 갈등상황을 협의하여 이야기를 나누며 이에 따른 각 가족원 자신의 감정, 생각 또는 대처행동을 나타내는 이너액티브 이미지카드를 한 장씩 선택한다. 먼저 각 가족원의 이미지카드에 대한 설명을 들으면서 나머지 가족원들은 자신의 반응행동을 나타내는 이너액티브 이미지카드를 한 장씩 선택하고 준비된 종이에 배치한다. 마지막으로 관계 회복을 위해 기대를 부탁 또는 요청의 문장으로 표현하고 서로 협의하는 경험을 갖는다.

#### ① 도입

가족 간 협의하여 회기에서 다루고 싶은 갈등상황을 하나 결정한다. 상황에 대한 경청이 끝나고 난 뒤, 갈등과정에 따른 가족원 각자의 마음을 상징하는 이너액티브

이미지카드를 선택하고 그 이유에 대해 이야기 나눈다.

상담자 멘트의 예시는 다음과 같다.

"이번 회기에서 다루고 싶은 가족관계에서 경험한 갈등상황을 하나 선택하고 그 과정을 이야기해 주세요."

"그 갈등상황에 따른, 자신의 마음을 나타내는 이너액티브 이미지카드를 한 장 선택해 주십시오. 그리고 이너액티브 이미지카드를 선택한 이유에 대해 말씀해 주세요. 그때 자신의 감정, 생각, 기대 등을 중심으로 이야기해 주시면 좋겠습니다."

**상담자 점검 및 관찰 사항**

- 가족이 다루고 싶은 갈등상황을 선택하고 이야기하는 과정은 어떠한가?
- 어떤 가족원의 의견을 중심으로 이야기가 진행되고 있는가?
- 이미지카드를 선택하는 과정에서 누가 소극적(적극적)으로 참여하는가?

② 전개

가족 간 갈등상황에 따른 연쇄적 반응을 탐색하기 위해 가족원이 각자 선택한 이너액티브 이미지카드를 준비된 종이에 세로로 배치한다. 그리고 해당 가족원의 반응에 대해 나머지 가족원들은 각자의 마음을 나타내는 이너액티브 이미지카드를 새로 선택하고 가로로 나란히 배치한다.

예를 들면, 갈등상황에 대한 가족원(1)의 반응을 나타내는 이너액티브 이미지카드는 왼쪽 위에 둔다. 그리고 가족원(1)의 반응에 대해 가족원(2)이 새로 선택한 이너액티브 이미지카드는 중간에, 가족원(3)이 새로 선택한 이너액티브 이미지카드는 오른쪽에 두는 방식으로 종이의 왼쪽에서 오른쪽 방향으로 배치한다. 세로 두 번째 줄은 갈등상황에 대한 가족원(2)의 반응에 대한 가족원(1)과 가족원(3)이 새롭게 선택한 이너액티브 이미지카드를 가로로 배치한다. 이후 가족원의 수에 따른 배치는 동일하다.

상담자 멘트의 예시는 다음과 같다.

"이제 앞에서 나눈 이야기를 바탕으로 각 가족원의 반응을 나타내는 이미지카드를 순차적으로 종이에 배치하는 작업을 하고자 합니다. 그 갈등상황에서 가족원(1)의 반응을 나타내는 이미지카드는 왼쪽에 둡니다. 그에 따른 가족원(2)이 새로 선택한 카드는 중간, 그리고 가족원(3)이 선택한 카드는 오른쪽에 배치합니다.

이런 방식으로 갈등상황에 따른 가족원(2)의 반응 카드에 대해 느껴지는 가족원(1)과 가족원(3)이 자신의 반응을 새로운 이너액티브 이미지카드를 선택하고 가로로 배치합니다. 이후 가족원의 수에 따라 세로와 가로를 추가하면 됩니다.

가족원들이 배치한 반응 이너액티브 이미지카드를 전체적으로 살펴보세요. 각자의 소감을 나누어 주세요. 예를 들어, 가족원(1)의 갈등상황에 대한 반응인 이너액티브 이미지카드에 대해 가족원(2)와 가족원(3)이 선택한 카드의 이유에 대해 말씀해 주세요. 이야기를 하실때는 앞에처럼 자신의 감정, 생각, 바람을 중심으로 이야기해 주시기 바랍니다."

| 구분 | 갈등 상황에 따른 가족원의 이미지카드 | 어떤 가족원이 선택한 이미지카드에 대한 다른 가족원의 반응 이미지카드 | |
|---|---|---|---|
| 가족원(1) | 이미지 카드<br>1. 갈등상황에 대한 가족원(1)의 마음 | 이미지 카드<br>2. 가족원(1)의 카드에 대한 가족원(2)의 반응 | 이미지 카드<br>3. 가족원(1)의 카드에 대한 가족원(3)의 반응 |
| 가족원(2) | 이미지 카드<br>1. 갈등상황에대한 가족원(2)의 마음 | 이미지 카드<br>2. 가족원(2)의 카드에 대한 가족원(3)의 반응 | 이미지 카드<br>3. 가족원(2)의 카드에 대한 가족원(1)의 반응 |
| 가족원(3) | 이미지 카드<br>1. 갈등상황에대한 가족원(3)의 마음 | 이미지 카드<br>2. 가족원(3)의 카드에 대한 가족원(2)의 반응 | 이미지 카드<br>3. 가족원(3)의 카드에 대한 가족원(1)의 반응 |

**상담자 점검 및 관찰 사항**

- 가족원에 대한 반응 이미지카드의 선택 및 표현을 어려워하는 가족원은 누구인가?
- 가족은 어떤 가족원에 대한 반응 이미지카드 선택을 어려워(쉽게)하는가?
- 가족은 자신의 반응 이미지카드를 감정, 생각, 바람 문장으로 연결하여 표현하는가?
- 가족은 어떤 가족의 반응 이미지카드에 대해 수용하거나 방어하는가?

### ③ 마무리

가족원의 연쇄반응을 이너액티브 이미지카드로 살펴본 후, 갈등상황에 따른 가족원 각자의 감정과 생각, 그리고 바람을 정리하여 가족원들에게 그에 따른 부탁이나 요청의 말을 하도록 안내한다. 가족 간의 협의를 통해 실천 약속을 하고 소감 나누기를 한다.

상담자 멘트의 예시는 다음과 같다.

"이제는 갈등상황에 대한 새로운 대처방식을 가족 간에 협의를 통해 약속하는 활동을 해 보도록 하겠습니다. 자신의 반응 카드들을 다시 한 번 살펴보면서 그 갈등상황에서 느낀 자신의 감정과 그에 따른 기대를 표현해 주세요. 그리고 갈등상황에서 느낀 기대를 부탁이나 요청의 말로 가족원들에게 표현해 보세요. 다른 사람이 부탁한 내용을 반드시 들어주어야 하는 것은 아니지만, 자신들의 형편에 맞게 수용하고 실천하려는 노력의 자세가 중요합니다. 끝으로 이 활동을 한 소감은 어떠한가요?"

**상담자 점검 및 관찰 사항**

- 가족은 자신의 기대를 구체적이고 실천 가능한 부탁이나 요청 문장으로 잘 표현하는가?
- 가족은 어떤 가족의 부탁 또는 요청에 수용적인가? 또는 방어적인가?
- 가족원의 부탁이나 요청이 거절된 경우, 그 가족원의 반응은 어떠한가?

### (5) 활동 시 주의사항

① 갈등상황을 선택할 때, 가능하면 가족원이 동의하는 상황을 선택하는 것이 필요하다.

② 갈등상황을 이야기할 때 구체적인 상황에 기반하여 이야기할 수도 있도록 안내한다.

③ 갈등상황에 따른 반응을 이너액티브 이미지카드로 선택할 때, 본인의 선택을 우선순위로 하며 타인의 선택에 개입하지 않도록 안내할 필요가 있다.

④ 상황에 따른 한 장면에서 가족원이 선택하는 카드가 1개 이상일 경우도 있을 수 있는데, 그때는 각 이미지카드에 대한 설명을 충분히 듣고 1개만 선택하기를 권한다.

⑤ 이너액티브 이미지카드가 나타내는 감정과 기대를 탐색하고 표현하기 위해서 감정 및 기대카드 또는 감정과 기대 목록의 활동지를 함께 준비하는 것이 도움이 된다.



## 3) 촉진질문

| 상담과정 | 상담자 질문 |
|---|---|
| 도입 | • 갈등상황을 선택하고 협의하는 과정은 쉬웠나요? 어려웠나요?<br>• 갈등상황에 대해 이야기할 때 불편한 마음이 들지는 않았나요?<br>• 자신의 마음을 이미지카드로 선택하는 과정은 어떠했나요? |
| 전개 | • 어떤 가족원에 대한 반응카드가 두 개 이상인 경우, 각 반응카드에 대한 감정이나 생각, 기대는 무엇인가요? 혹시 두 반응카드의 유사점이 있나요? 어떤 가족원에 대한 반응카드를 선택하는 것이 어려웠나요? 또는 쉬웠나요? 그리고 그 이유는 무엇인가요?<br>• 반응카드 선택에서 자신의 마음과 가장 비슷한 가족원은 누구인 것 같은가요?<br>• 반응카드 선택과 이야기 나누기에서 예상하지 못한 이야기를 한 사람은 누구인가요?<br>• 만약 가족이 배치한 반응카드에 제목을 붙인다면 무엇일까요?<br>• 자신의 감정과 바람을 말로 표현하는 것이 어떠했나요? |

| 마무리 | • 자신의 바람을 부탁이나 요청의 말로 표현하는 것은 어떠했나요?<br>• 어떤 가족원에게 말하는 것이 어렵거나 쉬웠나요?<br>• 다른 가족원의 부탁을 수용하고 실천을 약속했는데, 예상되는 어려움이 있나요? 혹시 누구의 도움이 필요한가요?<br>• 다음에도 유사한 갈등상황이 발생한다면, 과거와 다르게 어떻게 행동할 수 있을 것 같은가요? |
|---|---|

## 4) 추가 활용 방법

가족상담에서 이너액티브 이미지카드를 활용할 수 있는 기타 방법에 대해 살펴보고자 한다.

### (1) 장단점 모습을 활용한 가계도 작업하기

종이(4절지)에 가계도를 그리고 이너액티브 이미지카드를 활용하여 각 가족원에 대해 느끼는 장점과 단점을 이미지카드로 선택하여 배치하도록 한다. 한 사람에 대해 참여한 가족원의 수 만큼 장점과 단점의 이미지카드가 모이게 된다. 먼저 가족원간에 장점과 단점의 공통점이나 차이점에 대해 살펴본다. 이후 단점을 중심으로, 각 가족원의 단점이 가족이나 개인의 삶에 미친 선한 의도에 대해 다루는 것이 필요하다.

부부상담에서는 각자의 원가족 가계도를 별도로 그리고 각자 작업하도록 한다. 그리고 원가족에서 경험한 불안과 대처방식, 그리고 관계에서 소망하는 기대를 중심으로 살펴본다.

### (2) 변화를 위한 긍정 확언하기

가족의 변화를 위해 필요한 기대나 목표와 관련된 이너액티브 이미지카드를 각자 선택한다. 선택의 이유와 그 이미지카드의 긍정적인 특성에 대해 이야기 나눈다. 그리고 종이에 자신이 그러한 특성을 가졌다고 상상하며 현재형 문장을 적는다. 예를 들어, 참고 견디는 모습을 나타내는 이너액티브 이미지카드를 선택했다면 "나는 건강을 지키기 위해 끈기 있게 근력운동을 한다"라고 현재형 문장으로 적는다. 이렇게 가족들끼리 긍정 확언 문장을 만들고 이러한 목표를 성취하기 위해 어떻게 서로 도울 수 있을지에 대해 이야기를 나눈다.

## 5) 상담사례

### (1) 내담자

- 친정어머니(56세), 딸(23세), 동거남(27세)





### (2) 상담의뢰 경위

- 친정어머니는 이혼한 딸과 손녀(3세)와 함께 살다가 딸이 손녀의 생부가 아닌 남성과 동거를 계획 중이라 손녀 양육에 대한 걱정 등으로 인해 딸과 딸의 동거남을 데리고 상담실에 내방하였다.

### (3) 상담내용

딸은 20대 초반에 혼전임신으로 손녀 출산 후 혼인신고를 하였는데 손녀가 돌이 되기 전에 이혼을 하고 이후 친정에서 살고 있다. 친정어머니는 양육에 서툰 딸이 손녀의 생부가 아닌 다른 남성과 결혼을 전제로 동거를 하려고 하는 것에 대한 걱정을 하고 있었다. 친정어머니는 이번 동거가 이전 결혼처럼 실패할까에 대한 두려움과 손녀 양육을 잘하지 못할까봐 걱정을 호소하였다.

친정어머니는 동거 반대의 이유로 딸이 가정일과 양육에서 힘들 것 같아서 걱정하는 마음을 이너액티브 이미지카드로 표현했고, 딸은 동거남과 함께 서로 노력하며 가정일과 양육을 잘할 것이라는 자신감을 그리고 동거남은 자신이 신중하게 결정했음을 이해받고 싶어 하는 마음을 표현하였다. 이후 각 가족원의 마음에 대한 반응을 다른 이미지카드로 선택하며 이야기를 나누었다.

회기 후반작업에서는 각자의 기대를 요청이나 부탁의 문장으로 표현하고 서로 약속하는 활동을 하였다. 친정어머니는 손녀의 안부가 걱정이니 동거를 친정 근처에서 할 것과 손녀 양육에 참여하도록 허락해 줄 것을 요청하였다. 딸은 자신이 비록 미숙하고 이전 결혼에서 실패를 하였지만, 현재 자신의 선택을 믿어 주고 잘할 수 있도록 기다려 주기를 부탁하였다. 동거남(예비사위)는 자신의 마음이 쉽게 변하거나 떠나지 않을 것이니 약속한 대로 진행하고 처가 근처에서 동거하는 것에 동의하는 것으로 소통을 하였다.

이후 가족상담 회기에서는 손녀의 주요 양육자의 역할과 동거와 관련된 재정문제, 재혼가정의 발달단계 등에 대해 다루고 마무리하였다.

| 갈등상황(딸의 동거 결정과 손녀 양육)에 따른 각 가족원의 마음(이미지카드) | | |
|---|---|---|
| 갈등상황에 따른 가족원의 이미지카드 | 어떤 가족원이 선택한 이미지카드에 대한 다른 가족원의 반응 이미지카드 | |
| 친정어머니의 마음카드 | 딸의 반응 이미지카드 | 동거남의 반응 이미지카드 |
|  |  |  |
| 딸이 가정일과 양육에 지쳐서 일을 망칠까봐 걱정 | 엄마가 자신을 여전히 아이취급하는 것 같아 섭섭함 | 동거반대를 이해는 하지만 마음은 거지처럼 비참함 |
| 딸의 마음카드 | 친정어머니의 반응 이미지카드 | 동거남의 반응 이미지카드 |
|  |  |  |
| 자신은 가정일도 육아도 잘 할 수 있다는 자신감 | 딸의 자신감을 불신하고 조종당하고 있는 것 같음 | 여자친구와 함께 집안일도 양육도 잘하도록 노력 중 |
| 동거남의 마음카드 | 친정어머니의 반응 이미지카드 | 딸의 반응 이미지카드 |
|  |  |  |
| 자신이 신중하게 생각하고 결정한 것을 이해받고 싶음 | 동거와 손녀양육에 대해 결정할 시간이 더 필요함 | 남자친구의 마음이 변하여 이별하게 될까봐 두려움 |

05

CHAPTER

# 보드게임 기반 가족놀이치료

서정은, 원보미

1. 가족 레고®놀이 | 2. 할리갈리 | 3. 메시지 젠가
4. 선물입니다 | 5. 감정룰렛 | 6. 필링스

CHAPTER 05

# 보드게임 기반 가족놀이치료

Family Play Therapy: Research and Practice



보드게임 기반 가족놀이치료는 보드게임을 매개로 가족원 간의 상호작용과 의사소통을 촉진하여 가족체계의 변화를 도모하는 치료적 접근법이다. 이 치료법은 가족의 구조, 규칙, 신화 등을 관찰하고 평가하며, 게임을 통해 드러나는 언어적 · 비언어적 단서를 바탕으로 가족원의 상호작용 패턴을 분석하고 개선하는 데 도움을 준다. 가족원의 성별, 연령, 행동 특성, 인지 수준 등을 고려하여 맞춤형으로 적용되며, 2인 이상의 가족원이 규칙, 경쟁, 협력, 문제해결, 갈등관리, 책임감, 카타르시스를 체험하면서 자신의 감정과 생각을 안전하게 표현할 수 있다. 또한 한정된 공간에서도 활발한 상호작용을 통해 즐거움과 흥미를 경험할 수 있어, 치료적 목표를 달성하는 데 효과적이다.

보드게임은 특유의 매력과 친숙함으로 연령과 관심사가 다양한 가족원을 함께 참여시킬 수 있어서 가족상담 전반에 걸쳐 유용하게 활용할 수 있다. 다양한 가족생활주기와 호소문제를 가지고 있는 가족이나 커플의 경우 낯선 상담실에서 보여주는 방어적인 태도는 많은 상담자를 당황하게 만든다. 이때 상담자는 언어 기반의 상담 대신 손을 사용하여 간접적이며 은유적으로 소통하는 보드게임을 활용하는 것이 가족의 몸과 마음을 이완시키는 데 도움이 될 수 있다(Klassen, Hamilton, & Peabody, 2024). 특히 언어적 상호작용이 적거나 방어가 심하고 경직된 커플 및 가족, 사춘기 청소년이 포함된 가족을 상담할 때 적극적으로 활용해 볼 수 있다.

이처럼 보드게임이 주는 다면적 유용성은 상담자와 가족원 사이에 치료적 관계를 형성하고 가족원 간의 개방적 의사소통을 촉진하여 가족체계의 변화를 도모한다(이현주, 정문자, 2017; 전영주 외, 2016). 5장에서는 보드게임 기반 가족놀이치료 활동으로 가족 레고®놀이, 할리갈리, 메시지 젠가, 선물입니다, 감정룰렛, 필링스 등을 살펴본다.

그림 5-1 다양한 보드게임

# 1 가족 레고®[1]놀이

## 1) 활동 개요[2]

가족 레고®[3]놀이는 레고® 브릭[4]을 활용하여 입체적이고 시각적인 결과물을 만드는 활동으로 가족이나 커플의 생각, 감정을 표현하는 데 도움을 주어 새로운 통찰력을 제공한다. 가족이 함께 레고® 작품을 만드는 창조적인 경험은 은유와 외재화를 통해 그들의 호소문제와 상호작용 패턴을 드러나게 한다. 이러한 경험은 자신과 가족에 대한 이해와 공감을 촉진하여 가족원 간의 긍정적인 의사소통과 새로운 관계의 경험을 제공한다. 가족원은 레고® 브릭을 손으로 만지고 연결하는 과정을 통해 내면과 접촉하게 되는데, 이때 치료적 효과는 더욱 증폭된다.

그림 5-2 다양한 레고® 브릭

1 미취학 아동의 경우 "레고® 듀플로®"를 활용하여 진행할 수 있다.
2 5장에서 제안하는 가족 레고®놀이는 "가족 레고®집짓기 프로젝트"라는 활동을 중심으로 소개하도록 한다.
3 등록 상표 기호(registered trademark symbol, ®)은 특정 국가 및 지역에서, 어떤 단어나 문구, 기호가 등록된 상표 또는 서비스 마크 임을 알리기 위해 사용하는 심볼 마크이다.
4 레고, 옥스포드, 메가블럭 등 블록 장난감 회사에서 생산한 개개의 블록을 브릭(Brick)이라고 부른다.

## 2) 활동 방법

### (1) 목표

- 레고® 만들기를 통해 가족구조와 상호작용 역동 및 의사소통 패턴을 탐색한다.
- 가족원 각자가 지각하고 있는 가족의 모습을 레고® 브릭으로 시각화하여 그들의 생각, 감정, 행동을 이해한다.
- 가족원은 레고® 작품을 기반으로 이야기를 만들면서 상호작용 및 의사소통을 증진하고, 공감 및 문제해결 능력 향상을 돕는다.
- 가족원의 경험을 레고®로 표현하는 창조적인 활동을 통해 새로운 가족관계를 체험한다.

### (2) 준비물

- LEGO® SERIOUS PLAY® start kit 또는 레고®, 듀플로®의 다양한 브릭 및 구성품(다양한 색깔과 모양의 브릭, 피규어, 창문, 바퀴 등), 그 외 사람을 표현할 수 있는 다양한 피규어

### (3) 적용 가능 대상

- 커플 및 7세 이상의 자녀가 포함된 모든 가족

### (4) 진행 방법

가족 레고®집짓기 프로젝트는 가족역동 탐색과 가족평가의 목적으로 활용된다. 상담자는 가족원에게 레고® 브릭을 활용하여 하나의 집을 완성하도록 안내한다. 집이 완성된 후, 가족원은 피규어나 브릭을 사용하여 각자 자신이 원하는 위치에 세우도록 한다. 가족원끼리 의논하여 완성된 집에 이름을 정하고 집과 가족원을 소개하는 시간을 가진다.

### ① 도입

가족 레고®집짓기 프로젝트 진행 방법에 관해 설명한 후 가족원이 서로 의논하여 하나의 공동작품을 만들고 이름을 짓도록 한다. 이후 피규어나 브릭을 사용하여 각자 자신을 포함한 가족원을 선택하고 선호하는 장소에 배치하도록 안내한다. 상담자는 진행방법에 대한 가족원의 이해를 점검하고, 가족원의 에너지 수준이나 상호작용 역동을 관찰한다.

상담자 멘트의 예시는 다음과 같다.

"여기 상자 안에 레고® 브릭이 들어있습니다. 어떤 부품과 재료들이 있는지 눈으로 보면서 손으로 만져보세요. 손이 이끄는 대로 아무거나 만들어 봅니다. 오리나 강아지도 좋고 그저 브릭을 쌓기만 해도 괜찮습니다."

"지금부터는 가족이 함께 만드는 가족 레고®집짓기 프로젝트를 진행하려고 합니다. 여기 상자에 있는 레고® 브릭을 활용해서 하나의 집을 만드는 것입니다. 너무 깊이 생각하지 말고 손이 이끄는 대로 브릭을 선택하세요."

"집을 다 만들었다면 그 집에 살고 있는 가족을 만들거나 찾아서 세워봅니다. 여러분 각자의 상태, 기분 등을 표현하는 자기 자신을 포함한 가족을 함께 만들어 주세요. 자기 자신을 포함한 가족원을 다 만든 후 각자 자신이 원하는 위치에 두면 됩니다."

**상담자 점검 및 관찰 사항**

- 가족원 중 레고® 브릭을 불편해하는 사람은 누구인가?
- 가족원 중 적극적으로(소극적으로) 참여하는 사람은 누구인가?
- 많은 영역을 차지하고 있는 사람은 누구인가?
- 가족원은 각각 자신을 포함한 가족을 만들거나 찾아서 세웠는가?
- 가족원의 가족 피규어 중 독특한 캐릭터가 있는가?
- 가족 피규어의 위치, 피규어 간 거리, 피규어와 집의 거리는 어떠한가?

### ② 전개

가족 레고®집짓기 프로젝트가 완성되면, 가족은 집의 이름을 짓고 그 집에 살고 있는 자기 자신을 포함한 가족원을 소개한다. 이 과정에서 상담자는 다양한 촉진질문과 순환적 질문을 활용하여 가족의 역동 탐색 및 상호작용 증진을 도모한다.

상담자 멘트의 예시는 다음과 같다.

"서로 의논하여 완성된 집의 이름을 지어주세요."

"집의 이름을 지었다면 누가 대표로 이 집을 소개할지 결정하여 집을 소개해 주세요."

"자신을 포함한 가족원을 소개하는 시간입니다. 누구부터 시작하시겠습니까?"

**상담자 점검 및 관찰 사항**

- 완성된 집에 이름을 붙일 때 가장 적극적인(소극적인) 사람은 누구인가?
- 결정된 집 이름에 동의하지 않는 사람은 누구인가?
- 집 이름의 소개를 하려고(하지 않으려고) 하는 사람은?
- 활동에 참여하지 않으면서 다른 가족원의 참여를 부추기는 사람이 있는가?
- 집 이름과 집을 소개할 때 다른 가족원의 역동은 어떠한가?
- 자신을 포함한 가족을 소개하는 가족원의 역동은 어떠한가? 이때 다른 가족원의 역동은 어떠한가?

### ③ 마무리

가족 집짓기를 하는 과정에서 느낀 점을 나눈다.

상담자 멘트의 예시는 다음과 같다.

"지금까지 가족 집짓기와 나를 포함한 가족 소개 시간을 가져보았습니다. 서로 의논하면서 하나의 집을 만드는 과정은 어떠했는지, 가족원이 '나'를 소개할 때 어떠했는지 소감을 나누어 보도록 하겠습니다."

상담자 점검 및 관찰 사항

- 가족원 각각은 가족 레고®집짓기 프로젝트의 전반적 참여 정도는 어떠한가?
- 이 놀이는 가족이 호소하는 문제와 상담목표 달성에 어떤 도움이 되었는가?
- 도움이 되었다는 것은 무엇으로 확인할 수 있는가?

### (5) 활동 시 주의사항

① 어린 아동이 있을 경우 작은 레고® 브릭을 삼키지 않도록 주의시킨다.

② 레고® 브릭에 포함된 피규어가 부족할 경우 다른 피규어를 활용할 수 있다.

③ '가족 레고®집짓기 프로젝트'는 첫 회기와 종결 회기에 각각 실시하여 변화된 부분을 평가할 수 있다.



## 3) 촉진질문

| 상담과정 | 상담자 질문 |
|---|---|
| 도입 | • 집짓기를 하면서 힘들었던 점이 있다면 그것에 대해 이야기해 주세요.<br>• 완성된 집은 모두의 마음에 드나요? 마음에 든다면(마음에 들지 않는다면) 그 이유는 무엇인가요?<br>• 완성된 집은 지금 살고 있는 집과 어떤 차이(공통점)이 있나요? |
| 전개 | 〈완성된 집에 대해〉<br>• 이 집의 이름은 무엇인가요? 누구를 중심으로 집의 이름을 지었나요? 그 이름을 짓는 것에 모두 동의하였나요? 동의하지 않는 사람은 누구인가요?<br>• 집을 소개할 사람을 정할 때 어떤 기준으로 결정하였나요? 의사결정에 중심이 된 사람은 누구인가요? 만약 그 사람이 중심이 되지 않았다면 누가 중심이 되었을까요? 그 사람 다음은 누구인가요?<br>• 이 집이 말할 수 있다면 뭐라고 할 것 같은가요?<br>• 완성된 집에 대해 수정하고 싶은 부분이 있나요?<br>• 처음 집을 짓기 전에 떠올랐던 집과 완성된 집에 차이가 있나요? 차이가 있다면 무엇이 달라졌나요? |

| | |
|---|---|
| | • 집을 지으면서 가족원에 대해 새롭게 알게 된 것이 있나요?<br>• 당신은 그동안 당신의 집을 어떻게 생각하고 있었나요?<br><br>〈나를 포함한 가족 소개〉<br>• 다른 가족원이 표현한 '나'의 모습은 어떠한가요? 마음에 든다면 어떤 부분이 마음에 드나요? 마음에 들지 않는다면 어떤 부분이 마음에 들지 않나요?<br>• 상대방이 표현한 당신의 모습 중 바꾸고 싶은 부분이 있나요?<br>• 상대방이 표현한 당신의 모습은 평소 내 모습과 어떤 공통점(차이점)이 있나요? |
| 마무리 | • 가족이 함께 집을 만들어 본 소감은 어떤가요?<br>• 가족이 함께 집을 만들 때 가장 소극적(적극적)이었던 가족원은 누구였나요? 그런 부분이 어떻게 느껴졌나요?<br>• 집 만들기를 하면서 아쉬웠던 부분이 있었나요?<br>• 집 만들기를 하면서 하지 못했던 말이 있다면 무엇인가요? |

## 4) 추가 활용 방법



### (1) 우리 가족에게 무슨 일이 생겼나요?

가족의 촉발사건이나 호소문제, 갈등 탐색을 위해 레고®놀이를 활용할 수 있다. 상담자는 가족에게 갈등상황이나 촉발사건을 중심으로 그 일이 최초로 발생했던 과거 상황, 현재 상황, 그리고 앞으로의 바람직한 해결방안을 떠올리게 한다. 이후 가족은 레고® 브릭을 사용하여 과거, 현재, 미래 상황을 각자의 관점에서 재현한다. 상담자는 가족이 완성된 작품을 보면서 공통점과 차이점을 찾아 이야기하도록 촉진하여 갈등해결의 실마리를 발견하도록 돕는다.

## 5) 상담사례

### (1) 내담자 가족

- 모(39세), 첫째 딸(15세), 둘째 딸(13세)

### (2) 상담의뢰 경위

- 남편의 외도로 1년 전 이혼한 후 두 딸과 갈등이 깊어져 모가 가족상담을 의뢰하였다.

### (3) 상담내용

가족상담 첫 회기에 모와 두 딸이 모두 참여하여 가족 레고®집짓기 프로젝트를 진행했다. 모는 집의 전체 구조를 잡고, 경찰과 슈퍼맨 피규어를 세우며 "집 앞에 경찰이 지키고, 슈퍼맨이 집을 지켜야지. CCTV를 관리하는 사람도 필요하다."라며 안전과 보호에 대한 강박과 긴장감을 표현했다. 첫째는 집 안에 자신의 방을 철옹성처럼 쌓고 출입문 없이 창살이 있는 창만 만들어 아무도 들어오지 못하게 했다. 둘째는 나무와 꽃 몇 개를 올려두고 만들기를 멈췄다.

상담자의 요청에 따라 집에 이름을 붙이기 위해 두 딸은 서로 눈치를 보았고, 모는 "안전한 우리 집"이라고 제안했다. 두 딸은 대답 없이 고개만 끄덕였다. 가족 피규어를 세우라는 요청에 모는 자신을 슈퍼맨, 첫째를 경찰, 둘째를 CCTV 관리인으로 설정했다. 첫째는 "엄마가 다 정해서 내가 정해봤자 소용없다"고 했고, 둘째는 "바닥에 앉아 있는 게 나, 가면을 쓴 엄마와 언니는 나를 감시한다"고 표현했다.

이 활동을 통해 모는 "가정을 지키느라 애들을 살피지 못했다"며 눈물을 흘렸고, 첫째는 "엄마의 애쓰는 모습을 몰랐다. 하지만 화내고 소리를 질러 반항심이 생겼다"고 말하였다. 둘째는 "엄마가 도움이 필요했지만 아무도 도와주지 않아 화가 났고, 언니와 엄마가 싸우면 아빠와 엄마의 싸움이 떠올라 무서웠다"며 울었다.

가족원은 함께 만든 집과 가족 피규어를 보며 이야기 나누는 과정을 통해 서로의 마음과 바람을 이해하는 시간이었다는 소감을 나누었다.

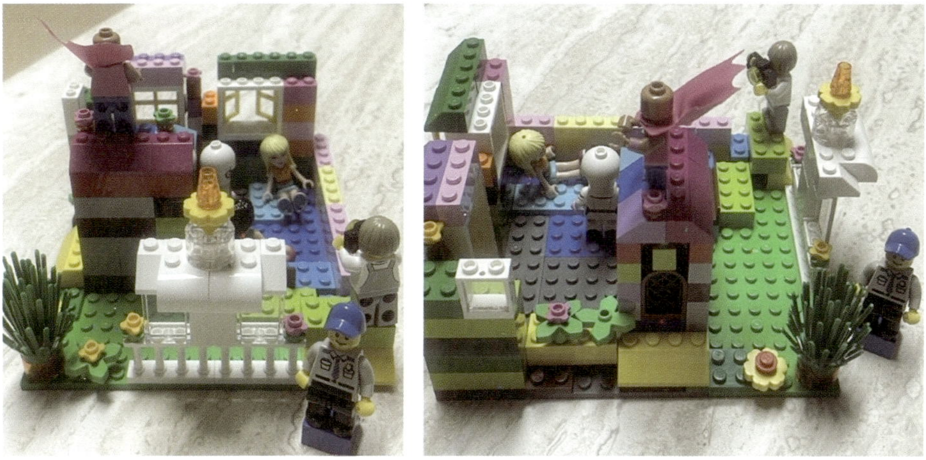

그림 5-3 가족 레고®집짓기 프로젝트

## 2 할리갈리

### 1) 활동 개요

할리갈리는 같은 과일이 5개가 보이면(같은 과일의 숫자 합이 5) 종을 쳐서 카드를 가져오는 룰(rule)을 통해 가족구조, 경쟁, 협력, 동맹 등을 파악할 수 있는 보드게임 중 하나이다. 가족원은 게임이 진행되는 동안 협상, 타협, 협동 등의 상호작용을 경험한다. 즐거운 분위기에서 의사소통 기술, 문제해결, 경쟁과 협동 등의 사회적 능력 향상을 위한 기회를 제공한다(이정훈, 2017, 재인용). 이 게임은 진행 방식이 단순하여 어린 자녀(수 개념이 있는 자녀)가 있는 가족부터 조부모가 있는 가족까지 다양한 가족에게 활용하기 좋다.

그림 5-4 다양한 종류의 할리갈리

## 2) 활동 방법

### (1) 목표

- 할리갈리를 통해 가족의 상호작용과 가족구조를 파악한다.
- 갈등 상황에서 문제를 해결하기 위해 가족원 간 다양한 시도가 이루어지도록 촉진한다.

### (2) 준비물

- 할리갈리 보드게임, 보드게임용 매트, 타이머 또는 모래시계

### (3) 적용 가능 대상

- 수 개념이 명확하고, 자기 의사를 원활하게 이야기할 수 있는 8세 이상의 아동이 있는 가족, 갈등 및 이견 조율에 어려움이 있는 커플과 가족

### (4) 진행 방법

상담자는 가족원에게 할리갈리 게임 방법을 안내한다. 가족원이 의논하여 게임 순서를 정한 후 게임을 진행하게 한다. 상담자는 할리갈리 게임을 통해 가족원의 의사소통, 의사결정, 행동패턴, 문제 해결방식 등을 관찰할 수 있다.

#### ① 도입

상담자는 가족을 마주 보게 또는 둥글게 앉도록 한 후, 할리갈리 게임 방법을 안내하고 가족원이 서로 의논하여 순서를 정하도록 안내한다. 이후 가족원이 카드를 어떻게 나누고 종은 어디에 두는지 관찰한다.

상담자 멘트의 예시는 다음과 같다.

"오늘은 할리갈리라는 보드게임을 해보려고 합니다. 지금부터 할리갈리 게임 방법을 안내해드리겠습니다."

"(게임 방법을 설명한 후) 누가 먼저 시작할지 서로 의논해서 결정해 주세요."

**상담자 점검 및 관찰 사항**

- 할리갈리 게임을 처음 하는 가족원이 있는가? 있다면 그를 배려하는 사람은 누구인가?
- 카드를 나눠주는 사람은 누구인가? 그는 어떤 방식(공정한가? 공정하지 않은가? 속임수를 쓰는가? 등)으로 카드를 나눠주는가?
- 종의 위치는 누가 정하는가?
- 종의 위치를 불편해하는 사람은 누구인가?

### ② 전개

상담자는 가족원이 게임을 진행하는 동안 드러나는 역동을 유의하여 관찰한다. 놀이가 끝나면 권력, 공격성, 경쟁 및 승부욕, 순발력, 배려, 놀이 참여 시 에너지 수준 등을 중심으로 관찰된 모습을 가족원에게 질문한다.

상담자 멘트의 예시는 다음과 같다.

> "지금부터는 할리갈리 게임을 하면서 어떤 경험을 하셨는지 이야기 나누는 시간을 가지겠습니다."

**상담자 점검 및 관찰 사항**

- 공격성을 보이는 가족원이 있는가?
- 지고 있는 가족원을 배려하는 사람이 있는가?
- 종을 자기 앞으로 가져가는 사람이 있는가?

### ③ 마무리

감정을 나누고, 변화를 점검하며 추가로 가족에게 필요한 부분이 무엇인지 확인한다.

상담자 멘트의 예시는 다음과 같다.

> "할리갈리를 활용한 상담을 마무리하면서 어떤 경험을 하셨는지 소감을 나누도록 하겠습니다. 누가 먼저 소감을 나누어 주시겠습니까?"

**상담자 점검 및 관찰 사항**

- 가장 먼저 활동 소감을 말하는 사람은 누구인가?
- 그 사람은 할리갈리 게임에서 어떤 역할을 했는가?
- 그러한 역할은 가족관계에 어떤 영향을 미치는가?
- 할리갈리 게임의 승패 때문에 기분 상한 가족원은 누구인가?
- 할리갈리 게임을 통해 가족원의 역동을 이후 상담에 어떻게 반영할 것인가?

### (5) 활동 시 주의사항

① 가족원이 게임 방법을 충분히 이해하지 못했다면, 상담자는 가벼운 시범게임을 통해 설명할 수 있다.

② 상담자는 가족원의 비언어적 메시지와 상호작용 패턴을 관찰하는 데 주력한다.

③ 아동의 경우, 한 자릿수의 더하기, 빼기 수준의 수 개념을 파악해야 한다.

## 3) 촉진질문

| 상담과정 | 상담자 질문 |
|---|---|
| 도입 | • 할리갈리를 해보신 적이 있나요? 주로 누가 함께 하나요?<br>• 할리갈리를 할 때 가족 분위기는 어떠한가요?<br>• 할리갈리를 할 때 불편한 감정이 느껴지는 가족원이 있나요? 어떤 점이 불편했나요? |
| 전개 | • 특정 가족원의 주도로 게임이 진행될 때 어떠셨나요? 다른 가족들은 어떤 기분이 드셨나요?<br>• 할리갈리를 하면서 계속 질 때 어떤 기분이나 생각이 드나요?<br>• 게임에 이기기 위해 반칙을 하셨는데, 그것은 이후 게임 분위기에 어떤 영향을 미쳤을 것 같나요?<br>• 게임에 지고 있을 때 당신에게 유리하도록 도와준 가족은 누구인가요? 그런 모습은 평소와 같은가요? 다른가요? 같다면 어떤 모습인지? 다르다면 무엇이 다른지 이야기해 주세요. |

| | |
|---|---|
| | • 게임이 공정하지 못하다고 느낄 때는 언제였나요? 그때 기분은 어떠셨나요? 평소에 공정하지 못한 경험 때문에 속상했던 적이 있다면 이야기해 주세요.<br>• (부모에게) 자녀가 할리갈리 놀이를 하는 방법을 알려줄 때 어떤 기분이 드셨나요?<br>• (자녀에게) 부모님에게 할리갈리 놀이 방법을 설명해줬을 때 자녀는 어떤 기분(생각)이 들었나요? 평소에도 부모님에게 설명해 드린 경험이 있나요?<br>• 이후에도 부모님이 잘 모르는 것을 알려줄 기회가 생긴다면 어떨 것 같나요? |
| 마무리 | • 할리갈리에 가장 열정적으로 참여한(열심히 참여하지 않은) 가족원은 누구인가요? 그 가족원의 모습은 평소의 모습과 비교하면 어떤가요?<br>• 할리갈리와 같은 보드게임을 자주한다면 무엇이 달라질 것 같나요?<br>• 게임 분위기를 즐겁게(불편하게) 만든 사람은 누구인가요?<br>• 오늘 가족이 함께한 할리갈리 경험은 앞으로 가족의 변화에 어떤 영향을 미칠까요? |

## 4) 추가 활용 방법



기본 할리갈리 외 다른 버전의 5가지 할리갈리(익스트림, 컵스, 종 등)를 활용하여 가족구조, 역동, 상호작용을 탐색할 수 있다. 특히 에너지가 낮은 가족에게 활용하면 상호작용을 촉진하는 데 도움이 될 수 있다.

## 5) 상담사례

### (1) 내담자 가족

- 모(30세), 첫째 아들(8세), 둘째 아들(7세)

### (2) 상담의뢰 경위

- 시간이 갈수록 첫째 아들의 행동을 이해하기가 어렵고, 그로 인해 갈등이 심해져 모가 상담을 의뢰하였다.

### (3) 상담내용

모는 최근 첫째 아들이 초등학교에 입학하면서 부쩍 말을 듣지 않아 자주 화를 내고 야단을 치게 된다고 호소하였다. 모는 연년생 두 아들을 혼자 돌보다시피 하는 탓에 심신이 지친 상태로 보였다. 상담자는 가족 구조 및 의사소통 방식, 상호관계 패턴을 파악하기 위해 2회기에 할리갈리 보드게임을 진행하였다.

상담자는 모와 두 아들에게 할리갈리의 규칙과 방법을 설명한 후, 가족이 순서를 정하도록 유도하였다. 게임이 진행되면서 첫째 아들은 모에게 카드에 있는 과일 모양이나 색, 종을 치는 타이밍에 대해 끊임없이 이야기했다. 둘째 아들은 수다스러운 첫째 아들의 발을 툭툭 차며 모의 반응을 살폈다. 모는 첫째 아들에게 "말 좀 그만하고 게임에 집중해라."며 핀잔을 주고, 둘째 아들에게는 "왜 형을 발로 차니!"라고 주의를 주었다. 첫째는 모의 반응에 얼굴이 굳어지며 둘째 아들을 치면서 "너 때문에 카드를 흘렸잖아."라고 억지를 부렸고, 둘째는 울음을 터뜨렸다.

최근 첫째 아들이 모의 뜻대로 따르지 않자 모는 첫째 아들에게 야단치거나 화내는 일이 잦아졌다. 이러한 역동은 보드게임 중 첫째 아들이 모의 눈치를 보며 과도하게 설명하는 등의 모습으로 불안한 감정을 표현하였다. 게임이 진행되면서 모는 자녀에게 어떻게 행동하고 있는지, 자녀의 눈에 비친 자신의 모습을 탐색할 수 있었다.

활동 후, 모는 자신이 생각하는 모-자 관계의 모습과 실제 관찰된 모습의 차이를 느끼고, 앞으로 어떻게 개선할 수 있을지에 대해 나누는 시간을 가졌다. 모는 새로운 시도에 대해 용기를 내는 모습을 보였다.

그림 5-5 할리갈리

## 3 메시지 젠가[5]



### 1) 활동 개요

메시지 젠가는 가족에 관한 질문이 적힌 54개의 나무막대를 쌓아두고, 하나씩 빼서 더미가 무너질 때까지 진행하는 게임이다. 가족원은 각자가 뽑은 젠가 조각을 자기 앞에 모아두고, 더미가 무너진 후 상대방에게 질문하고 답하면서 자연스럽게 의사소통을 유도한다. 이 게임은 젠가 놀이의 긴장감을 통해 가족의 적극적인 참여를 유발하고, 평소 나누기 어려운 메시지를 활용하여 효과적인 가족 의사소통과 친밀감을 증진시키는 데 도움을 준다. 또한 충동조절과 감정조절에도 치료적 효과가 있다. 메시지 젠가는 원활한 대화가 어려운 가족, 은유적 놀이에 어려움을 겪는 가족, 사춘기 청소년 가족, 조손가족 등 다양한 가족이 함께 즐길 수 있다.

5 메시지 젠가의 질문은 필자가 직접 제작하여 시판 젠가에 라벨지로 붙여 사용한 것이다.

그림 5-6 메시지 젠가

## 2) 활동 방법

### (1) 목표

- 메시지 젠가의 질문을 활용하여 가족원이 서로 질문하고 답하면서 자연스러운 의사소통을 경험하도록 한다.
- 가족 간 질문과 답변을 통해 경청과 공감을 유도하여 효과적인 의사소통을 촉진하고, 가족의 긍정적 상호작용을 증진시킨다.

### (2) 준비물

- 메시지 젠가, 보드게임용 매트, 타이머

### (3) 적용 가능 대상

- 커플 및 글자를 읽고 이해할 수 있으며 느낌과 생각을 말로 표현할 수 있는 7세 이상의 자녀를 포함한 가족

### (4) 진행 방법

상담자는 가족원에게 메시지 젠가의 놀이 방법을 안내한 후, 젠가 더미가 무너질 때까지 자유롭게 놀이하도록 한다. 놀이가 끝나면 상담자는 가족원이 메시지 젠가의 질문을 서로 주고받으며 소통하도록 촉진한다.

#### ① 도입

상담자는 테이블 위에 메시지 젠가 더미를 세팅하고 게임 진행 방법을 안내한다. 이후 가족원이 의논하여 게임 순서를 정하고 시작하도록 한다. 각 가족원은 4~6개 이상의 조각을 확보해야 하며, 각자가 뽑은 젠가 조각은 상대방에게 보이지 않도록 자기 앞에 모아둔다.

상담자 멘트의 예시는 다음과 같다.

"오늘은 메시지 젠가를 활용한 특별한 가족놀이를 진행하겠습니다. 여기에는 다양한 질문이 포함된 메시지 젠가 더미가 있습니다. 누구부터 시작하고 어떤 방향으로 돌아가면서 메시지 젠가를 뽑을지 가족이 함께 의논하여 결정해 주세요."

"정해진 순서대로 젠가 더미가 무너질 때까지 조각을 뽑아주세요. 각자 뽑은 조각은 자기 앞에 놓고 다른 사람이 보지 못하게 해주세요."

"게임이 종료되면, 젠가 조각에 있는 질문 중 자신이 답하고 싶은 질문과 상대방에게 질문하고 싶은 질문을 반반씩 선택하세요. 만약 조각의 수가 홀수라면, 마지막 질문은 자신이 직접 대답합니다."

**상담자 점검 및 관찰 사항**

- 가족원 모두 메시지 젠가 게임 방법을 숙지하였는가?
- 시작 순서를 정할 때 가족의 역동은 어떠한가?
- 젠가 더미가 무너지지 않게 도와주는 가족원은 누구인가? 그 도움을 다른 가족원은 어떻게 느끼고 표현(행동)하는가?
- 지나치게 긴장하는 가족원은 누가인가?
- 젠가 조각 빼기를 어려워하는 가족원에게 쉽게 빠질 것 같은 조각을 알려주는 가족원은 누구인가? 그러한 모습을 다른 가족원은 어떻게 느끼고 표현(행동)하는가?
- 가족원이 젠가 조각을 뺄 때 방해하는 가족원이 있는가?

### ② 전개

젠가 더미가 무너져 게임이 종료되면 각자가 뽑은 메시지 젠가의 질문 중 본인이 답하고 싶은 질문과 상대방에게 하고 싶은 질문을 반반씩 나눈다. 예컨대, 각 가족원이 6개의 젠가 조각을 가지고 있다면, 3개는 자신이 답하고, 3개는 상대방에게 질문한다. 게임이 시작된 순서대로 돌아가면서 서로에게 질문하는 시간을 가진다.

상담자 멘트의 예시는 다음과 같다.

"젠가 더미가 무너졌으니, 이제 각각 뽑아둔 젠가 조각의 메시지를 살펴보겠습니다. 질문 중 자신이 대답하고 싶은 조각과 상대방에게 질문하고 싶은 조각을 반반씩 나누고, 시작 순서를 정해 주세요."

"이제 순서대로 시작하겠습니다. 각 젠가 조각의 질문에 대해 자신이 직접 대답할 것인지, 상대방에게 질문할 것인지 밝혀주세요. 상대방에게 질문할 경우, 질문할 사람을 지명하고 그 사람이 잘 들을 수 있도록 천천히 소리 내어 메시지를 읽어주세요."

**상담자 점검 및 관찰 사항**

- 가족원은 질문하고 답할 때 서로를 바라보는가? 바라보지 않는 사람은 누구인가?
- 질문을 많이 받는(받지 못하는) 가족원은 누구인가? 이것을 당사자는 어떻게 느끼고, 생각하고, 표현하고, 행동하는가? 이러한 모습을 다른 가족원은 어떻게 느끼는가?
- 어려운(쉬운) 질문은 누구에게 하는가? 이것을 당사자는 어떻게 느끼고, 생각하고, 표현하고, 행동하는가? 이러한 모습을 다른 가족원은 어떻게 느끼는가?
- 질문하는(받는) 가족원의 비언어적 메시지는 어떠한가? 이러한 모습을 다른 가족원은 어떻게 느끼는가?

③ 마무리

메시지 젠가를 하면서 가족원들이 어떤 경험을 했는지 소감을 나눈다.

상담자 멘트의 예시는 다음과 같다.



"메시지 젠가의 질문을 주고받으면서 어떤 경험을 했는지 소감을 나눠봅시다."

**상담자 점검 및 관찰 사항**

- 메시지 젠가로 질문을 주고받은 경험은 가족의 의사소통 촉진에 도움이 되었는가? 무엇으로 확인할 수 있는가?
- 메시지 젠가 활동은 상담목표 달성에 몇 점(10점 만점) 정도 기여하였는가?

### (5) 활동 시 주의사항

① 가족원 모두 최소 3회 이상 메시지를 읽고 질문할 수 있도록 한다.

② 젠가 더미가 중간에 무너지면 다시 쌓아서 게임을 진행할 수 있다.

③ 진행에 어려움이 있거나 시간이 지체되어 이야기를 나눌만한 젠가 조각을 확보하지 못하면, 무너진 더미에서 무작위로 젠가 조각을 뽑아 메시지를 읽고 답할 수도 있다.

## 3) 촉진질문

| 상담과정 | 상담자 질문 |
|---|---|
| 도입 | • 젠가 더미가 무너지려고 할 때 어떠셨나요? 그때 느낀 감정을 평소에도 느낀 적이 있나요? 있다면 그 경험에 대해 이야기해 주실 수 있나요?<br>• 젠가 더미가 무너지지 않도록 도와준 가족원에게 어떤 느낌(생각)이 들었나요? 당신에게 도움을 준 가족원에게 평소에도 도움을 받아본 경험이 있나요? 있었다면 언제인가요?<br>• 상대의 젠가 더미가 무너지지 않도록 도와주는 가족원의 모습을 보면서 어떤 기분(생각)이 들었나요? 평소에도 그런 일이 있었나요? 그 상황에 대해 이야기해 줄 수 있나요?<br>• 젠가 조각을 뽑을 때 도움받고 싶었던 순간이 있었나요? 누구에 도움을 받고 싶었나요? |
| 전개 | • 메시지 젠가의 질문 중 답하기 곤란한 질문이 있었다면 어떤 질문이었나요? 그 질문에 답하기 힘든 이유는 무엇이었나요?<br>• 답하기 힘든 질문을 뽑았을 때 어떤 생각(기분)이었나요?<br>• 평소에 우리 가족은 답하기 곤란한 질문에 대해 어떻게 반응하나요?<br>• 메시지 젠가를 활용한 가족 대화는 평소의 가족 대화와 어떤 차이가 있나요?<br>• 메시지 젠가를 활용해서 내 이야기를 상대방에게 들려주었을 때 어떤 생각이 들었나요? 그런 생각을 하면서 이야기를 들려줄 때 어떤 기분이 들었나요?<br>• 상대방의 이야기를 들으면서 이전에는 몰랐던 새롭게 알게 된 것이 있나요? 그것은 우리 관계에 어떤 영향을 미치나요? |
| 마무리 | • 메시지 젠가를 하면서 서로에게 질문하고 답해본 경험은 우리 가족에게 어떤 도움이 될까요? 이러한 경험이 쌓인다면 앞으로 우리 가족은 무엇이 달라질까요?<br>• 메시지 젠가 후 이전보다 가깝게 느껴진 가족원이 있다면 누구인가요?<br>• 오늘 뽑았던 메시지 중 평소에 미처 하지 못했던 말이 있었나요? 만약 있었다면 그 말을 할 때 내 마음은 어떠했나요? 그 마음을 상대방에게 직접 말씀해보실 수 있나요? |

## 4) 추가 활용 방법

### (1) 젠가 도미노

젠가 도미노는 가족갈등상황이나 호소문제에 대해 가족원이 서로 어떤 영향을 주고받는지를 시각화하여 통찰을 돕는 활동이다. 활동 전, '원숭이 엉덩이는 빨개'라는 노래를 가족의 갈등상황에 맞게 개사하여 노래를 부르고 젠가 조각을 세우면서 도미노를 만든다. 예를 들면, 엄마는 밥 먹으라고 아이를 불러, 아이는 폰 한다고 대답을 안 해, 아이가 대답 안 하면 엄마는 화가나, 엄마가 화나면 소리를 질러, 엄마가 소리 질러 더 대답하기 싫어~'라고 하면서 젠가 조각을 세워 도미노를 만든다. 가족이 의논하여 도미노를 쓰러뜨릴 사람을 정한 후 도미노를 무너뜨린다. 젠가 도미노 활동 후 가족의 상호작용을 바꾸기 위해 어떤 노력이 필요한지 의논한다.

## 5) 상담사례

### (1) 내담자 가족

- 모(42세), 첫째 딸(11세), 둘째 딸(8세)







### (2) 상담의뢰 경위

- 사춘기에 접어든 첫째 딸과 소통이 되지 않아 갈등이 반복되고 있어 모가 상담을 의뢰하였다.

### (3) 상담내용

사춘기에 접어든 첫째 딸과 소통이 되지 않아 갈등이 반복된다고 호소하는 모녀에게 상담자는 메시지 젠가를 제안했다. 메시지 젠가 놀이 방법을 안내받은 모녀는 가위바위보로 순서를 정하고 말없이 젠가 조각을 뽑던 중, 젠가 더미가 무너지자 모녀는 어색함과 긴장감이 풀어지며 소리 내어 웃었다. 모는 자신이 답할 메시지와 딸에게 질문할 메시지를 신중하게 분류하였고, 첫째 딸은 모와의 시선을 피하면서도 모에게 가장 많은 질문을 했다. 모는 첫째 딸의 질문에 따뜻하고 온화한 표정으로 응답하는 한편, 무너진 젠가 조각으로 울타리와 성을 쌓는 둘째 딸에게 "○○이는 엄마한테 질문 안 해?"라며 반응했다.

메시지 젠가 활동을 하면서 모는 젠가에 있는 질문들로 대화를 이어가며 두 딸을 더욱 이해할 수 있었다고 했다. 이에 첫째 딸은 모의 새로운 모습이 낯설기도 했지만, 질문을 통해 가족과 소통하는 경험을 신기하고 재미있었다는 소감을, 둘째 딸은 엄마와 언니가 싸우지 않고 대화하는 것이 좋았고, 앞으로도 계속 이렇게 대화하길 바란다는 소감을 남겼다.

그림 5-7 메시지 젠가

# 4 선물입니다[6]

## 1) 활동 개요

「선물입니다」는 +(플러스)선물카드와 -(마이너스)선물카드를 주고받다가 게임이 종료되면 각자가 가진 선물의 점수를 계산해 승패를 가리는 게임이다. 가족원은 선물카드를 주고받으면서 서로의 비언어적 메시지 관찰과 대화를 통해 수용(고마워)과 거절(미안해)의 감정표현을 경험할 수 있다. 상담자는 가족이 게임을 통해 서로에게 어떤 카드를 선물하는지, 어떻게 거절하고 수용하는지를 관찰하여 가족관계의 역동과 구조를 파악할 수 있다. 「선물입니다」는 최소 2인 이상의 가족원을 대상으로 감정표현과 조절, 상호 이해증진, 상호작용 및 의사소통 촉진 등의 치료적 경험을 제공한다.

그림 5-8 「선물입니다」, 「선물입니다 익스트림」

6 「선물입니다」 보드게임은 「선물입니다」와 「선물입니다 익스트림」 두 가지 버전이 있다. 본 장에서는 「선물입니다 익스트림」 버전을 활용한 가족놀이치료 방법을 제안한다.

## 2) 활동 방법

### (1) 목표

- 다양한 선물카드를 누구와 어떻게 주고받는지 관찰하면서 가족원 간의 관계 역동을 탐색한다.
- 가족원 간의 관계적 특성과 패턴을 파악하여 서로 주고받는 영향력을 통찰하고 가족체계의 변화를 도모한다.
- 가족원이 선물카드를 주고받는 과정을 통해 수용(고마워)과 거절(미안해)의 감정표현 방법을 배운다.

### (2) 준비물

- 「선물입니다」 보드게임 세트, 보드게임용 매트, 타이머

### (3) 적용 가능 대상

- 커플 및 7세 이상의 자녀를 포함한 가족

### (4) 진행 방법[7]

상담자는 「선물입니다」 게임설명서를 참고하여 가족원에게 놀이 방법과 규칙, 놀이시간 등을 안내한다. 가족원이 게임방법을 충분히 숙지했는지 확인하고, 필요시 상담자가 합류하여 연습게임을 진행할 수 있다. 게임이 진행되는 동안 상담자는 가족원이 주고받는 대화 패턴과 표정, 승패에 대한 반응 등 언어적 · 비언어적 상호작

7 「선물입니다 익스트림」의 게임 진행방법에 대한 안내는 보드게임 제품에 포함되어 있는 게임설명서를 참고하거나 인터넷 포털사이트 또는 YouTube 검색을 통해 확인이 가능하다.

용과 역동을 관찰한다. 게임종료 후 상담자는 관찰된 가족의 의사소통 패턴 및 상호작용에 대해 촉진질문을 활용하여 치료적 개입을 한다.

### ① 도입

상담자는 가족원에게 「선물입니다」 게임에 사용되는 카드의 종류와 기능을 설명하면서 익숙해질 시간을 갖는다. 이후 게임을 세팅하고 가족원에게 게임 방법을 안내한 후, 게임 순서를 정하게 한다.

상담자 멘트의 예시는 다음과 같다.

"지금부터 「선물입니다」라는 보드게임을 시작하려고 합니다. 먼저 카드의 종류와 사용방법에 대해 살펴보겠습니다."

"이제 게임 방법을 안내해 드리겠습니다. 이해가 가지 않는 부분은 질문해 주시면 됩니다."

"이제 누구부터 어떤 순서로 게임을 시작할 것인지 의논하여 결정하세요."

**상담자 점검 및 관찰 사항**

- 가족원은 「선물입니다」 게임 방법을 충분히 숙지했는가?
- 게임 진행을 주도적으로 이끄는 사람은 누구인가?
- 누구를 중심으로 게임 규칙이나 순서를 정하게 되는가?

### ② 전개

가족원이 게임 순서를 정하고 준비가 되면 게임 종료 시간을 안내한 후, 자유롭게 게임을 즐기도록 한다. 상담자는 게임이 진행되는 동안 누가 누구에게 +(플러스)선물 또는 -(마이너스)선물을 주는지, 가족원의 언어적 · 비언어적 메시지를 관찰하며 가족의 역동을 살핀다.

상담자 멘트의 예시는 다음과 같다.

"지금부터 ○○분 동안 자유롭게 게임을 즐기시면 됩니다. 게임 시작과 마치는 시간이 되면 제가 종을 치겠습니다. 땡! 시작하십시오."

**상담자 점검 및 관찰 사항**

- 누가 누구에게 +(플러스)선물 또는 -(마이너스)선물을 주는가?
- +(플러스)선물 또는 -(마이너스)선물을 가장 많이 받은 사람은 누구인가?
- -(마이너스)선물을 많이 가지고 있는 가족원에게 도움을 주는 가족원은 누구인가?
- 지나치게 승부에 집착하는 가족원은 누구인가?
- 가족원의 눈치를 보는 사람은 누구인가?
- 거절에 민감하게 반응하는 가족원은 누구인가?
- 게임을 즐기는(즐기지 않는) 가족원은 누구인가?





### ③ 마무리

가족원이 게임을 진행하면서 특별히 고마웠던 선물이나 서운했던 순간을 중심으로 소감을 나누어 수용(고마워)과 거절(미안해)의 감정을 표현할 수 있도록 도와 가족체계 변화를 촉진한다.

상담자 멘트의 예시는 다음과 같다.

"오늘「선물입니다」게임을 하면서 고맙고, 서운하고, 미안했던 순간이 있었다면 그것을 직접 표현해 보면서 소감을 나누는 시간을 가지겠습니다."

**상담자 점검 및 관찰 사항**

- 고마운, 서운한, 미안했던 순간의 표현을 거부하는 가족원은 누구인가?
- 가족원이 '미안했다'라는 말을 전할 때 상대 가족원의 반응은 어떠한가?
- 가족원의 '서운했다'라는 말에 상대 가족원의 반응은 어떠한가?

### (5) 활동 시 주의사항

① 가족원이 게임 방법을 이해하지 못할 때 상담자가 합류하여 짧은 연습게임을 진행할 수 있다.

② 게임에서 진 가족원이 감정을 말로 표현하여 해소할 수 있도록 돕는다.

③ 게임에서 진 가족원이 부정적인 감정을 진솔하게 표현하도록 독려하고, 다른 가족원은 이를 수용과 존중의 태도로 경청하도록 요청한다.

## 3) 촉진질문

| 상담과정 | 상담자 질문 |
|---|---|
| 도입 | • 선물카드 중에 다른 가족원으로부터 받고 싶은(받고 싶지 않은) 선물이 있나요? 만약 있다면 누구에게 받고(받지 않고) 싶나요?<br>• 지금까지 살아오면서 가장 기억에 남는 선물이 있다면 무엇인지 이야기해 주세요. 그때 어떤 기분(생각)이 들었나요?<br>• 우리 가족 중에 원하는 선물을 받지 못해 속상해하거나 화를 낼 것 같은 사람은 누구인가요? 그러한 행동을 할 때 가족들은 어떻게 반응하나요? |
| 전개 | • 「선물입니다」 게임을 하면서 도와주고(힘들게 하고) 싶었던 가족이 있었나요? 그 이유는 무엇인가요?<br>• +(플러스)선물 또는 -(마이너스)선물을 받은 가족원이 어떻게 반응하기를 바랐나요?<br>• +(플러스)선물 또는 -(마이너스)선물을 가장 많이 받은 사람은 누구인가요? 그 가족원은 가족 내에서 어떤 존재인가요?<br>• -(마이너스)선물을 계속 받는 가족원을 보면서 어떤 마음이 들었나요? 만약 좋은 선물을 줘서 도와주고 싶은 마음이 든다면 그 이유는 무엇인가요?<br>• -(마이너스)선물을 줄 때 마음이 불편하지 않았던 가족원은 누구인가요? 그 이유는 무엇인가요? 반면 마음이 편치 않았던 가족원은 누구인가요? 그 이유는 무엇인가요?<br>• 당신이 「선물입니다」를 하면서 승패나 거절에 대해 여유로운 마음이 생긴다면 다른 가족원은 뭐라고 할 것 같나요? 당신의 승패나 거절에 대한 여유로움은 가족관계에 어떤 변화를 가져다줄 것 같나요? |

| | |
|---|---|
| 마무리 | • 게임을 하면서 고맙거나 미안했던 순간이 있었다면 지금 직접 표현해 주세요.<br>• 「선물입니다」를 하면서 달라진 점이 있다면 무엇인가요? 그 변화를 위해 당신이, 그리고 가족이 노력한 것은 무엇인가요? 변화를 위한 당신과 가족의 노력은 10점 만점에 몇 점인가요?<br>• 당신이 -(마이너스)선물을 받아도 기분이 나쁘지 않다면 어떻게 그럴수 있었나요? 이런 당신의 변화를 누가 가장 기뻐할 것 같나요? 이러한 변화는 다른 가족원에게 어떠한 영향을 미칠 것 같나요?<br>• -(마이너스)선물을 +(플러스)선물로 변화시키는 요술봉카드처럼 가족관계도 변할 수 있다면 가족의 미래는 어떻게 될까요? 그것을 잠시 떠올려 봅니다. 지금의 기분(감정)은 어떤가요?<br>• 상담이 종결된 후, 요술봉카드 1장을 선물로 받을 수 있다면, 어디에, 어떻게 사용할 수 있을까요? 그것을 위해 가족은 어떤 협력을 해야 할까요? |

## 4) 추가 활용 방법

### (1) 미고사!(미안해, 고마워, 사랑해)

-(마이너스)선물카드를 '미안해', +(플러스)선물카드를 '고마워', 요술봉카드를 '사랑해'로 설정한다. 가족원은 각자 3개의 +(플러스)선물카드, -(마이너스)선물카드, 요술봉카드를 나누어 가진다. 부족한 선물카드는 두꺼운 종이로 만들어 사용한다. 가족원은 서로에게 미안했던 상황과 고마웠던 상황을 작성한 후, 게임 순서를 정해 상대방에게 카드를 주며 "~해서 고마워" 또는 "~해서 미안해"라고 말한다. 받은 사람은 요술봉카드를 겹쳐 올리며 "사랑해"라고 화답한다.

## 5) 상담사례

### (1) 내담자 커플

- 남편(38세), 아내(38세)

### (2) 주호소 문제

- 가정 내 부부 역할에 대한 가치관이 달라 지속적인 갈등을 빚고 있어서 아내가 상담을 신청하였다.

### (3) 상담내용

아내는 무관심한 남편 때문에, 남편은 관여가 심한 아내 때문에 갈등을 겪고 있는 부부에게 상담자는 「선물입니다」 보드게임을 통해 서로의 감정을 표현하고 이해하는 시간을 갖도록 제안했다. 게임이 시작되자, 아내는 남편에게 사사건건 잔소리 하면서 -(마이너스) 선물카드를 주었고, 남편은 이런저런 변명을 하며 +(플러스) 선물카드와 -(마이너스) 선물카드를 주었다.

게임이 진행되는 동안 상담자는 부부가 서로에게 받은 카드에 대한 감정을 표현하도록 유도했다. 아내는 남편에게 -(마이너스)선물카드를 줄 수밖에 없는 이유를 변명처럼 늘어놓았고, 남편은 -(마이너스) 카드만 받을 때 느꼈던 서운함과 억울함을 표현하였다.

상담자는 게임을 통해 드러난 부부의 감정과 의사소통 패턴을 부부에게 반영해 주었다. 이 과정을 통해 아내는 남편을 비난하는 경향이 있다는 것을, 남편은 회피하는 의사소통 방식을 가지고 있다는 것을 인식하게 되었다. 상담자는 요술봉카드를 활용하여 부부가 서로에 대한 마음을 이해하고, 미안함, 고마움 등의 마음을 직접 표현하도록 도왔다. 이를 통해 부부는 서로의 감정을 이해하고, 더 가까워지는 시간을 가질 수 있었다.

그림 5-9 선물입니다

## 5 감정룰렛[8]

### 1) 활동 개요

감정룰렛은 가족원 한 사람씩 룰렛 통에 감정 검을 꽂아 인형이 튕겨 나올 때까지 진행하는 게임이다. 인형이 튀어 오르기 직전까지 긴장감이 고조되다가 튀어 오르는 순간 긴장감이 해소되면서 카타르시스를 느끼게 된다.

이 게임은 가족원에게 우연한 결과를 받아들이고 상대방의 이야기를 경청하며 공감하는 경험을 제공한다. 감정룰렛은 규칙이 간단하여 짧은 시간에 여러 번 진행할 수 있으며, 다양한 승패 경험과 좌절에 대한 내성을 증진시킨다(이정숙, 심은지, 이동훈, 2017).

8 시판용 룰렛(통아저씨, 해적 등)에는 대부분 4종류의 색깔(빨강, 노랑, 초록, 파랑)로 구분되어 있는 검이 6개씩 총 24개가 들어있으며, 검을 꽂을 수 있는 룰렛 통과 룰렛 통에 넣는 인형으로 구성되어 있다. 그러나 감정스티커와 미션스티커는 포함되어있지 않으므로 필자가 부록에 제시한 감정스티커와 미션스티커를 라벨지로 제작하여 사용할 수 있다.

그림 5-10 감정룰렛

## 2) 활동 방법



### (1) 목표

- 감정에 대한 긍정적 표현을 강화한다.
- 서로의 감정을 공유하고 적절히 표현하는 것을 연습해 본다.
- 가족원 간 효과적인 의사소통을 위해 재미와 긴장감 있는 새로운 접근 방법을 경험한다.

### (2) 준비물

- 시판용 룰렛, 감정범주(기쁨, 노여움, 슬픔, 즐거움)[9] 스티커와 미션스티커가 양면으로 붙어있는 검, 감정단어 리스트, 필기구, 보드게임용 매트, 타이머

9 미션과 감정스티커 양식, 감정단어 리스트는 부록을 참고하여 사용할 수 있다.

### (3) 적용 가능 대상

- 커플 및 7세 이상의 아동이 포함된 가족

### (4) 진행 방법

상담자는 감정룰렛의 놀이방법과 규칙, 놀이시간을 안내한 후 가족원이 의논하여 게임 시작 순서를 정하도록 한다. 가족원이 게임 방법을 이해하기 어려워하면 상담자가 합류하여 연습게임을 진행할 수 있다. 원활한 진행을 위해, 상담자는 사전에 감정단어 리스트를 인쇄한다. 그리고 부록에 있는 감정범주는 라벨용지를 활용하여 스티커로 제작한 후, 시판용 룰렛 통에 꽂는 검 손잡이에 붙인다.

#### ① 도입

상담자는 가족원 각각에게 감정단어 리스트를 나누어주고 감정범주와 감정단어를 살펴보도록 안내한다. 감정검 손잡이에 부착된 감정범주(기쁨, 노여움, 슬픔, 즐거움)를 확인하게 한 후 가족원이 의논하여 게임 순서를 정하도록 한다.

상담자 멘트의 예시는 다음과 같다.

"오늘은 감정룰렛을 해보려고 합니다. 지금 나누어드린 감정단어 리스트를 보면서 기쁨, 노여움, 슬픔, 즐거움의 이 4가지 감정범주에 어떤 감정단어들이 포함되어 있는지 살펴봅니다."

"본인의 감정단어 리스트에 있는 감정범주가 여기에 있는 검에도 붙여져 있습니다. 어떤 색깔의 검에 어떤 감정범주가 붙어있는지 한 번 살펴봅니다."

"이제는 누가 먼저 시작할 것인지 순서를 정하시면 됩니다."

**상담자 점검 및 관찰 사항**

- 감정범주나 감정단어를 낯설어 하는 사람은 없는가?
- 놀이의 순서를 정하는 가족의 역동은 어떠한가?

### ② 전개

상담자는 룰렛 통을 가족원 가운데 두고, 감정 검을 룰렛 통 주변에 펼쳐둔다. 인형을 룰렛 통에 넣고 2~3바퀴 돌린 후, 가족원이 정한 순서대로 돌아가면서 감정 검을 무작위로 골라 룰렛 통의 홈에 꽂는다. 인형이 튀어 올라 술래가 된 사람은 자신의 감정 검에 붙은 감정범주 스티커를 확인하고 감정단어 리스트에 체크한다. 룰렛 통에 감정 검을 모두 제거한 후, 인형을 넣어 2~3바퀴 돌려 다시 게임을 진행한다. 3~4번 반복하며 게임을 즐긴 후, 각자 가장 많이 체크된 감정범주에서 마음에 와 닿는 감정단어를 선택해 에피소드를 나눈다.

상담자 멘트의 예시는 다음과 같다.

"지금부터 한 사람씩 돌아가면서 감정 검을 룰렛 통에 꽂아 인형이 튀어 오를 때까지 게임을 진행하겠습니다."

"인형을 튀어 오르게 한 사람은 술래가 됩니다. 술래는 인형을 튀어 오르게 한 감정 검에 붙어 있는 감정범주를 확인하고, 본인의 감정단어 리스트에 횟수를 기록해둡니다. 예컨대, 기쁨 검을 꽂아서 인형이 튀어 오르면 감정단어 리스트의 기쁨 옆에 횟수를 기록합니다."

"(게임이 모두 종료된 후) 자신의 감정단어 리스트에서 가장 많이 기록된 감정범주를 확인합니다. 해당 감정범주의 단어 중 하나를 선택해 그 감정과 관련된 에피소드를 나누겠습니다. 이야기를 들을 때는 이야기하는 사람의 얼굴을 보고 고개를 끄덕이며 경청해 주세요. 준비되었으면 시작하겠습니다."

**상담자 점검 및 관찰 사항**

- 가족원의 감정표현에 불편해하는 가족원은 누구인가?
- 자신의 감정표현을 힘들어하는 가족원은 누구인가?
- 누가 가장 적극적(소극적)으로 활동에 참여하는가?
- 가족원의 감정표현에 귀 기울여 경청하는 가족원은 누구인가? 반박하는 가족원은 누구인가?

③ 마무리

감정룰렛을 하면서 가족원에 대해 새롭게 알게 된 것, 이해하기 어려웠던 감정, 말하기 힘들었던 감정, 추가하고 싶은 감정이 있는지 등에 대해 소감을 나누도록 한다. 상담자는 촉진질문을 통해 가족원이 서로의 감정과 경험을 공유하며 깊이 있는 대화를 나눌 수 있도록 돕는다.

상담자 멘트의 예시는 다음과 같다.

"오늘 감정룰렛을 하면서 감정을 공유하고 표현하는 활동을 해보았습니다. 지금부터는 이 활동을 하면서 느꼈던 소감을 나눠보겠습니다."

**상담자 점검 및 관찰 사항**

- 자신의 감정을 좀 더 적극적으로 표현하고자 노력하는 가족원은 누구인가?
- 활동을 통해 감정을 표현하는 것이 가족원에게 어떤 영향을 주고 있는가?
- 감정표현이 힘든 가족원은 누구인가?
- 다른 가족원을 좀 더 이해하고자 노력하는 가족원은 누구인가?
- 여전히 불편해하는 가족원은 누구인가?

### (5) 활동 시 주의사항

① 통에 들어 있는 인형이 갑자기 튀어 오를 수 있으므로 안전에 유의하도록 한다.

② 상담자는 사전에 룰렛 세트에 들어있는 검의 양면에 미션 스티커와 감정 스티커(기쁨, 노여움, 슬픔, 즐거움)를 붙여두어 놀이가 원활하게 진행될 수 있도록 한다.

## 3) 촉진질문

| 상담과정 | 상담자 질문 |
|---|---|
| 도입 | • 여러 감정단어 중 가장 와 닿는 감정 단어는 무엇인가요?<br>• 순서를 정하는 과정에서 표현하지 못한 감정이 있나요?<br>• (자기가 하고 싶은 대로 하지 못했던 부분이 있다면) 실제로는 어떻게 하고 싶었나요? |
| 전개 | • 감정 검을 꽂고 인형이 튀어 올랐을 때 어떤 기분이 들었나요?<br>• 감정 검을 꽂을 때마다 어떤 생각과 감정이 들었나요? 일상생활에서 그런 생각과 감정을 느꼈던 순간이 있었다면 이야기해 주세요.<br>• 가족원의 이야기에 공감되는 부분이 있었다면 그것에 대해 이야기해 주세요. (이야기한 구성원에게) 그 이야기를 들으니 어떤 감정(생각)이 드나요?<br>• 지금 꽂은 감정 검에 적힌 감정과 관련된 에피소드에 관한 이야기를 들을 수 있을까요? (다른 가족원에게)이 에피소드를 들으니 어떤 감정이 드시나요? 에피소드를 이야기한 가족원의 감정이 어떻게 느껴지시나요?<br>• 지금 그 상황이라면 어떤 감정이 느껴질 것 같나요? 그것을 가족원에게 직접 말로 표현해 보시겠어요?<br>• 에피소드나 감정을 말할 때 느꼈던 불편한 마음을 일상생활에서도 느꼈던 적이 있었나요? 있었다면 그럴 때는 어떻게 했나요?<br>• 평소 내 감정에 대해 가장 공감해 주는(공감해 주지 않는) 가족원은 누구인가요? 그럴 때 어떻게 하시나요?<br>• 공감 받았을(못 받았을) 때 나는 어떻게 표현하나요?<br>• 공감받기 위해 어떤 노력을 해보았나요?<br>• 우리 가족은 감정표현을 잘하는 편인가요? |
| 마무리 | • 그동안 말하기 어려웠던 감정을 표현해 보니 어떤가요?<br>• 좀 더 표현하고 싶은 감정은 무엇인가요?<br>• 감정표현이 어렵거나 힘들었던 가족원은 누구인가요? 다른 가족원들이 어떤 도움을 주면 좋을까요?<br>• 자신의 감정을 가족 앞에서 표현해 본 느낌은 어떤가요?<br>• 나의 감정을 표현할 때 가족원이 어떻게 반응해 주기를 바라나요?<br>• 자신은 어떻게 반응하려고 하나요? |

## 4) 추가 활용 방법

### (1) 미션룰렛

미션룰렛은 감정 대신 미션만 수행하는 방식으로 진행된다. 가족이 돌아가면서 스티커로 제작한 미션 검을 통에 꽂다가 인형이 튀어 오르게 한 사람이 술래가 되어, 해당 미션을 수행한다. 미션 검의 선택은 무작위로 한다. 게임진행 시간과 횟수는 전체 상담 시간을 고려하여 조정한다. 게임 종료 후, 미션을 수행하면서 느꼈던 감정과 생각, 다른 가족원이 느꼈을 감정과 생각, 미션 수행 시 의도 등을 나누면서 자기 공감 및 타인 공감, 상호관계에 대한 이해력을 증진시킨다.

## 5) 상담사례

### (1) 내담자 가족

- 부(43세), 모(40세), 딸(14세)

### (2) 상담의뢰 경위

- 중학생이 된 후 부모와 대화를 거의 하지 않으려는 딸로 인해 답답함을 느끼던 모가 상담을 신청하였다.

### (3) 상담내용

모는 딸이 중학생이 된 후 말수가 줄고 방에만 있는 것을 염려해 가족상담을 신청했다. 상담이 3회기 째 접어들었을 때에도 딸은 상담자의 질문에 거부적인 태도를 보였다. 부모는 딸의 태도에 답답함을 토로했고, 딸은 한 숨을 쉬며 입을 굳게 닫는 모습을 보였다. 상담자는 언어 중심의 상담 대신 감정룰렛 게임을 제안했다.

상담자는 게임 방법을 안내한 후, 가족은 가위바위보로 게임 순서를 정했고 딸-부-모 순으로 감정룰렛 게임이 진행되었다. 딸은 처음에는 시큰둥했지만, 게임이 진행되면서 점차 수다스러워졌다. 딸의 변화에 부는 "이런 걸 하니까 이제 우리 딸 같네."라며 웃음을 보였고, 모는 "지금 웃을 때가 아니다."라며 게임에 집중하는 모습을 보였다. 감정 검이 몇 개 남지 않은 상황에서 딸은 긴장된 표정으로 "난 아니야~"라며 감정 검을 꽂았고, 인형이 튀어나오자 모두가 깜짝 놀라며 웃음을 터뜨렸다. 첫 번째 게임이 종료된 후, 가족은 게임을 4회 더 반복하며 즐거운 시간을 보냈다.

게임 후, 상담자는 각자 인형을 튀어나오게 한 감정 검의 감정범주를 확인하고 관련된 에피소드를 나누도록 했다. 부모는 딸의 '좌절스러움' 에피소드를 들으며 별생각 없이 했던 말이 딸에게 좌절감과 슬픈 감정을 남겼음을 이해하게 되었다. 딸은 본인의 이야기를 경청하는 부모의 모습에 낯설어하면서도 "생각보다 재미있네요. 다음에도 이런 거해요?"라며 상담에 대한 기대를 보였다.

그림 5-11 감정룰렛

## 6 필링스

### 1) 활동 개요

필링스는 긍정, 중립, 부정적 감정카드와 친구, 학교, 가족 주제의 상황카드를 활용하여 가족원이 특정 상황에서 어떤 감정을 느끼는지 추측하는 게임이다. 3인 이상의 가족원이 팀을 나누어, 각자 상황에 맞는 감정카드를 선택하고, 상대방의 감정을 맞추는 방식으로 진행된다. 상담자는 이 과정을 통해 가족원이 서로의 감정을 이해하고 공감할 수 있도록 돕는다. 이를 통해 가족원 간의 소통과 이해를 증진시키고, 효과적인 문제해결 방법을 모색할 수 있다.

그림 5-12 필링스

### 2) 활동 방법

#### (1) 목표

- 필링스 게임을 통해 가족원이 서로의 감정을 이해하고, 생각을 공유할 수 있다.
- 감정을 표현하고 수용받는 경험을 통해 감정표현 능력을 향상시킨다.

- 비언어적 메시지를 주의하며 의사소통하는 연습을 통해 가족 간의 소통과 공감을 증진시킨다.

### (2) 준비물

- 필링스 보드게임, 보드게임용 매트, 타이머

### (3) 적용 가능 대상

- 커플 및 상황질문 카드의 내용을 이해하고 생각과 느낌을 표현할 수 있는 초등학교 3학년 이상의 자녀를 포함한 모든 가족

### (4) 진행 방법[10]



상담자는 필링스 게임의 놀이 방법과 규칙, 놀이시간을 안내한 후, 가족원끼리 의논하여 게임 시작 순서를 정하도록 한다. 가족원이 게임 방법을 이해하지 못하면 상담자가 연습게임을 통해 게임을 숙지할 수 있도록 돕는다.

#### ① 도입

상담자는 테이블 위에 필링스 보드게임, 매트, 타이머 등을 세팅한 후, 필링스 보드게임의 설명서를 참고하여 게임 방법을 설명한다. 가족원은 의논하여 상황카드의 이야기를 진행할 이야기꾼 순서를 정한다. 가족원이 게임 방법을 이해하기 어려워하면, 상담자가 합류하여 연습게임을 진행할 수 있다.

상담자 멘트의 예시는 다음과 같다.

10 필링스의 게임 진행방법에 대한 상세한 안내는 보드게임 제품에 포함되어 있는 게임설명서를 참고하거나 인터넷 포털사이트 또는 YouTube 검색을 통해 확인이 가능하다.

"지금부터 필링스 보드게임을 진행하겠습니다. 이 게임은 이야기꾼이 상황카드를 읽으면, 각자 본인이 느끼는 감정과 옆 사람이 느끼는 감정을 카드로 선택해 맞춰보는 게임입니다. 이를 통해 평소 느끼는 감정과 상대방의 감정이 같은지, 아니면 다른지, 다르다면 무슨 이유로 다르게 느끼는지 등의 차이를 이해하고 공감해 볼 수 있습니다. 이야기꾼 순서는 여러분이 자유롭게 의논해서 정하시면 됩니다."

**상담자 점검 및 관찰 사항**

- 가족원이 게임 진행방법을 잘 이해했는지 점검한다.
- 이야기꾼 순서를 정할 때 누가 주도하는지, 소외되는 가족원은 없는지 관찰한다.
- 상담자는 필링스 게임의 방법과 규칙을 충분히 숙지하고 있어야 한다.

### ② 전개

첫 번째 이야기꾼이 가족, 친구, 학교의 상황카드 중 하나를 선택해 읽는다. 첫 번째 이야기꾼을 포함한 가족원 모두 주어진 상황에 대해 자신이 느끼는 감정을 8개의 감정카드 중에서 선택하고, 해당 숫자(투표)카드를 엎어서 자신의 앞에 놓는다. 그런 다음, 옆 사람이 느낄 감정을 추측해 또 다른 숫자카드를 엎어서 놓는다. 모두가 선택을 마치면 서로의 선택을 공개해 감정을 올바르게 추측했는지 확인한다.

상담자 멘트의 예시는 다음과 같다.

"첫 번째 이야기꾼이 상황카드를 선택해 주세요. 선택한 상황카드에 있는 3개의 이야기 중 하나를 골라 가족에게 이야기를 들려주세요."

"이제 이야기꾼의 이야기를 듣고 각자(이야기꾼 포함) 본인이 느끼는 감정과 옆 사람이 느낄 것 같은 감정을 추측해 봅시다. 추측한 감정을 여기에 있는 여덟 가지 감정 중에서 선택해 주세요."

**상담자 점검 및 관찰 사항**

- 이야기꾼이 선택한 상황카드의 이야기를 다른 가족원들이 경청하고 있는지 점검한다.
- 이야기꾼이 들려주는 이야기에 공감을 표현하는 가족원은 누구인가?
- 이야기꾼의 질문에 나머지 가족원들은 어떤 반응을 보이는가?
- 가족원의 비언어적인 태도와 표현은 어떠한가?

③ 마무리

게임이 종료되었음을 가족원에게 알리고, 게임을 하면서 경험한 소감을 나누도록 한다. 상담자는 이 과정에서 가족원이 그들의 문제를 구성하는 의사소통 패턴을 통찰할 수 있도록 조력한다.

상담자 멘트의 예시는 다음과 같다.

"이제 서로를 이해하고 공감해 보는 필링스 게임이 종료되었습니다. 지금부터는 게임을 하면서 어떤 경험을 했는지 소감을 나누어 보겠습니다."

**상담자 점검 및 관찰 사항**

- 소감을 나누는 가족원의 비언어적인 태도는 어떠한가?
- 소감을 나누는 가족원의 이야기에 집중하는 사람은 누구인가?
- 경험과 소감을 제대로 표현하지 못하는 사람은 누구인가?

### (6) 활동 시 주의사항

① 필링스는 상황질문 카드 내용을 이해할 수 있어야 하므로 최소 초등학교 3~4학년 이상의 아동이 포함된 가족에게 사용하는 것이 좋다.

② 상담자는 게임의 내용과 활용 방법에 대해 충분히 숙지하여 참여 가족이 쉽게 게임을 이해할 수 있도록 한다.

③ 감정표현이 서툰 가족원에게는 다른 감정카드를 추가로 사용해도 무방하다.

## 3) 촉진질문

| 상담과정 | 상담자 질문 |
|---|---|
| 도입 | • 부모님이나 자녀에게 공감받은 경험이 있나요? 주로 언제 공감받았는지 이야기해 주세요.<br>• (자녀에게) 부모님이 내 감정을 맞췄을 때 어떤 생각이 들었나요? 기분은 어땠나요? 자녀의 이야기를 들으니 부모님은 어떤 생각이 드나요?<br>• 이전에 몰랐는데 같은 상황에서 비슷한 감정을 느꼈던 가족원을 보고 어떤 생각(감정)이 들었나요?<br>• 같은 상황에서 다른 감정을 느끼는 가족원을 보고 어떤 생각(감정)이 드나요? 그 차이는 우리 가족에게 어떤 영향을 주나요? |
| 전개 | • 오늘 우리 가족이 뽑았던 상황카드 중 실제로 가족 안에서 일어나는 일과 관련이 있는 것이 있었나요? 그 일은 우리 가족에게 어떤 영향을 미쳤나요? 우리 가족은 그 일에 어떻게 대처했나요? 그 상황에서 가장 적극적(소극적)으로 대처한 사람은 누구인가요? 다시 그 일이 일어난다면 어떻게 대처하고 싶은가요?<br>• 나의 감정을 알아차리지 못했으리라 생각했는데 알아차린 가족원은 누구인가요? 그 느낌은 어땠나요? 반면 알아차려 주기를 바랐는데 그러지 못했던 가족원은 누구인가요? 그때의 기분은 어땠나요?<br>• 이 놀이에서 가장 공감을 잘한다고 느낀 사람은 누구인가요?<br>• 이전보다 공감을 잘하게 된 사람이 있나요?<br>• 필링스를 하면서 서로에 대해 새롭게 알게 된 부분은 무엇인가요? |
| 마무리 | • 공감을 잘하게 된 가족원의 변화는 앞으로 가족관계에 어떤 영향을 줄 것 같나요?<br>• 이 게임은 우리 가족의 공감과 의사소통 증진에 도움이 되었나요? (도움이 되었다면) 얼마나 도움이 되었나요? 그것은 어떻게(무엇을 보면) 알 수 있나요?<br>• 우리 가족이 지금보다 더 공감하고 소통하기 위해서는 어떤 노력이 필요할까요?<br>• 공감과 수용, 격려, 지지를 잘하는 경험이 쌓인다면 우리 가족은 앞으로 무엇이 달라질까요? |

## 4) 추가 활용 방법

① 가족원 간의 라포가 충분히 형성되었다면, 가족원에게 걸림돌이 되는 상황 카드를 찾아서 가족역동을 탐색하고 의사소통과 공감 증진을 위한 개입을 시도할 수 있다.

② 상황카드만 따로 분류하여 '감정 알아맞히기 스피드 게임'으로 진행할 수 있다.

## 5) 상담사례

### (1) 내담자 가족

- 부(50세), 모(47세), 아들(13세), 딸(11세)



### (2) 상담의뢰 경위

- 아들의 등교 거부가 반복되어 담임선생님의 권유로 가족상담에 의뢰되었다.

### (3) 상담내용

아들의 반복된 등교 거부로 인해 가족상담을 실시하였다. 부모 모두 강압적이고 폭력적인 원가족 이슈가 있었고, 이러한 경험이 현재 가족에도 영향을 미쳐 사춘기 자녀와의 갈등이 깊어졌다. 상담자는 가족이 호소하는 문제의 핵심에 의사소통 부재가 있음을 포착하여, 가족원이 이를 통찰할 수 있도록 이전 회기를 진행하였다.

8회기에서는 가족 모두가 참여하여 필링스 보드게임을 활용한 공감 및 의사소통 연습을 진행했다. 게임 설명서를 보면서 게임 방법을 익힌 후 가벼운 연습게임을 통해 긴장을 풀었다. 게임 진행 중, 부모는 아들이 제시하는 상황에 공감하는 카드를 제시하였고, 아들은 부모의 태도에 의외라고 표현 하면서도 얼굴에는 미소가 가득 하였다. 딸은 부모와 오빠의 훈훈한 분위기가 더 유지되기를 바라는 듯 호응을 하며 분위기를 띄우는 모습을 보였다.

게임 종료 후, 가족은 서로의 생각과 감정을 이해하고 수용하는 방법을 배웠다는 소감을 나누었다. 또한, 같은 상황에서도 서로 다르게 생각할 수 있고, 그 다름을 수용할 때 더 깊은 공감에 이를 수 있음을 경험했다고 보고하였다.

**그림 5-13** 필링스

부록 5-1

## 감정범주 스티커 양식

| 검 색깔 | 감정범주 | | | | | |
|---|---|---|---|---|---|---|
| 빨강 | 기쁨 | 기쁨 | 기쁨 | 기쁨 | 기쁨 | 기쁨 |
| 노랑 | 노여움 | 노여움 | 노여움 | 노여움 | 노여움 | 노여움 |
| 초록 | 슬픔 | 슬픔 | 슬픔 | 슬픔 | 슬픔 | 슬픔 |
| 파랑 | 즐거움 | 즐거움 | 즐거움 | 즐거움 | 즐거움 | 즐거움 |

부록 5-2

## 감정단어 리스트

| 횟수 | 감정범주 | 감정단어 |
|---|---|---|
| | 기쁨 | 감격스러운, 감동적인, 감사한, 고마운, 고무적인, 기쁜, 날아갈 듯한, 놀라운, 눈물겨운, 든든한, 만족스러운, 뭉클한, 반가운, 벅찬, 뿌듯한, 살맛나는, 시원한, 싱그러운, 좋은, 짜릿한, 쾌적한, 통쾌한, 포근한, 행복한, 환상적인, 후련한, 흐뭇한, 흔쾌한, 흥분된 |
| | 노여움 | 가혹한, 고통스러운, 골치아픈, 괘씸한, 괴로운, 구역질나는, 기분이 상하는, 꼴사나운, 끓어오르는, 나쁜, 노한, 떫은, 모욕적, 무서운, 배반감, 복수심, 북받친, 분개한, 분노, 불만스러운, 불쾌한, 섬짓한, 소름끼치는, 속상한, 숨막히는, 실망감, 쓰라린, 씁쓸한, 약오르는 |
| | 슬픔 | 가슴 아픈, 걱정되는, 고단한, 고독한, 고민스러운, 고통스런, 공포에 질린, 공허한, 괴로운, 구슬픈, 근심되는, 기분 나쁜, 낙담한, 두려운, 마음이 무거운, 멍한, 뭉클한, 미어지는, 부끄러운, 불쌍한, 불안한, 불편한, 불행한, 비참한, 비탄함, 서글픈, 서러운, 섭섭한, 암담한, 앞이 깜깜한, 애석한, 애처로운, 애태우는, 애통한, 언짢은, 염려하는, 외로운, 우울한, 울적한, 음울한, 음침한, 의기소침한, 절망적인, 좌절하는, 증오하는, 지루한, 참담한, 창피한, 처량한, 처참한, 측은한, 침통한, 한스러운, 허전한, 허탈한, 허한, 황량한 |
| | 즐거움 | 가벼운, 가뿐한, 경쾌한, 고요한, 기분 좋은, 담담한, 명랑한, 밝은, 산뜻한, 상쾌한, 상큼한, 숨가쁜, 신나는, 유쾌한, 자신있는, 즐거운, 쾌활한, 편안한, 홀가분한, 활기찬, 활발한, 흐뭇한, 흥분된, 희망찬 |

부록 5-3

## 미션스티커 양식

| | | | | | |
|---|---|---|---|---|---|
| 엉덩이로 이름쓰기 | 인디안 밥 당하기 | 엽기표정 짓기 | 노래 부르기 | 동물 흉내내기 | 개다리 춤추기 |
| 팔굽혀펴기 3번 | 코끼리 코 5번 돌기 | 성대모사하기 | 윗몸 일으키기 5번 | 통과 | 통과 |
| 엉덩이로 이름쓰기 | 인디안 밥 당하기 | 엽기표정 짓기 | 노래 부르기 | 동물 흉내 내기 | 개다리 춤추기 |
| 팔굽혀펴기 3번 | 코끼리 코 5번 돌기 | 성대모사 하기 | 윗몸 일으키기 5번 | 간식 쏘기 | 심부름해 주기 |

06

CHAPTER

# 미술 기반 가족놀이치료

송정숙, 김명화, 이복숙

1. 클레이(점토) 활동 | 2. 6분할 그리기 | 3. 가족사진 기법
4. 가족생명나무 | 5. 가족체계진단법

# 미술 기반 가족놀이치료





미술 기반 가족놀이치료는 다양한 미술매체를 활용한 놀이와 가족체계이론을 결합한 가족치료 기법 중 하나이다. 가족미술놀이치료는 미술치료를 통하여 가족원의 감정과 느낌, 생각, 무의식적 이미지 등을 의식적으로 표출하고 의미를 전달하여 가족 간의 상호작용을 촉진할 수 있도록 돕는 가족 접근이다. 특히 미술매체가 지닌 유희적 속성과 친밀감으로 프로그램 참여에 대한 부담과 저항을 줄여서(한유진, 강민수, 안복희, 원용희, 2020), 위축되어 있거나 내적인 감정과 생각을 언어로 표현하는 데 제한점이 있는 아동 · 청소년이 포함된 가족원 등의 상호작용을 촉진하고 단기간에 가족 전체를 변화하도록 돕는다.

가족원의 미술놀이를 보면 가족역동을 쉽게 탐색할 수 있다. 가족원은 위협감이 낮은 미술놀이를 통해 자신의 내면을 자각하고 가족 문제 및 심리상태, 욕구, 기대를 저항 없이 빠르게 드러내고, 가족원 간의 정서적인 경험, 심리적 거리, 분화 정도, 상호작용, 의사소통, 갈등 등을 나타내기도 한다. 가족원은 가족의 완성된 작품을 관찰하면서 상담 초기의 저항을 해소하고, 편안함을 느낀다(전영주 외, 2021). 또한 가족원은 가족 문제를 개개인의 입장에서 가족 전체로 조망할 수 있어서 가족 상호 간의 이해를 높인다(최외선, 이근매, 김갑숙, 최선남, 이미옥, 2006).

가족원 간의 관계 문제 변화는 가족 전체를 변화시킬 수 있고, 가족 전체가 변화

됨으로써 가족원 간의 관계 개선이 오랫동안 지속될 수 있다. 상담자는 상담회기를 안내하고 촉진 질문을 통하여 갈등 해소, 가족 문제에 대한 이해와 수용, 상호작용 변화를 촉진하여 가족원 간의 친밀감 및 유대관계가 향상된다. 이는 가족 문제에 대한 해결 능력을 향상시켜 가족의 건강성 회복 및 유지에 유용한 치료 도구가 될 수 있다(최외선 외, 2006).

가족놀이치료에서 미술매체는 표현을 위한 매개 역할을 하는데 미술 기반 가족놀이치료에 있어서 매체의 역할은 매우 크다. 미술매체는 회화, 조소, 공예 매체, 일상생활에서 쉽게 구할 수 있는 잡지나 카드 등 다양하게 활용할 수 있다. 미술매체는 가족원의 심리를 측정하고 통제하는 중요한 역할을 한다. 상담자는 상담에 의뢰된 가족의 특성과 상황, 매체의 특성과 관계 등을 고려하여 가장 적절한 매체를 선택하는 것이 중요하다(전영주 외, 2021). 6장에서는 다양한 미술매체 중에서 클레이(점토) 활동, 6분할 그리기, 가족사진 기법, 가족생명나무, 가족체계진단법에 대해 살펴보고자 한다.

그림 6-1 다양한 미술매체들

# 1 클레이(점토) 활동

## 1) 활동 개요

클레이(점토)는 어떠한 형태든지 만들 수 있고 수정이 쉽다. 특별한 기술 없이도 반복하여 사용할 수 있고 표현 방법이 다양하여 작품 형태의 제한을 받지 않는다(최은영, 1994). 클레이는 입체적인 표현이 가능하고 유연해서 자기의 생각이나 형체를 쉽게 만들 수 있고, 즉흥적 정서 표현과 유희적 활동이 가미되어 창조적이고 다양한 표현을 돕는 장점이 있다(채은영, 1997).

그 외에도 손으로 만지고 주무르는 과정에서 시각과 촉각의 발달, 정서적 안정감과 긴장감 완화로 자신감 및 정서 안정을 도우며 분노 표출에 용이한 매체이다(김선현, 2009). 완성된 작품은 구체적 이미지와 감정 표현으로 내적 세계 인식을 쉽게 하여 안정적이고 긍정적인 관계 형성, 확고한 자아상 창조를 돕는다(최은영, 1994).

클레이 활동은 언어표현이 부족하거나, 그리기에 어려움을 가진 대상에게도 유용하다. 가족 내 불안 감소와 부정적인 경험으로 인한 갈등의 해소, 애착 대상과 긍정적인 상호관계 형성에 도움이 된다.

## 2) 활동 방법

### (1) 목표

- 가족원들이 인식하는 가족을 상징으로 표현하여 인식의 차이를 이해하고 수용한다.
- 가족원들이 다른 가족원들에게서 느끼는 문제를 파악하고 선호하는 모습을 탐

색하여 상담 목표를 설정한다.

### (2) 준비물

- 다양한 클레이, 흙 칼, 밀대 등 함께 사용할 부재료

### (3) 적용 가능 대상

- 커플 및 가족

### (4) 진행 방법

클레이로 가족원 상징 만들기를 할 것이라고 안내하고, 자신을 포함한 가족원에 대해 각각 어떻게 인식하고 있는지 생각해 보도록 한다. 가족원 상징을 만들도록 하고 완성되면 제목과 내용을 설명하도록 한다. 앞으로 원하는 가족에 대해 의논하여 만들고 상담 목표로 정하여 변화하기 위한 구체적 계획을 나누도록 한다.

#### ① 도입

가족원이 서로를 어떻게 인식하고 있는지 알아보기 위해서 가족원 상징 만들기를 할 것이라고 안내한다. 가족이 자신을 포함한 가족원을 각각 어떻게 인식하고 있는지 생각해 보도록 한다.

상담자 멘트의 예시는 다음과 같다.

> "가족원들이 서로에 대해 어떻게 인식하고 있는지 알아보기 위해서 가족원 상징 만들기를 할 겁니다. 평소 자신이 생각하는 가족들은 각자 어떤 성격, 행동을 보이나요? 각자 자신들이 느끼는 가족에 대한 이미지가 다를 수 있습니다. 인식은 주관적이기 때문에 옳고 그름의 문제가 아니니 편안하게 생각해 보세요. 떠오르는 이미지가 있나요?"

**상담자 점검 및 관찰 사항**

- 상담자의 지시내용을 제대로 이해했는가?
- 자신의 생각을 다른 가족원에게 미리 이야기하거나 동의를 구하는 가족원이 있는가?

### ② 전개

클레이와 도구 등을 제시하고 가족원 개개인이 자신을 포함한 가족원에 대해 어떻게 인식하고 있는지 클레이를 이용해 작업하도록 내용을 설명하고, 외모보다는 성격이나 행동 특성 등의 이미지를 표현할 수 있도록 안내한다. 각 가족원이 완성된 상징물의 제목과 내용을 이야기하도록 하고, 발표 내용을 듣고 가족원들이 느끼는 감정을 나누도록 한다.

상담자 멘트의 예시는 다음과 같다.

"지금부터는 클레이를 활용하여 가족의 이미지를 만들어 보겠습니다. 구체적인 모양이나 추상적으로 표현해도 됩니다. 또는 자신의 감정이나 느낌을 생각나는 대로 표현해도 됩니다. 상징물이 완성되었으면 제목과 그 이유를 말씀해 주세요."

"완성한 상징물을 추가하거나 수정하고싶다면 그렇게 하셔도 됩니다."

그림 6-2 가족원 상징 만들기

#### 상담자 점검 및 관찰 사항

- 어떤 가족원이 작업하는 것을 힘들어하는가?
- 가족원이 연합하거나 갈등을 보이는가?
- 가족원이 서로 도움을 주고받는가?
- 어떤 가족원이 적극 참여하면서 주도적인가? 추종자는 누구인가?
- 활동 과정에서 어떤 가족원이 적극적(소극적)인가?
- 가족원 중 다른 가족원에 대해 생각이 다르거나 새로 알게 된 내용이 있는가? 그 내용은 무엇이며 가족역동에 어떤 영향을 미치는가?
- 가족 상호작용에서 관찰되는 문제점이 가족원의 호소문제와 연관성이 있는가?

### ③ 마무리

가족원이 자유롭게 이야기하도록 촉진한 후 그 과정에서 느낀 점을 나누도록 안내한다. 가족이 나눈 이야기에서 변화하고 싶은 모습을 함께 의논하여 새로운 상징물을 만들도록 제안한다.

상담자 멘트의 예시는 다음과 같다.

"가족이 앞으로 어떻게 변화하기를 원하는지 함께 의논하여 새로운 상징물을 만들어주세요."

"가족이 함께 의논하여 만든 새로운 상징과 같은 가족이 되기 위해 가족원 각자는 어떤 노력을 하고 실천할 수 있을지 구체적인 방법을 찾아서 이야기를 나누어 보겠습니다."

#### 상담자 점검 및 관찰 사항

- 상처받거나 위축되는 가족원이 있는가?
- 변화를 위한 실천 방법을 의논할 때 소극적(적극적)인가?
- 특정 가족원끼리만 상호작용 하는가?
- 활동이 가족원들에게 어떤 영향을 미치는가?
- 변화 실천에 대한 의지가 있는가?

#### (5) 활동 시 주의사항

① 가족평가를 위해 정서적 반응과 의사결정 방식을 파악하고, 어떤 가족원의 제안이 선택되고 무시되는지 가족의 대화 방식, 행동 패턴을 파악한다.

② 협동적 · 개별적 혹은 비협조적인지, 작업에서 참여의 정도, 결정권자 및 추종자와 방관자 등의 역할을 파악한다.

③ 가족원의 작품 내용에 나머지 가족원이 어떤 반응을 보이는지 파악한다.

④ 클레이 사용에 어려움이나 불편감을 보이는지 관찰하고, 필요하면 사용 방법을 안내해 주고 매체 변경 등을 고려한다.

⑤ 클레이를 사용할 수 있는 3세 이상에게 적용하는 것이 좋다. 형태 만들기가 어려우면 글자로 만들어서 표현하거나 색상으로 자신의 감정을 잘 표현할 수 있는 것을 선택해서 이야기해도 된다고 설명해 준다.

⑥ 지시내용을 반복해서 알려주어도 무시하고 작업하는 가족원은 관찰하여 가족 내 역동과 연관이 있는지 파악하고 위 내용들을 함께 다루는 것이 좋다.



### 3) 촉진질문

| 상담과정 | 상담자 질문 |
|---|---|
| 도입 | • 현재 가족에 대해 생각해 보면서 자신이 생각했던 연상 이미지와 과거 이미지에 차이가 있나요?<br>• 차이가 있다면 언제부터, 어떻게 달라졌는지 생각해 보세요.<br>• 여러 가지 이미지가 떠오른다면 현재 관계에 가장 영향을 주는 이미지를 선택해 보세요. |
| 전개 | • 가족원에 대해 표현한 이미지를 설명해 주시겠어요?<br>• 가족원의 특성에 대해 특별히 그렇게 생각하는 이유가 있으신가요?<br>• 다른 가족들은 어떤 생각이신가요?<br>• 가족 내에서 서로 관계는 어떤가요?<br>• 현재 자기와 가족을 힘들게 하는 것은 무엇일까요? 그럴 때 가족들은 어떻게 문제를 해결해보셨나요? 결과는 어땠나요? |

| | |
|---|---|
| | • 자기의 행동이 가족에게 어떤 영향을 주고 있으신가요?<br>• 가족으로 인해 자신에게 미치는 영향을 어떻게 느끼시나요? 가족에게 어떤 말을 해주고 싶으신가요?<br>• 현재 가족에 대해 생각하면서 평소 자신이 생각했던 연상 이미지와 과거 이미지에 차이가 있나요?<br>• 차이가 있다면 언제부터 달라졌나요? 어떻게 달라졌나요?<br>• 다른 가족원은 이 내용에 대해 어떻게 생각하시나요?<br>• 가족원에게 변화하기를 원하는 것은 무엇인가요? 클레이로 원하는 가족의 모습을 각자 만들거나 의논해서 만들고 내용을 이야기해 주세요. 각자 이야기를 듣고 어떤 감정이 드시나요?<br>• 가족이 변화하기를 바라는 것을 각자 또는 가족 전체가 의논한 것을 가족상담 목표로 정해도 될까요? 아니면 원하는 목표가 따로 있으신가요? |
| 마무리 | • 실천을 위해서 구체적으로 어떤 노력이 필요하고 어떤 도움이 필요한지 서로 이야기해 주시겠어요?<br>• 시도했던 노력은 어떤 게 있나요? 그 노력 중에 효과가 좋았던 방법이 있나요?<br>• 우리 가족이 변화되기 위해 가장 먼저 함께 실천할 수 있는 방법은 무엇일까요?<br>• 실천하는 과정에서 변화의 노력이 실패한다면 가족이 어떤 방법으로 위로나 지지할 수 있을까요?<br>• 오늘 활동에서 가장 의미 있었던 것은 무엇인가요? |

## 4) 추가 활용 방법

### (1) 클레이를 활용한 가족선물 만들기

클레이로 할 수 있는 활동들은 무궁무진하다고 할 수 있다. 가족원들끼리 평소에 주고 싶었으나 잊고 지나쳤던 것이나 경제적 이유로 주지 못했던 선물 등 가족원이 받으면 깜짝 놀랄만한 선물이 있다면 어떤 것이 있는지 생각해 보고 만들어 보도록 한다. 선물을 만드는 과정에서 클레이를 두드리고, 펴고 뭉치면서 만드는 과정과 가족원들이 서로 주고받는 대화가 가족관계를 긍정적으로 촉진할 수 있다. 또한 선물을 다 만들고 나서는 서로 의미를 전달하면서 수여하고 소감을 나누도록 한다. 마지막으로 물휴지로 서로 손을 닦아주고 로션을 바르는 작업 등을 하며 친밀감을 촉진할 수 있다.

### 5) 상담사례

#### (1) 내담자 가족

- 모(30대), 딸(8살), 아들(7살)

#### (2) 상담의뢰 경위

- 아들의 공격적인 행동으로 누나와 갈등이 심해지는 것을 걱정하여 모가 상담을 신청하였다.



#### (3) 상담내용

본 사례에서는 어린 아동들이 참여하고 있어서 아이들이 좋아하는 클레이를 활용하여 가족의 긴장감을 낮추고 긍정적인 상호작용을 촉진하고자 하였다.

어머니는 아이를 항상 지켜보고 챙기며 관리해야 하는 자신에 대해 힘듦을 표현했고, 딸은 캐릭터를 표현하면서 귀여운 모습으로 표현했다. 아들은 화내고 폭력적이라며 상어와 호랑이로 표현하였는데, 가족원이 서로 공통된 내용을 표현하였다. 이후 가족은 각자 자신이 힘든 부분에 대한 이야기를 나누었다. 아들이 어머니의 이야기를 듣고 어머니를 안아주며 미안하다고 사과하였고 어머니도 아들을 안아주며 고맙다는 반응을 하였다.

상담자는 가족이 서로의 감정을 충분히 나누게 한 뒤에 가족원이 원하는 모습을 표현하도록 하였는데 어머니는 사랑이 많은 빨간 하트를 표현하였고, 딸은 동생이 차분해지고 가족들이 서로 둥글게 둥글게 지냈으면 좋겠다고 눈사람을 표현했으며, 아들은 파란색 하트로 가족을 사랑한다고 표현하며 야단맞지 않고 잘 지내고 싶다고 표현하였다. 원하는 모습이 되기 위한 목표 설정을 하였고, 이에 따른 구체적 실천 방법을 찾아서 실천하기로 하였다. 가족은 클레이 활동을 통해 마음속에 있는 이야기를 작품으로 나타내면서 감정을 쉽게 표현하게 되고, 자신의 언행이 가족 내에서 미치는 영향을 알아차리게 되었다.

그림 6-3 가족원 상징

그림 6-4 원하는 가족 모습

## 2 6분할 그리기

### 1) 활동 개요

6분할 그리기는 9분할 그리기를 응용한 기법으로 가족관계의 갈등적 요소에 대해 주관적이고 구체적인 장면을 파악할 수 있도록 돕는다. 가족에 대한 가족원의 감정은 복잡한 만큼 포괄적이고 종합적인 평가를 가능하게 한다. 또한 한 장의 종이에 시간적, 공간적 요소를 한 번에 표현하므로 가족원의 자기방어기제 작용을 다룰 수 있으며 상징에 따른 정서적 내용과 저항 및 상호작용을 촉진할 수 있다.

6분할 그리기는 화면을 3×2로 6분할하여 치료자의 가족과 관련한 지시사항에 따라 각각의 구분된 칸에 가족이 생각하고 있는 것을 자유롭게 그리도록 한다. 이 기법은 그림 순서에 대해 언급하지만, 한정시킬 필요는 없으며 처음과 마지막 그리는 그림은 중요한 심리적 반응을 나타내므로 그리는 과정을 잘 관찰할 필요가 있다.

## 2) 활동 방법

### (1) 목표

- 가족 간 상호작용, 거리감, 의사소통 패턴 등을 파악한다.
- 가족에 대한 표현을 통해 가족 갈등을 구체적이고 통합적으로 탐색한다.
- 6분할을 그리고 표현하는 과정에서 가족원 간의 긍정적인 상호작용을 돕는다.

### (2) 준비물

- A4용지, 검은색 펜, 연필, 크레파스나 색연필 등

### (3) 적용 가능 대상

- 커플 및 가족

### (4) 진행 방법

상담자가 도화지나 A4 용지에 검은색 펜으로 자유로이 테두리를 그린 후 화면을 3×2로 분할한다. 6분할로 분할된 용지를 제시하고 가족에 대해서 일상 생활에서 느끼는 대로 그리도록 하거나 가족 중 특정 가족원을 제시한다면 주제에 대해 생각나

는 대로, 떠오르는 이미지를 6분할 칸에 그리도록 한다. 6분할 그리기는 어떤 방향이나 순서대로 그려도 되며, 다 그리고 난 후 전체를 보며 주제를 정하도록 한다. 그려진 그림, 문자, 도형, 기호 등으로 표현된 이미지가 무엇을 의미하는지에 대해 질문한다. 6분할을 그릴 때 가족원의 자세, 모습, 상호작용 등을 탐색하여 기록하고, 질문을 통해 반응 및 가족관계를 평가하고 상호작용을 촉진한다.

### ① 도입

6분할 그리기 활동 진행 방법에 대해 안내한다. 가족원들이 어떤 미술도구를 선택하고, 어떻게 상호작용하는지 탐색한다. 제시한 주제에 따라 무엇이든지 자유롭게 그리도록 한다.

상담자 멘트의 예시는 다음과 같다.

"안녕하세요. 오늘은 가족에 대해 어떻게 생각하는지, 네모 칸 안에서 자유롭게 표현해 보는 작업을 하려고 합니다. 오른쪽 아래 칸에서 시계 반대 방향으로 순서대로 그리거나, 반대로 왼쪽에서 시계 방향으로 순서대로 그려도 되고, 어떤 방법이라도 상관이 없습니다.

"그림을 그릴 때 무엇이든 머리에 떠오르는 대로 자유로이 그려주세요. 가족과 연관된 것, 상징, 상황, 행동, 물건, 말 등 무엇이든 머리에 떠오르는 대로 그립니다. 자유로이 그림, 글, 도형, 기호 등 무엇이라도 그릴 수 있습니다."

#### 상담자 점검 및 관찰 사항

- 그림을 그릴 때 일상생활에서 느끼거나 머리에 떠오르는 이미지를 표현하는 주제가 무엇인지를 관찰한다.
- 누가 가장 먼저 그림을 그리는지, 가족원들이 서로 의논해서 그리는지, 누가 지시하거나 자신이 주도적으로 그리는지, 함께 그리는지 등 가족원들의 거리감, 의사소통, 상호작용 패턴이 어떠한지 관찰하고 기록한다.
- 자유롭게 표현하고 그리는지, 가족 간 갈등적 요소가 무엇인지, 도움을 받고 싶어 하는 것이 무엇인지를 관찰한다.

- 자녀가 그림을 그릴 때 부모의 개입 정도가 어느 정도인지, 가족 간 상호작용, 거리감, 의사소통 패턴이 어떠한지를 관찰한다.
- 그림에서 처음 그린 것과 마지막에 그린 것이 어떤 의미를 담고 있는지 질문한다.
- 이미지를 표현할 때 어떤 이미지를 그릴 때 더 많은 시간을 사용하는지 어떤 자세로 그리는지 등을 세심하게 관찰한다.
- 6분할 중 모든 칸을 다 그리지 못하는 경우가 있을 때 괜찮다고 설명한다.

### ② 전개

6분할 그리기 그림이 완성되었다면 그림의 제목을 붙여보도록 한다. 6칸 안에 그린 것을 바탕으로 가족 내 갈등적 요소, 긍정적 요소를 구체화하고 통합적으로 파악하여 가족의 역동과 욕구를 탐색하고 상호작용을 촉진한다.

상담자 멘트의 예시는 다음과 같다.

"그림을 다 그리셨으면 그림 위쪽에 제목을 적어 주세요."

"그리신 그림에 대해 설명해 주세요."

"그림을 그리면서 느끼게 된 감정은 어떠한지요?

**상담자 점검 및 관찰 사항**

- 그림을 그릴 때 그리지 않고 있거나 분노 표출을 할 수 있으므로 잘 관찰하여 개입한다.
- 제목을 정할 때 가족의 상호작용을 관찰한다.
- 이미지를 상징화해서 표현해야 하기 때문에 솔직하게 이미지를 표현하는지, 표현하기 힘들어 하는지 등을 관찰한다.

### ③ 마무리

6분할 그리기 작업 후 감정이 어떠했는지, 어떤 영향을 미쳤는지, 관계 개선을 위해 가족원이 어떤 노력을 해야 하는지에 대해 이야기 나눈다. 작업 후 가족원이 서로 하고 싶은 이야기와 느낀 점에 대해 나누도록 하여 가족원 간 이해와 인식이 변화하도록 돕는다.

상담자 멘트의 예시는 다음과 같다.

> "6분할을 그리고 나눈 후에 가족에 대한 감정, 생각, 관계 등 의미 있게 변화된 것은 무엇이고 어느 정도인지요?"
>
> "작업을 하고 나서 가족원 간에 문제나 의사소통에 대해 알게 된 것과 느낀 점, 앞으로 노력해야 할 것 등에 대해 나누어 보도록 하겠습니다."

그림 6-5 6분할 그리기

### (5) 활동 시 주의사항

① 6분할 그리기는 가족원의 분노가 표출될 수 있으므로 조심스럽게 개입하도록 한다. 활동이 끝난 이후에는 긍정적인 모습을 떠올려보도록 하여 양가감정에 대한 충분한 공감을 통해 감정을 다루도록 한다.

② 가족이 느끼는 양가감정과 작업 과정에서의 감정에 대한 이해를 통해 긍정적인 변화의 의지가 있는지 살펴본다.

③ 6분할 그리기 활동에서 자신에게 의미 있는 가족에 대한 심리적 어려움과 문제가 무엇인지 자각하고 표현하는지 살펴본다. 가족 간 의사소통 방식, 참여 정도, 참여자 간 변화의 정도가 처음과 비교했을 때 어떠한지 숫자로 표현하여 변화 정도를 살펴본다.

④ 처음 그린 것과 마지막에 그린 것의 이미지가 중요한 심리적 반응을 나타내므로 그리는 과정을 잘 관찰하여 가족의 역동에 대한 파악이 필요하다.

### 3) 촉진질문

| 상담과정 | 상담자 질문 |
|---|---|
| 도입 | • 어느 그림을 가장 먼저 그렸나요? 마지막 그린 것은 어느 것인가요? 이 부분에서 잠시 멈추셨는데 무엇 때문에 그렇게 하셨나요?<br>• 자녀(또는 아버지, 어머니)가 빨리 시작하지 않을 때 아버지(또는 어머니, 자녀)께서 빨리 그리라고 하고, 다 그렸냐고 확인하셨는데 일상에서도 자주 그러는 편인가요? 계속 행동하지 않으면 어떻게 하시나요? |
| 전개 | • 이 그림에 이름이나 제목을 붙인다면 무엇이라고 할까요? 제목을 가족 모두 그림 위쪽에 적어주세요.<br>• 그림을 완성하였는데 무엇을 표현한 것인지 설명해 주시겠어요?<br>• 그림을 그리고 난 후 느낌이 어떤가요?<br>• 이 그림에서 보이는 그때 자신의 상황은 어땠나요? 그때의 모습이나 기억이 지금 가족생활에 어떤 영향을 미치나요?<br>• 다른 가족원의 이야기에 어떠신가요?<br>• 지금까지는 가족원의 부정적인 면만 이야기하셨는데, 긍정적인 면은 어떤 것이 있을까요?<br>• 당신이 그때의 가족원에게 새롭게 적절한 역할을 배정해 준다면 어떻게 할 수 있을까요? 그렇게 되면 만족할 수 있나요?<br>• 이런 갈등 상황이 될 때 우리 가족은 어떻게 해결하시나요? 그 방법이 갈등 해소에 도움이 되었나요? 혹시 다르게 한다면 어떻게 하면 좋을까요?<br>• 가족에 대한 갈등(호소문제)이 줄어들려면 가족원이 어떻게 행동(상호작용)하는 것을 보면 될까요? 나의 행동은 다른 가족에게 어떻게 영향을 줄까요? |

| | |
|---|---|
| 마무리 | • 앞으로 그 문제가 해결되려면 가족은 어떻게 해야 하는지 알게 된 것과 느낀 점이 있나요?<br>• 가족관계를 개선하거나 발전시켜 나가기 위해 가족원 각자 어떤 노력을 해야 할까요?<br>• 가족이 지금처럼 함께 의견을 나누고, 수용하며 협력하는 모습이 평소 가족생활과 같은 모습인가요? 이런 모습이 계속된다면 우리 가족은 어떻게 될 것 같은지요?<br>• 가족원이 그린 그림을 보고 전체적으로 떠오르는 주제가 무엇인가요?<br>• 가족이 함께 작업하면서 새롭게 알게 되거나 느꼈던 점에 대해 이야기 나누어 볼까요? |

## 4) 추가 활용 방법

### (1) 6분할 그리기로 선호하는 가족 나타내기

6분할 그리기는 상담 시 언어로 표현하는 것이 부족하거나 인지능력이 낮은 사람들도 충분히 사용할 수 있다. 그림 외에 문자, 도형, 기호, 사물, 이미지 카드 등 무엇이든 상관없이 그리거나 놓아보도록 하여 누구나 쉽게 표현해 보도록 할 수 있다. 상담 초기에는 투사적 기법으로 가족관계에서의 어려움 탐색, 심리적 상태 등의 파악에 유용하다. 상담이 진행되면서 가족의 장점, 희망하는 가족, 가족의 미래 등 다양하고 구체적인 주제를 주어 표현하고 나누어 선호하는 가족의 모습이 되기 위해서 가족이 할 수 있는 노력은 무엇이 있는지 나누어 볼 수 있다.

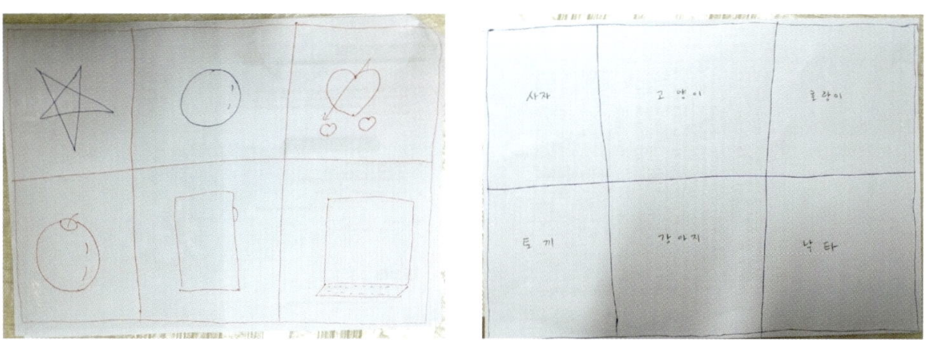


그림 6-6 6분할 추가 활용

## 5) 상담사례

### (1) 내담자 가족

- 모(39세), 아들(18세)

### (2) 상담의뢰 경위

- 모가 아들이 표현도 없고, 자기주장이 없어서 어떻게 살려나 하는 걱정으로 화를 많이 표출하여 상담을 신청하였다.

### (3) 상담내용

이 가족은 한부모가족으로 어머니는 자녀들에 대한 막중한 책임감을 가지고 있었다. 아들이 너무 표현을 하지 않고 자기주장을 잘하지 않아서 답답한 마음이 많고, 아들이 커서 뭐가 되려나 걱정도 많아서 괜히 혼자서 화가 나기도 한다. 6분할 그리기 기법에 대해 소개하고 가족에 대한 마음을 주제로 그림으로 그리거나, 글로 적어보도록 하였다. 질문을 통해 서로에 대한 마음을 구체적으로 표현하고 이야기를 나누면서 모자가 서로를 이해하게 되고 모자관계의 변화가 촉진된 사례이다.

6분할 그리기에 적은 단어의 의미를 나누면서 모는 아들에 대한 자신의 마음에 대해 자신의 아버지도, 오빠도 제대로 잘 살지 못하는 것을 닮거나 자신의 삶을 닮을 것 같아서 화가 나고 답답한 것 같다고 하였다. 그러나 아들에 대해 의지하는 마음과 어디에서나 타인에게 신뢰를 줄 것 같다고 느끼게 되었고, 자신이 바르고 책임감 있게 살아왔기 때문에 자신과 비슷한 아들이므로 자신이 앞으로도 계속 이렇게 살면 될 것 같다고 하였다. 자신이 좀 더 표현하고 살아야 아들도 배울 것이라고 알게 되어 노력해 보기로 하였다. 아들은 엄마의 이야기를 들으면서 엄마 마음을 더 알게 되었다고 하였다. 엄마가 바쁘기 때문에 자신이 여동생과 놀아주어야 한다고 생각하게 되었고, 여동생은 귀엽고 사이가 좋다고 하였다. 엄마가 공부하라는 소리는 안하지만 스마트폰을 알아서 사용하는데 간섭을 좀 안하면 좋겠다고 하였다. 스마트폰 사용에 압력을 느껴서 답답하다고 하였고, 자신에게 자유를 좀 주면 좋겠다고 하였다. 모는 아들이 표현을 안 하니 몰랐던 사실이라고 하면서 좀 더 표현해 주면 좋겠다고 하였다.

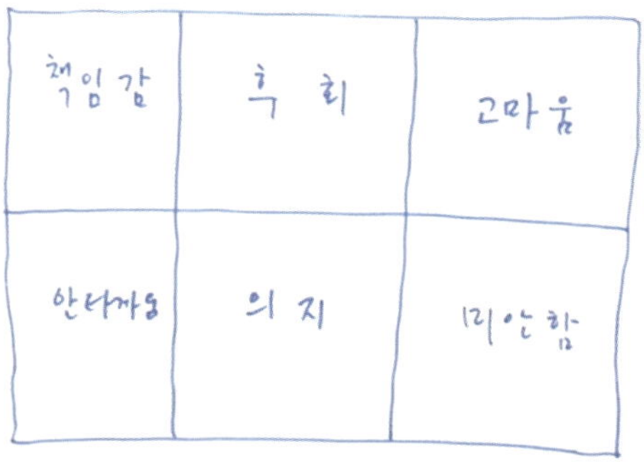


그림 6-7 가족에 대한 마음(모)

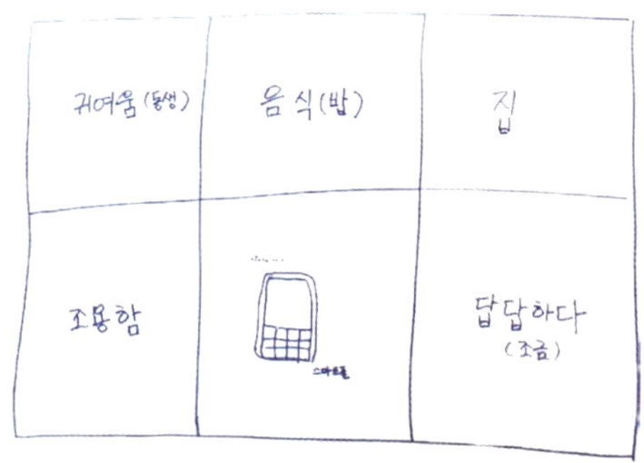


그림 6-8 가족에 대한 마음(아들)

## 3 가족사진 기법

### 1) 활동 개요

가족사진 기법은 가족앨범에서 마음에 드는 가족사진을 가져와 큰 종이에 붙이고 이야기를 나누면서 가족상호작용을 촉진하는 기법이다. 사진매체는 기억을 쉽게 재생할 수 있는 기록성, 사실성을 통한 신뢰감 형성과 인지 방식을 표출하는 전달성을 통해 심리적 효과를 높이는 속성이 있다. 가족사진은 주로 가족 의식이나 좋았던 시기를 영원히 박제하여 가족원에게 긍정적 기억을 불러일으킨다. 가족사진에는 가족구조와 관계, 가족역할, 친밀감, 가족 비밀 등 꾸준하게 드러나는 가족 규칙이 보인다.

가족사진 기법의 장점은 진단과 치료가 동시에 이루어져서 초기 치료 활동 진행과 라포 형성이 용이하다. 또한 아주 쉽게 접할 수 있는 매체로 최근에는 스마트폰을 활용하여 언제, 어디서나 쉽게 촬영과 편집이 가능함으로써 매체에 대한 접근이 더욱 쉬워져서 활용도가 높다. 가족원은 가족사진을 함께 찾아보면서 좋았던 경험과 가족역사를 회상하고 대화를 촉진하여 긍정적 감정을 불러일으키기 쉽다. 그리고 가족사진 작업을 하면서 가족원의 역할을 인식하고 재구성하며, 앞으로 가족관계에서의 역할이나 기대, 바람 등을 표현함으로써 관계 향상을 촉진할 수 있다.

## 2) 활동 방법



### (1) 목표

- 가족사진을 통해 가족구조, 가족관계 등을 탐색한다.
- 가족원과의 관계 탐색과 좋았던 시기의 환기를 통해 감정적 통합을 할 수 있다.
- 가족원 간의 이해와 상호작용을 증진한다.
- 상담자, 내담자 간의 직접적 이해와 의사소통을 촉진한다.

### (2) 준비물

- 여러 장의 가족사진, 가위, 사진, 색연필이나 매직, 사인펜, 풀, 도화지, 잡지, 동물 그림 등

### (3) 적용 가능 대상

- 커플 및 가족

### (4) 진행 방법

가족사진을 찾으면서 느꼈던 감정, 생각, 기억, 상호작용 등에 대해 나누고, 가족사진 활동에 대해 설명한다. 가족원이 골라온 사진으로 각자 작업을 해도 되고, 의논해서 함께 작업해도 됨을 설명한다. 가족의 자원, 앞으로 필요한 것 등을 인식할 수 있도록 질문한다. 알게 된 점, 느낀 점 등을 나누고 가족의 소망과 앞으로의 역할 등을 인식하고 변화 노력을 할 수 있도록 한다.

#### ① 도입

가족사진을 활용한 전반적 작업에 대해 안내한다. 가족원이 사진을 찾으면서 가족의 역사, 의식 등 좋았던 경험을 환기하여 자신과 각 가족의 역할과 현재 가족에 미친 영향, 가족원에 대한 긍정적 감정을 환기하도록 질문한다.

상담자 멘트의 예시는 다음과 같다.

"여러분이 사진을 찾아보면서 나눈 이야기나 느낌, 알게 된 것 등을 먼저 이야기 나누고, 다음에는 골라온 사진으로 활동을 해보려고 합니다."

**상담자 점검 및 관찰 사항**

- 사진 속에 드러나는 공통적인 규칙(위치, 친밀한 관계, 누가 주로 찍는가, 안정된 주제 등)을 탐색한다.
- 사진을 가져오는 것을 힘들어하는 가족은 잡지 등으로 대체할 수 있으나 사진을 찾아보면서 느낀 점, 대화 등은 반드시 나누도록 한다.

#### ② 전개

가족사진 작업을 실시하면서 가족원의 상호작용 탐색은 물론 탐색적 질문을 통해 가족구조와 관계, 가족역할, 친밀감, 가족 비밀, 꾸준하게 드러나는 가족 규칙이 있는지 등을 탐색하고 촉진질문을 통해 가족 상호작용을 촉진한다. 또한 가족사진 작업을 하면서 가족관계에 도움이 되었던 자원이 있었다면 무엇인지 인정해 주며, 앞으로 원하는 가족관계가 되기 위해 필요한 것이 무엇인지 인식할 수 있도록 질문한다.

상담자 멘트의 예시는 다음과 같다.

"종이의 한쪽은 진짜 가족사진을 붙이고 다른 한쪽은 여러분이 원하는 이상적 가족의 모습을 잡지에서 찾아 꾸며보세요."

"왜 그렇게 꾸몄는지, 지금 발견한 가족의 자원은 무엇인지, 가족들이 원하는 이상적 가족 모습으로 되는데, 더 필요한 것은 무엇이 있을지 의논해 보고 나누어 보도록 할까요?"

**상담자 점검 및 관찰 사항**

- 가족사진을 작업할 때는 가족구조와 가족역동을 파악하며 상호작용을 파악하고 촉진한다.
- 가족사진과 실제 상호작용의 차이와 가족관계, 역할 등의 긍정적인 부분을 파악한다.

### ③ 마무리

가족사진 작업을 마무리하면서 알게 된 점, 느낀 점을 자유롭게 나누어 보도록 한다. 앞으로 원하는 가족관계에 대한 소망을 들어보고 가족의 역할변화를 한다면 어떻게 변화해 나갈지 나눈다. 과거에 가족이 지금보다 더 좋았다면 어떤 차이가 있어서 가능했던 것인지 탐색하고, 그것을 더 많이 하도록 한다.

상담자 멘트의 예시는 다음과 같다.

"미래 가족의 모습이 어떠했으면 좋을지 가족을 나누어 보고, 가족 각자는 어떤 역할을 해야 하며, 이상적 방향으로 옮겨 가려고 할 때 장애가 되는 것은 무엇인지 의논해보겠습니다."

"의자나 소품을 준비하여 스마트폰으로 가족사진을 찍어 확인한 후, 작업을 하기 전과 무엇이 다른지, 우리 가족에게 앞으로 더 필요한 것이 무엇인지 이야기해 보겠습니다."

그림 6-9 가족사진 기법

### (5) 활동 시 주의사항

① 가족사진을 가져오기 힘들어하는 경우에 그 의미를 탐색하며 저항을 다룰 수도 있으나 상담 초기에는 주의하여 다루는 것이 좋다.

② 개인적인 사정으로 사진을 가져오기 힘들어하는 내담자의 경우 잡지나 사진, 동물 그림 등을 대체해서 활용할 수 있다.

## 3) 촉진질문

| 상담과정 | 상담자 질문 |
|---|---|
| 도입 | • 사진을 찾으면서 든 느낌은 어떤가요? 찍을 때는 몰랐는데 다시 보면서 새롭게 알게 된 사실이 있다면 그것은 무엇인가요?<br>• 이 사진에서 자신의 위치가 어떻게 보이나요? 부모님(또는 형제)과는 어떤 것 같은가요?<br>• 누가 서로의 옆에 서 있고, 주로 누가 사진을 찍어 주었나요?<br>• 가족원 중 ○○와의 특별한 기억이 있다면 이야기해 주실 수 있나요?(어떤 이야기를 많이 했었는지, 한 사람은 주로 이야기를 하고 주로 듣는 사람이 있었는지, 서로 싫어함, 서먹함 등)<br>• 가족역사, 주요 여행지 혹은 많은 관심을 가졌던 행사는 무엇인가요?<br>• 자신이 태어나기 전에 부모님과 조부모님과는 어떤 관계였을까요? 혹시 기억나는 장면이나 형제자매들을 대하는 태도의 차이가 있었나요?<br>• 과거 이 사진 속에 있는 당신의 가족들이 현재의 당신 가족에게 주는 긍정적이이거나 부정적인 영향이 있다면 어떤 것인지 이야기해 주세요. |
| 전개 | • 가지고 온 여러 장의 가족 사진을 자유롭게 재배열한다면 어떻게 놓고 싶고, 이유는 무엇일까요?<br>• 사진 속의 인물을 재배열한다면, 어떻게 떼어서 다시 놓고 싶고 각자 자신의 가장 가까이에 두고 싶은 사람은 누구인가요? 자신의 곁에 온다면 무슨 이야기를 해주고 싶은가요?<br>• 이 사진에서 원하는 가족이 되기 위해 또는 솔직하게 만들기 위해 오리거나 분리한다면 어떻게 하고 싶은가요?<br>• 사진 속의 무언가를 지금 여기로 가져올 수 있다면 무엇을 가져오고 싶고, 가져오게 된다면 무엇이 달라질 것 같은가요?<br>• 앞으로 바라는 이상적인 가족 모습을 나타내었는데 활동을 하면서 가족이 적응할 수 있었던 긍정적인 자원은 무엇인가요?<br>• 이 사진에 제목을 붙인다면 무엇이고, 가족에게는 어떤 의미인가요?<br>• 이상적인 가족이 되기 위해서 자신과 가족 각자는 어떤 행동(역할, 모습, 마음가짐 등)을 할 수 있을까요?<br>• 활동을 하면서 자녀에게 물려주고 싶은 가족의 유산을 찾아보고 나누어 주세요. |
| 마무리 | • 변화한 사진 작업에서의 가족에 대해 무엇이 느껴지나요?<br>• 가족이 앞으로 각자 다르게 행동한다면 우리 가족은 어떻게 변화할까요?<br>• 의자, 소품 등이 준비되어 있으니 앞으로 변화하고 싶은 가족모습을 의논하여 가족사진을 다시 찍어보겠습니다.<br>• 새롭게 찍은 가족사진을 보고 가족의 달라진 모습은 무엇이며, 우리가족에게 앞으로 무엇이 더 필요한지 나누어 볼까요? |

### 4) 추가 활용 방법

#### (1) 가족사진 기법을 활용한 가계도 만들기

가족사진을 함께 찾아보고 가능하면 삼 세대의 사진을 가져오도록 하여 사진가계도를 만들 수 있다. 개별 사진을 찾기 어려우면 단체 가족사진을 인쇄해 오려서 사용하거나 종이에 인물을 그리고 오려서 사용할 수 있다. 가족사진을 찾으면서 느낀 감정, 생각 등은 꼭 나누도록 하고, 큰 도화지를 활용하여 전체 가족구조를 그리고 도표에 가족사진을 붙이도록 한다.

보웬 다세대 가족치료 개념에 따라 가계도 탐색을 하여도 좋으며, 추가하여 사진 옆에 가족원의 긍정적인 부분과 바라는 점을 한 사람씩 돌아가면서 적어 보도록 하고 나누도록 한다. 집으로 돌아가서 가족이 바라는 것을 몰래 해보도록 하고, 상대방이 어떤 것을 하려고 노력했는지 살펴보도록 한다. 다음 상담 회기에서 상대방은 가족원의 행동을 알고 있었는지, 느낌, 생각 등은 어떠했는지 등을 나눈다.



### 5) 상담사례

#### (1) 내담자 가족

- 모(42세), 아들(8세)

#### (2) 상담의뢰 경위

- 모는 남편과 이혼 소송 중에 남편의 아동학대 신고로 상담을 받게 되었다. 자신을 아동학대로 신고한 남편과 아빠를 따라 분리 조치된 딸이 너무 미워서 양육권을 갖고 싶지 않다고 하였고, 아들은 같이 살고 있는데 너무 예뻐하였다.

### (3) 상담내용

모는 상담 초기에는 남편이 너무 밉고 딸이 자신이 시키는 대로 공부를 하지 않아서 회초리로 때렸기 때문에 딸이 원인 제공을 한 것 같아서 너무 미웠다고 하였다. 상담이 몇 회기 진행된 후 남편의 행동과 딸에 대한 감정을 분리하도록 하였다. 모는 딸에 대한 애틋한 마음을 회복하던 중 딸에 대한 관계 회복을 더 촉진하기 위해 가족사진을 찾아오도록 하였다. 가족사진을 찾고, 가져오는 과정과 미래의 가족 모습을 꾸미는 가족사진 기법을 통해 딸에 대한 사랑을 회복하고 양육권을 원했던 사례이다.

모와 가족 앨범과 스마트폰 속에 저장된 가족사진을 찾아본 소감을 나누었는데, 딸이 어릴 때부터 잘하는 것도 매우 많았고, 모든 영역에 두각을 나타내서 자신이 더 욕심을 부렸던 것을 알게 되었고, 너무 보고 싶었고 자랑스러웠음을 알게 되었다고 하였다. 이러한 딸을 생각하면 딸이 어느 곳에 있어도 믿음이 가고 잘해 낼 것 같다고 하였다. 아들은 누나가 조금 보고싶다고 하였고, 같이 놀러 다닐 때 좋았다고 하였다. 앞으로 가족이 어떻게 되었으면 좋을 것 같은지 꾸며보도록 하고 이름을 지어보았다. 모는 배우자와 이혼을 하더라도 양육권을 가져서 빨리 함께 살고 싶고, 자신이 그때를 대비하여 직업을 찾을 것이며, 아들이 말한 것처럼 여행도 더 많이 다니고 싶고 자녀들을 사랑한다고 하였다.

그림 6-10 가족의 미래 모습

## 4 가족생명나무

### 1) 활동 개요

가족생명나무 기법은 나무에 투사된 가족원들의 이미지를 활용하는 것으로 외재화를 하는 데 유용하다. 나무 그림은 자신의 신체에 대한 이미지와 자기 개념 등을 포함한 자아상이 드러난다고 본다. 가족생명나무기법은 우리 인생의 다양한 측면들을 나타내 주는 은유로서 나무의 여러 부분을 독특하게 사용한다. 이 기법은 이야기치료 접근에 근거를 두면서 심리사회적인 지지체계를 형성하도록 한다.

나무의 각 부분 즉 뿌리, 땅, 기둥, 나뭇잎, 가지, 열매, 벌레 등을 그리도록 하고, 각 부분에 나의 원가족과 현재 가족, 중요한 사람들, 소망과 기대, 특기, 문제 등을 써서 넣도록 한다. 가족원은 생명나무를 다 그린 후에 다른 가족원들 앞에서 자신의 생명나무를 소개한다. 그리고 상담자와의 반영적 대화를 통해 말하기와 다시 말하기를 한다. 이를 통해 개인은 자신의 삶에 대한 관점이 재구성되어 정체성이 강화되고, 가족원에 대한 인식을 새롭게 재구성하게 된다(김유숙, 고모리 야스나가, 최지원, 2013). 또한 가족 그림을 벽에 붙이고 숲을 만들어 가족이 위험에 잘 대처했던 경험과 미래의 대안을 찾아본다.

### 2) 활동 방법

#### (1) 목표

- 가족의 부정적 사건, 문제의 영향 탐색과 외재화를 통해 문제를 가족원과 분리한다.

- 가족의 심리사회적 지지체계에 대한 정보 탐색 및 지지체계를 연결한다.
- 독특한 결과 탐색, 내담자 진술과 상담자, 가족의 재진술을 통한 가족의 정체성 강화와 인식 변화를 돕는다.
- 가족 문제의 해결과 대처방법 확인, 가족의 강점 강화를 통해 가족정체성을 구축한다.
- 각 가족원 또는 가족 전체의 정체성 구축으로 가족이야기를 재구성한다.

### (2) 준비물

- 도화지, 색연필, 사인펜 등 그리기 도구

### (3) 적용 가능 대상

- 커플 및 가족

### (4) 진행 방법

가족에게 가족생명나무에 대해 소개하고, 도화지 크기에 각각 큰 나무를 하나 그려달라고 한다. 가족원은 돌아가면서 각자 생명나무를 소개하고 그에 대해 상담자가 촉진질문을 하며 말하기 과정을 갖는다. 가족원은 서로의 말하기 과정에 반영적인 다시 말하기 과정을 함으로써 다른 가족원을 인정하도록 한다. 가족원 각자가 만든 생명나무를 전지에 붙여서 숲을 만들어 가족이 위험에 노출되었을 때 잘 대처한 경험과 앞으로 위험이 닥칠 때 어떻게 대처할 수 있을지 알아본다.

#### ① 도입

가족생명나무를 그리도록 하고 활동 방법에 대해 설명한다. 나무에 글씨를 쓸 것이기 때문에 색을 칠하고 싶다면 나중에 하는 것이 좋다고 알린다. 만약에 색칠을 먼저 할 경우, 여백에 글씨를 써도 됨을 알려준다.

상담자 멘트의 예시는 다음과 같다.

"지금부터 큰 나무 그림을 하나 그리려고 합니다. 이 나무에는 뿌리, 땅, 기둥, 나뭇잎, 가지, 과일이나 열매, 벌레 등을 그릴 것입니다. 순서가 중요한 것은 아니지만 각 부분이 의미하는 것을 각각의 위치에다가 글씨로 적어 넣을 것입니다. 그림을 먼저 그리고 나서, 그 안에 글씨를 쓰 는 것이 좋습니다. 그림을 잘 꾸미고 싶거나 색칠을 원하는 경우 색연필이나 사인펜을 사용해도 좋습니다. 각 부분에는 다음에 해당하는 사항을 적을 것입니다."

- 뿌리: 자신의 내력(태어나서 자란 곳, 가족의 고유한 전통, 나를 가르치고 키워 주신 분, 좋아하는 장소, 노래, 취미, 춤)
- 땅: 살고 있는 장소, 하고 있는 일
- 기둥: 나의 특기, 신체적 장점(기술, 잘하는 운동 등)
- 가지: 미래에 대한 희망이나 꿈, 소원
- 잎: 중요하고 의미 있는 사람(살아있는 사람이거나 죽은 사람일 수도 있다)
- 열매: 나의 긍정적인 마음이나 태도(성격적 장점)
- 벌레: 열매를 갉아 먹을 수 있는 문제(가장 나중에 적도록 한다)

**상담자 점검 및 관찰 사항**

- 가족원이 많을 경우는 시간이나 회기를 연장하여 실시한다.
- 심리검사로 오해하여 그리지 않는 가족이 있는지 점검한다. HTP 나무 그림처럼 해석하지 않을 것이라고 설명한다.
- 상담 초기에 실시할 때는 다른 그림 기법처럼 가족의 연합, 동맹 등 상호작용을 관찰할 수도 있다.

② 전개

상담자는 가족원들 각자가 그린 생명나무에 대해 발표하게 한다. 그리고 생명나무의 각 영역에 대해 질문한다. 가족원의 특기, 신체적 장점, 미래에 대한 희망이나 소원 등을 어떻게 가질 수 있었는지, 누구에게 배웠는지 등을 질문한다. 발표한 가족원은 가족의 인정에 대해 자신에게 가장 와 닿았던 것, 영향을 준 것 등을 다시 이야기하도록 한다.

상담자 멘트의 예시는 다음과 같다.

"생명나무를 다 그렸으면, 가족에게 자신의 생명나무를 이야기해 주세요. 나머지 가족은 제가 질문하는 것을 듣고 가족이 생명나무를 이야기할 때의 표현 중 특별히 마음에 와닿은 것, 그것의 이미지, 왜 특별한 관심이 가는지, 내가 영향받은 점 등을 반영해 주세요."

"(발표한 가족원에게) 가족의 이야기를 듣고 특별히 마음에 와닿은 것, 그 이미지, 왜 특별한 관심이 가는지, 내 삶에 어떤 영향을 줄 것 같은지 다시 이야기해 주시겠어요?

**상담자 점검 및 관찰 사항**

- 가족원이 생명나무를 모두 발표하고 난 후 다른 가족원은 자신의 마음에 와 닿은 것, 영향 등을 이야기할 수 있도록 한다.
- 가족원의 발표 후 부정적 특성을 피드백하지 않도록 주의한다.

### ③ 마무리

상담자의 반영 질문 후에 가족이 포스트잇에 쓰거나 말로 가족원의 긍정적 정체성을 인정해 준다. 가족원이 각자 만든 생명나무를 전지에 붙여서 숲을 만들어 보고 느낌을 나눈다. 가족이 위험이 닥쳤을 때 잘 대처했던 경험을 찾아보고, 앞으로 가능한 대안 방법을 찾아서 나무 주변에 적어보고 앞으로의 삶에 도움이 되도록 한다.

상담자 멘트 예시는 다음과 같다.

"자, 이제는 가족의 생명나무 이야기를 들은 후 더 생각나는 능력, 기술 등을 포스트잇에 써서 붙이도록 해주세요."

"가족원 각자가 만든 생명나무를 전지에 붙여서 숲을 만들어 보세요."

"폭풍이나 병충해 등의 위험에 노출될 때 잘 대처한 경험을 말해 주세요. 그리고 앞으로 위험이 닥친다면 우리 가족은 어떤 대안을 가지고 대처할 수 있을까요? 그림 옆에다가 써주셔도 좋고 포스트잇에 써서 붙이셔도 됩니다."

**상담자 점검 및 관찰 사항**

- 가족원이 장난스럽게 참여하거나 문제중심으로 돌아가지 않도록 주의하여 관찰한다.
- 숲을 만들거나 대처 경험, 대안을 찾을 때 가족 모두 적극적으로 참여하도록 독려한다.

**그림 6-11** 가족생명나무 예시

## (5) 활동 시 주의사항

① 생명나무기법은 HTP(집-나무-사람그림 검사)처럼 해석하지 않는다.

② 상담 초기에 적용할 경우 문제 이야기인 벌레(호소 문제들)를 그리고 외재화가 가능하나 그리는 순서는 맨 마지막에 그리도록 한다.

③ 문제에 대해서는 그 문제를 어떻게 잘 극복해 왔는지 질문하여 가족 탓을 하지 않도록 하고, 긍정적 사건은 어떤 의도로 노력해서 가능했는지 정체성을 인정해 주도록 하여야 한다.

④ 마무리 단계에 문제 이야기가 다시 나온다면 각 가족의 문제에 대한 인식이 다름을 서로 비판하지 않도록 하며, 문제를 극복해 온 능력에 초점을 둔다.

⑤ 각 가족이 생명나무를 이야기할 때 가족들은 평소에 자신의 말을 가장 잘 들어주고 인정해주는 사람을 생각해 보고 그 사람처럼 들어주도록 구조화한다.

⑥ 상담자는 발표한 가족원에게 가족원의 인정을 듣고 자신이 영향 받은 것을 이야기하여 가족들과 연결되고 새로운 인식을 갖도록 한다.

⑦ 필요하다면 가족 전체가 협력하면서 가족생명나무를 그리는 것을 제안하며, 상담자가 질문하면서 반영해 주도록 하면 좋을 것이다.

⑧ 가족이 제시하는 남아 있는 문제(벌레)는 상담 중기에 다루는 것이 좋다.



### 3) 촉진질문

| 상담과정 | 상담자 질문 |
|---|---|
| 도입 | • 내가 만약 나무라면 어떤 나무가 떠오르세요?<br>• 그 나무는 어떻게 영양분을 섭취하고 현재의 나무로 성장하였을까요?<br>• 그 나무는 자신의 좋은 점이 무엇이라고 생각할까요?<br>• 그 나무는 앞으로 바라는 것이 무엇일까요? |
| 전개 | • 문제에 대해 좀 더 이야기해 주겠어요? 그 문제는 가족에게 어떤 영향을 주었고, 문제가 당신을 저지, 방해하려 했지만 성공하지 못했던 때를 기억하나요?(어떤 생각, 가치, 신념, 희망) 등으로 그렇게 행동할 수 있었나요? 문제가 일어나기 전이나 이후에도 이렇게 잘 대처한 경험이 있나요?<br>• 당신은 어떻게 다르게 하셨고, 가족들은 또 어떻게 다르게 하셨는지요?<br>• 나를 가르쳐주신 분(또는 키워주신 분)이 특별한 이유는 무엇인가요? 그분에게 나는 어떤 영향을 받았나요? 그분은 내가 그분을 기억하고 의미 있게 여기는 것에 대해 어떤 마음일까요? 그분은 나의 어떤 면을 자랑스럽게 여길까요? 그 분께서 자신을 중요한 사람으로 적은 것에 대해 어떻게 반응하실 것 같은가요? 또 당신이 그분의 눈으로 당신을 본다면 어떤 부분을 알아줄까요? |

- '희망(꿈, 소원)'을 ~라고 적으셨군요. 무엇을 중요하게 여겨서 이것을 희망(꿈, 소원)으로 적었을까요?
- 우리 가족이 소망하는, 선호하는 가족은 어떤 것일까요? 우리 가족이 희망하는 모습이 되는데 방해가 되거나, 도움이 되었던 것은 어떤 것일까요? 어떻게 우리 가족이 이렇게 될 것이라는 희망(꿈, 소원)을 가질 수 있으셨나요? 혹시 조금이라도 이런 상태가 된 적이 있었는지요? 그때는 어떻게 그렇게 할 수 있었나요?
- 당신은 어떻게 이러한 특기(기술)를 가지게 되었나요? 누가 당신에게 이러한 특기(기술)를 가르쳐 주었나요? 이러한 능력을 가짐으로써 좋은 점은 무엇인가요?
- 어떻게 이런 마음(성격, 덕목 등)을 갖게 되었나요? 누가 이런 마음을 가르쳐 주었나요? 이런 마음을 갖고 있다는 것을 알고 있거나 중요하게 생각하신 분이 있나요? 얼마나 이런 마음을 중요하게 생각하나요?
- 가족의 어떤 모습이 당신에게 그러한 긍정적 영향을 주었습니까? 당신은 또, 그분에게 어떤 영향을 주어서 그분이 그렇게 할 수 있었을까요? 그분께서 자신을 중요한 사람으로 적은 것에 대해 어떻게 반응하실 것 같은가요? 또 당신이 그분의 눈으로 당신을 본다면 어떤 부분을 알아주실까요?

*가족원의 발표를 듣고 있던 다른 가족원에게 질문하기(다시 말하기)
- 가족의 입장 또는 경험에 대해 당신은 어떤지 여쭤봐도 될까요? 가족의 표현 중 어떤 부분이 가장 마음에 와 닿았나요? 가족의 이야기가 이전과는 다르게 느껴지는 것이 있나요?
- 가족의 특기(기술)가 있다는 것을 평소에 알고 계셨나요? 이런 것이 당신과 가족관계에는 어떤 것을 가져올까요? 혹시 문제 변화(희망, 꿈)와 조금이라도 비슷하게 되었다고 생각하거나 느꼈던 경험이 있을까요? 어떤 생각(가치, 신념, 희망, 목적 등)으로 당신은 그렇게 할 수 있었고, 다른 가족들은 또 어떻게 그렇게 할 수 있었나요?

*다른 가족이 다시 말하기한 것에 대해 발표한 가족원이 다시 말하기
- 가족의 표현 중 당신의 마음에 가장 와 닿은 것은 무엇인가요? 당신은 왜 그 표현에 끌렸을까요? 당신 삶의 어떤 부분을 떠올리고 연관짓게 되었을까요? 그 이야기가 당신의 생각이나 마음을 어떤 지점으로 이동시켰을까요?

마무리

- 오늘 가족의 이야기를 듣고 마음에 와닿고, 앞으로 좀 더 다르게 해야겠다는 것이 있을까요?
- 폭풍우(힘든 문제)가 밀려올 때 가족 각자는 어떻게 대처하시고, 미리 대비하시겠습니까? 과거에 대처하신 경험이 있다면 이야기해 주시겠습니까? 목록화해 보는 것이 도움이 됩니다.
- 당신의 문제, 가족관계는 얼마나 나아졌습니까?
- 상담을 통해 가장 의미 있게 변화한 것은 무엇일까요?
- 앞으로 더 좋아지기 위해서 우리 가족은 무엇을 더 할 수 있을까요?

## 4) 추가 활용 방법

### (1) 가족생명나무를 활용한 부모나무 그리기

자녀 문제로 인해 갈등이 높은 상황에서 부모만 상담에 참여할 시에는 부모나무를 그리고 부모가 된 후 부모로서의 사회적 기대 및 부모 자녀와의 관계 및 갈등, 생명나무에서 적은 것을 참고하여 부모로서의 기술, 소망, 희망, 덕목, 중요한 사람들 등을 적고 질문하여 긍정적인 정체성을 재구성할 수 있도록 활용할 수 있다. 또한 부모의 생명나무 사이에 어린나무를 붙여서 그리도록 하여 자녀의 긍정적인 면, 자녀의 기대 등을 파악한다. 이러한 작업과 질문을 통하여 부모 자녀 관계를 연결하여 자녀에 대해 새롭게 인식하도록 할 수 있다.



## 5) 상담사례

### (1) 내담자 가족

- 부(40세), 모(40세), 첫째 아들(8세), 둘째 아들(6세)

### (2) 상담의뢰 경위

- 부모가 자녀들을 방임하여 가족관계 회복을 돕기 위해 기관에서 의뢰하였다.

### (3) 상담내용

가족의 친밀감을 촉진하는 활동과 놀이 회기 후 부모와 두 아들이 참여하여 가족생명나무 기법을 적용하였다. 먼저, 가족생명나무에 대해 간단하게 설명하고 큰 나무를 그리도록 하였고 글자를 적어야 하니 색칠하지 않도록 안내하였다. 가족에게 자신의 생명나무를 이야기하면서 특히 부부가 서로의 기대와 고마움을 표현하고 가족이 함께 그림을 그리고 놀이하는 활동이 재미있다는 자녀의 피드백 등으로 가족 간의 상호작용이 촉진되고 끈끈함을 갖게 된 사례이다.

상담자가 촉진질문을 하면서 가족에게 자신의 생명나무를 이야기하게 하였다. 아내는 남편이 평소 퇴근하거나 주말에도 잠을 자고 아이들을 돌보지 않는 것에 대해 속상해하며 힘들어했다. 그러나 남편이 자신이 가장 중요하고 소중하게 생각하는 사람이 아내, 아이들이며, 평생 함께해야 할 사람이라고 하자 눈물을 글썽이며, 남편이 두 가지 일을 하여 마음과는 달리 자녀들을 돌보지 못하였다는 것을 이해하였다. 또한 남편이 잠을 제대로 자지 못해서 힘든 중에도 상담에 참여하였음을 고마워하였다.

남편은 아내가 잘하는 것이 많음을 알고 있었고 가족에 대해 의미를 많이 두고 있음을 다시 느꼈다고 말하며 자신의 빈자리를 채워줘서 고맙다고 하였다. 자녀들은 아직 어려서 색칠에 열중하고, 스티커를 붙이거나 생명나무 숲을 만들 때 적극적으로 나서서 활동하였고 나무가 다 같이 모여 있는 것이 우리 가족 같다고 하며 좋다고 하였다. 그리고 첫째 아들이 아빠가 좀 많이 놀아주는 것이 소원이라고 하여 상담 다음 날 같이 놀러 가기로 약속하였다. 그리고 가족이 위기를 겪을 때는 다 같이 힘을 합하여 이겨 나가야 한다고 하는 등 가족이 서로의 기대와 생각을 잘 알 수 있었고 관계가 매우 긍정적으로 변화하였다.

그림 6-12 가족생명나무와 숲 만들기

## 5 가족체계진단법

### 1) 활동 개요

가족체계진단(Family systems diagnostic procedure)은 가족체계의 역동을 탐색하는 중요한 도구이며 가족에게는 상호작용의 경험을 하도록 돕기 위해 Landgarten(1987)에 의해 개발된 기법이다. 가족체계진단법은 가족이 함께 비언어적 공동 협동화, 비언어적 가족 협동화, 언어적 가족 협동화 세 가지 그림 작업 과정을 이어 하면서 진행된다. 상담자는 가족의 상호작용 과정과 그림에 나타나는 내용을 통해서 가족역동을 탐색한다.

가족체계진단법의 세 가지 과정과 내용에서는 가족의 언어적, 비언어적 상호작용 방식, 동맹, 권위, 역할, 의사소통, 기대 등 가족체계에 대한 정보를 얻을 수 있다. 가족은 그림 작업을 하면서 가족의 상호작용을 인식하고 경험하는데 특히, 언어적 가족 협동화는 평가의 도구 기능도 하지만 가족 간 대화를 촉진시켜 주는 역할을 한다. 그림 작업과정 시 상호작용과 내용에 대한 다양한 질문은 가족원의 자각을 돕고 상담 목표를 설정하는 것에 도움이 된다.

### 2) 활동 방법

#### (1) 목표

- 상담 초기 가족관계와 가족 내 역할, 의사소통 유형, 권력관계 및 역할 등 가족의 역동 및 상호작용을 파악한다.
- 가족에게 지금-여기의 경험에 초점을 맞추도록 돕고 가족관계에 대해 돌아보고 재구조화하도록 할 수 있다.

### (2) 준비물

- 전지 또는 4절, 8절 캔트지, 크레파스, 색연필, 사인펜 등 그리기 도구

### (3) 적용 가능 대상

- 커플 및 가족

### (4) 진행 방법

가족체계진단법에 대해 설명하고, 가족원이 평소에 어떻게 상호작용하는지 나누도록 한다. 그리고 비언어적 공동 협동화, 비언어적 가족 협동화, 언어적 가족 협동화 순으로 그리도록 하고 제목은 의논하여 정하도록 설명한다. 세 가지 작업을 마치고 난 후, 각 작업에 따라 경험과 느낌이 어떻게 다른지, 가족에게 미치는 영향은 어떤지 등을 나눈다. 마지막으로 현재 상호작용이 어떻게 달라지길 원하는지 알아보고 목표를 정하며 변화하기 위한 상호작용을 알아본다.

#### ① 도입

가족원이 평소 어떻게 상호작용하는지 이야기 나누고 세 장의 그림을 그릴 것이라는 내용을 안내한다. 가족원의 성향에 따라 그림 그리는 것을 어색해 할 수 있으므로 상담자는 좀 더 자유롭고 즐거운 분위기에서 그릴 수 있도록 한다.

상담자 멘트의 예시는 다음과 같다.

"오늘은 세 장의 그림을 그리면서 가족이 소통하는 모습을 표현해 보겠습니다."

"그림 그리는 것이 어렵고 불편할 수는 있지만 그림 그 자체는 전혀 중요하지 않습니다. 그림이 그려지는 방법이나 잘 그려진 작품에 대한 기대가 있는 건 아니기 때문입니다. 가족이 그림을 함께 그리는 것이 중요합니다."

##### 상담자 점검 및 관찰 사항

- 그림 그리는 것을 어려워하는 가족원은 누구인가?
- 서로 대화하는 가족의 역동 및 상호작용은 어떠한가?
- 오늘 상담에 오기 전에 가족에게 영향을 미칠만한 일이 있는가? 있다면 현재 가족역동에 어떤 영향을 미치는가? 평소와 무엇이 다른가?

#### ② 전개

가족이 하나의 종이에 그림을 그릴 것이라고 알려준다. 가족원은 각각 다르므로 표현의 자유가 있고, 이러한 표현을 통해 가족원 각자의 고유한 방식을 발견하게 된다고 설명하여 표현을 더 촉진시킨다. 세 가지 그림 완성 후에 그림을 그리는 과정에서 관찰된 상호작용 내용과 그림의 내용에 나타난 것을 가족원에게 질문과 피드백을 통해 이야기 나눈다. 지금-여기에 초점을 두고 지나간 가족의 역사가 아닌 현재 가족의 역할에 초점을 두도록 한다.

상담자 멘트의 예시는 다음과 같다.

- 비언어적 공동 협동화

"가족을 두 팀으로 나누겠습니다. 각자 종이에 자신이 원하는 색깔의 크레파스(사인펜 등 색이 있는 그리기 도구) 중 한 가지 색을 선택하여, 말하지 않고 그리고 싶은 대로 그려보세요. 무엇이든 자유롭게 그릴 수 있습니다. 그림이 완성되면 서로 말을 할 수 있고, 의논하여 제목을 정하고 적어 주세요."

- 비언어적 가족 협동화

"전체 가족이 한 장의 종이에 함께 작업을 할 것입니다. 자신이 원하는 색 한 가지를 선택해서 말하지 말고 그림을 그려주세요. 작품이 완성되고 제목을 붙일 때는 서로 이야기할 수 있습니다."

- 언어적 가족 협동화

"전체 가족이 한 장의 종이에 함께 그림을 그리겠습니다. 이번에는 서로 자유롭게 이야기하면서 그림을 그릴 수 있습니다. 색깔은 한 가지만 선택하여 그림을 그리고, 완성된 후 의논하며 제목을 정해 적어 주세요."

**그림 6-13** 비언어적 가족 협동화

**그림 6-14** 언어적 가족 협동화

**상담자 점검 및 관찰 사항**

- 누가 그림을 먼저 시작하고 어떤 순서로 참여하는가?
- 제목을 정할 때 누구의 제안이 채택되고 무시되었는가?
- 각자 그림에 개입 정도는 어떠한가?
- 전혀 참여하지 않은 사람은 누구인가?
- 다른 그림 위에 첨가하여 지워버린 사람은 누구인가?
- 서로 그림 그릴 때 교대를 했는가? 각자의 그림 위치는 어떠했는가?
- 그림이 얼마나 많은 공간을 차지하는가?
- 독자적으로 행동하는 사람은 누구인가?
- 가족원이 보이는 정서적 반응은 어떠한가?
- 누가 누구와 두 팀으로 나누는가?

③ 마무리

함께 그린 그림을 보면서 어떻게 달라지기를 원하는지 이야기를 나눈다. 그러한 변화를 위해 각자 가족이 노력할 수 있는 부분은 무엇인지 의논한다.

상담자 멘트의 예시는 다음과 같다.

"완성된 그림에서 바꾸고 싶거나 달라졌으면 하는 것이 있다면 어떻게 달라지기를 원하는지 이야기를 나누어 보겠습니다. 그것이 가족에게 어떤 영향을 줄 것 같은지도 나누어보겠습니다.

상담자 점검 및 관찰 사항

- 변화에 적극적인 의지를 보이는 사람은 누구인가?
- 활동 후 가족의 상호작용에 변화가 있는가?

### (5) 활동 시 주의사항

① 손에 힘이 있어서 조절하여 그림을 그려야 하므로 4세 이상의 아동이 참여하면 좋다.

② 누가 먼저 시도하는지 등을 체크한다.

## 3) 촉진질문



| 상담과정 | 상담자 질문 |
|---|---|
| 도입 | • 오늘 상담실에 오기 전에 혹시 가족에게 영향을 미칠만한 일이 있었을까요?<br>• 평소 우리가족은 대화가 잘 된다고 생각하나요? 만약 잘 안된다면 어떤 점 때문에 대화가 어렵다고 생각하나요?<br>• 무엇이 달라지면 우리가족이 지금보다 나아졌다고 느낄까요? |
| 전개 | • 말 없이 그림을 그리는 것과 말하면서 그림을 그리는 것에 어떤 차이가 있었나요?<br>• 그림 그리면서 무엇이 가장 어렵고 불편했나요? 불편을 해결하기 위해 어떤 노력을 했나요?<br>• 작업하면서 가족들이 ~모습(누가 먼저 시작, 나머지 참여 순서, 누구의 제안을 채택, 개입 정도, 참여하지 않는 사람, 독자적 행동, 작업 형태 등)을 보였는데, 관찰된 내용에 대해서는 어떻게 생각을 하시나요?<br>• 가족으로 인해 자신에게 미치는 영향은 무엇일까요? 그때 어떤 감정을 느끼나요? |
| 마무리 | • 바꾸고 싶거나 달라졌으면 하는 것이 있으신가요? 어떻게 달라지길 원하시나요?<br>• 바꾸고 싶은 것이 가족에게 어떤 영향을 줄까요? 그것을 우리의 목표로 해도 될까요?<br>• 목표로 변하려면 구체적으로 무엇을 노력해야 할까요?<br>• 누가 도와주길 원하나요? 어떤 도움을 원하나요?<br>• 가족원이 보기에 노력이 안 보일 수 있지만, 각자 노력하고 있을 거니까 서로 비난을 멈추고 격려와 인정해 주세요.<br>• 상담을 마치면서 오늘 가장 의미 있었던 시간은 무엇인가요? |

## 4) 추가 활용 방법

### (1) 가족체계진단 그림을 활용한 상징 찾아 이야기 만들기

가족들이 완성한 비언어적 공동 협동화와 비언어적 가족 협동화 그림을 보고 가족들이 돌아가면서 그림 속에서 보여지는 이미지를 2~3가지 찾아보도록 한다. 가족들이 찾은 몇 가지 형상을 가지고 각자 이야기를 만들어 보도록 한다. 가족들은 연상작업을 통하여 자신과 가족원들의 욕구, 어려움, 희망, 소원 등 무의식을 쉽게 의식화하여 자각하고 다른 가족원에 대한 이해를 하여 가족관계가 향상될 수 있다.

## 5) 상담사례

### (1) 내담자 가족

- 부(40세), 모(40세), 아들(12세), 딸(9세)

### (2) 상담의뢰 경위

- 아버지의 폭언으로 부부 갈등도 심해지고 자녀들이 힘들어하여 의뢰되었다.

### (3) 상담내용

첫 시간이라 조금 어색해하면서도 부는 지속적으로 가족에 대한 비난을 하였고, 자녀들은 부의 눈치를 살피며 위축된 모습을 보였다. 모는 그런 남편의 말에 자녀들 입장을 대변하였다.

비언어적 공동 협동화를 실시하는데 자녀들은 부와 같은 팀 되기를 거부해서 부부가 한 팀이 되고 자녀들이 나머지 팀으로 작업을 하였다. 자녀들은 편안한 모습으로 작업을 먼저 시작했고 부부는 남편이 주도하고 아내가 보완하는 형식을 보였다. 이후 가족 협동화를 그릴 때, 부가 주도하였고 나머지 가족들은 지켜보고 있었다. 시간이 지나 부가 가족들을 쳐다보니 자녀들은 자신의 앞에만 작게 그림을 그렸다. 모는 가족들 그림에 채색을 해주거나 주변을 보완해 주었다. 언어적 가족 협동화에서 부는 가족들에게 큰소리로 지속적으로 지시하는 모습을 보였고, 자녀들은 표정을 찡그리며 지시에 따랐다. 모는 자녀들을 칭찬하면서 남편의 주의를 돌리는 말을 하였다.

작업이 끝나고 가족들이 느낌을 이야기했고, 상담자가 관찰된 내용을 가족에게 안내해 주었다. 부는 매우 당황하며 "애들이 안 해서 이끌어주려고 한 거예요."라고 설명했고, 상담자는 부의 말을 듣고 자녀들이 어떻게 느끼는지 질문했다. 자녀들은 그림 작업에서 보였던 모습들이 가정에서 평소 모습과 같다며 무섭고 힘들다는 표현을 했다. 가족체계진단으로 가족은 원하는 것을 말하며 상담 목표가 정해졌고, 상담으로 변화되어 가족 간의 친밀도가 향상되어 화목한 모습을 보이는 효과가 있었다.

그림 6-15 비언어적 공동 협동화(왼쪽: 자녀팀, 오른쪽: 부모팀)

**그림 6-16** 비언어적 가족 협동화

**그림 6-17** 언어적 가족 협동화

07

CHAPTER

# 몸 기반 가족놀이치료

공성원, 남경화, 서정은

1. 풍선놀이 | 2. 가족조각 | 3. 줄 놀이 | 4. 가족난타
5. 보자기놀이 | 6. 가족 신체본뜨기

CHAPTER 07

# 몸 기반 가족놀이치료



몸 기반 가족놀이치료는 오감과 몸의 움직임, 상징적인 행동을 놀이로 통합하여 가족원이 내면 경험을 체험하고 상호조절과 연결을 시도하게 함으로써 가족관계를 재구성하기 위한 체계적이고 통합적인 접근이다. 몸 기반 놀이는 감각 운동 및 지각과 표현능력 향상을 위한 움직임을 놀이로 통합한 것으로(이기숙, 이영자, 1986) 몸의 활력을 높이기 위해 다양한 도구를 활용하기도 한다.

몸과 마음, 관계의 통합을 강조하는 몸 기반 가족놀이치료는 뇌의 새로운 신경망 형성과 신경가소성에 주목한다. 가족원들은 최적의 놀이 상황에서 체화된 경험을 재현하여 활성화된 각성 상태에서 자율신경계의 각성 범위를 조율함으로써 감정조절과 상호관계 조절을 경험한다. 흥미롭고 즐거운 놀이를 통해 새로운 접촉과 움직임, 행동을 시도하고 가족생활에 적용하여 가족원들의 새로운 신경망 형성을 촉진하고 공고화한다.

몸 기반 놀이활동은 은유적 행동을 통해 가족의 행동 패턴을 관찰하고 자각하며, 서로의 영향력과 의미를 탐색하는 데 용이하다. 또한 가족원의 건강한 신체 발달과 성장을 촉진하며 재미와 흥미를 유발하여 가족원의 스트레스 감소에 도움을 줄 수 있다. 다른 가족원을 모델링하고 문제해결의 기술을 배울 수 있으며, 새로운 행동에 대한 아이디어를 내고 시도하는 데 도움을 줄 수 있다(Stone & Schaefer, 2020). 이러한 다양한 관계적 이점을 활용하여 가족의 경험과 관계를 재구성하는 과정으로 연결할 수 있다.

몸 기반 놀이는 일반적으로 발달 놀이, 운동 놀이, 거친 신체놀이로 나눌 수 있다. 첫째, 발달 놀이는 리드미컬한 움직임이나 몸의 감각에 접촉함으로써 신뢰감과 안정적 애착 관계 형성 및 정서적 안정, 심리 · 사회적 발달을 촉진한다. 둘째, 운동 놀이는 몸의 활력을 높이고 충동성을 조절하며 긍정적인 상호작용 및 행동변화를 촉진한다(Pellegrini & Smith, 1998). 셋째, 거친 신체놀이는 안전하게 공격성을 표출하고 경쟁의 요소가 포함되어 경계에 도전하고 새로운 관계를 시험해 봄으로써 힘의 균형과 친밀감 및 유대감 향상에 이점이 있다(Fountain, 2020).

상담자는 가족원이 드러내는 내면의 경험과 가족원 간의 상호작용을 관찰하고, 적절한 순간에 순환질문을 통해 개입함으로써 새로운 행동과 통합을 촉진한다. 또한 놀이 상황에 안전을 점검하고 가족원들의 몸의 기능과 활동 수준에 적합한 놀이를 선택하도록 한다. 7장에서는 몸 기반 가족놀이로 '풍선놀이', '가족조각', '줄 놀이', '가족난타', '보자기놀이', '가족 신체본뜨기' 등 6가지 활동에 대해 살펴보고자 한다.

그림 7-1 다양한 활동 매체들

# 1 풍선놀이

## 1) 활동 개요

풍선놀이는 가족이 대화를 나누면서 풍선 주고받기, 풍선 저글링 등의 활동을 통해 즐거움을 경험하고 몸의 움직임과 거리 조절, 소통과 협력을 촉진하는 활동이다. 풍선의 재료는 라텍스 고무로 쉽게 부풀려지며, 탄력성이 뛰어나 형태와 크기를 적절하게 조절할 수 있고 운동 감각을 활용한 다양하고 창의적인 놀이에 적합하다.

풍선놀이는 연령과 상관없이 모든 가족원이 즐겁게 참여할 수 있으며, 스트레스 감소에 도움이 된다. 특히 풍선에 호흡을 불어 넣는 과정에서 몸과 마음이 이완되어 정서적 안정을 촉진할 수 있다. 더불어 신체 조절력, 가족원 간 협력 강화, 긍정적인 의사소통과 상호작용 향상에 유용하게 활용할 수 있다.

그림 7-2 풍선놀이 재료

## 2) 활동 방법

### (1) 목표

- 가족의 긴장과 스트레스를 낮추고 긍정적인 에너지를 활성화한다.
- 가족 간 긍정적인 의사소통과 상호조율의 과정을 체험한다.
- 가족 간 협력의 즐거움과 긍정적 지지를 경험한다.

### (2) 준비물

- 다양한 색상의 풍선, 유성 마커펜 또는 매직펜, 포스트잇

### (3) 적용 가능 대상

- 커플 및 5세 이상 아동을 포함한 가족

### (4) 진행 방법

가족원 각자가 풍선을 불면서 호흡법을 연습하고, 가족이 서로 대화를 나누며 풍선 주고받기와 다 함께 협력하여 풍선 저글링을 한다. 마지막으로 가족원 각자 다른 가족원의 장점을 찾아 지지하고 격려하는 활동으로 마무리한다.

#### ① 도입

상담자는 가족원에게 풍선놀이에 대해 설명하고, 각자 본인이 원하는 풍선을 선택하도록 한다. 풍선을 부풀릴 때, 숨을 들이마시고 내쉬는 호흡법을 통해 몸과 마음을 이완시킨다. 가족원은 부풀린 풍선의 크기를 살펴보고, 서서히 또는 빠르게 바람을 빼거나 날리면서 풍선 모양의 변화를 살펴본다.

상담자 멘트의 예시는 다음과 같다.

"각자 마음에 드는 풍선을 하나 선택하세요. 입으로 숨을 크게 들이쉬고 천천히 내쉬면서 풍선을 부풀려주세요."

"자신이 불었던 풍선의 입구를 손으로 막고, 각자 풍선의 크기를 비교해 보세요. 풍선을 크게 불어 조금씩 바람을 빼기도 하고, 풍선을 날리면서 풍선이 어디로, 어떻게 날아가는지 살펴보세요."

"자신이 원하는 크기의 풍선을 불어서 풍선 입구를 묶어 나의 풍선을 만들어 주세요."

**상담자 점검 및 관찰 사항**

- 가족이 풍선놀이를 하기에 충분한 공간과 안전이 확보되어 있는가?
- 풍선을 불때 어려워하는 가족원이 있는가? 그럴 때 다른 가족원의 반응은 어떠한가?



### ② 전개

상담자는 가족에게 적절한 주제를 제시하고, 풍선을 주고받으며 대화하도록 한다. 풍선을 던지는 속도와 높이를 다르게 하여 상호조절과 의사소통을 촉진한다. 또한 풍선 저글링을 설명하고, 풍선 수를 점차 늘리면서 활력을 높이고 협력하는 경험을 하도록 한다.

상담자 멘트의 예시는 다음과 같다.

"서로 마주 보고 이름을 부르며 천천히 풍선을 던져주세요. 점차 높이와 속도를 올려보세요. 이때, '산처럼 높게, 파도처럼 빠르게, 번개처럼 무섭게' 등의 표현을 사용해 보세요."

"평소 하고 싶었던 말이나 듣고 싶은 말을 하면서 풍선을 주고받습니다. 풍선을 받은 가족원은 대답하거나 '패스'라고 말할 수 있습니다."

"다음은 가족원이 모두 손을 잡고 풍선을 바닥에 떨어뜨리지 않도록 띄워 올리는 활동입니다. 처음에는 풍선 하나로 시작하여 점차 수를 늘려 보겠습니다."

"풍선을 떨어뜨리지 않기 위해 협력한 모습과 풍선이 떨어졌을 때 어떠했는지 나누어 보세요."

**상담자 점검 및 관찰 사항**

- 가족원이 서로 풍선을 주고받는 순서와 횟수는 어떠한가?
- 풍선이 바닥에 떨어지거나 다른 사람이 실수할 때 가족의 반응은 어떠한가?
- 가족의 의사소통과 상호작용 과정은 어떠한가?
- 가족원들은 풍선놀이를 즐기는가? 혹은 경쟁적인가?

### ③ 마무리

가족이 각자 풍선에 이름을 적고, 가족원 중 한 사람을 정하여 다른 가족원들은 그 가족원의 장점을 포스트잇에 적고 풍선에 붙여준다. 가족이 함께 그 가족원의 장점을 외치고 칭찬을 한다. 가족이 모두 활동하고 난 뒤, 소감을 나눈다.

상담자 멘트의 예시는 다음과 같다.

"본인의 풍선에 이름을 적어주세요. 한 사람씩 돌아가며 다른 가족원들이 장점을 찾아 칭찬하는 활동으로 마무리하겠습니다. 누가 먼저 해보시겠어요?"

"자신의 풍선을 안고 눈을 감아주세요. 다른 가족원들은 눈을 감고 있는 가족원의 장점을 포스트잇에 적어 풍선에 붙여주세요."

(풍선을 안고 있는 가족원에게) "자, 눈을 뜨고 장점을 읽어보세요."

(장점을 찾아준 다른 가족원들에게) "풍선을 두드리거나 쓰다듬으며, 장점을 함께 외쳐 주세요."

"가족이 서로 장점과 칭찬을 주고받으며 느낀 감정이나 생각을 나눠보세요."

**상담자 점검 및 관찰 사항**

- 가족원 각자 다른 가족원의 장점을 찾기 어려워하는가? 혹은 쉽게 찾는가?
- 가족원은 칭찬을 받을 때 어떤 반응은 보이는가?
- 그러한 반응은 서로에게 어떤 영향을 미치는가?

### (5) 활동 시 주의사항

① 장점이 없다거나 적지 않고 있다면, 그 가족원과 좋았던 경험이나 바라는 점을 적도록 한다.

② 풍선이 터지는 것을 두려워하는 가족원은 풍선의 크기를 조절하게 한다.

③ 풍선을 주고받으면서 대화를 나눌 때 단순한 질문부터 시작하도록 한다.

④ 가족원의 연령과 운동 발달수준에 따라 풍선을 주고받는 높이와 속도를 조절한다.



## 3) 촉진질문

| 상담과정 | 상담자 질문 |
|---|---|
| 도입 | • 풍선에 바람을 불거나 뺄 때 조절이 잘 되었나요? 서로 다른 풍선을 보면서 어떤 생각이 들었나요?<br>• 가족이 지금처럼 서로 바라보며 마음을 나눈 적이 있었나요? |
| 전개 | • 만약 풍선에 내 안의 감정을 불어넣고 가족이 서로 주고받는다면 어떤 모습일까요?<br>• 풍선에 바람을 빼거나 풍선을 날렸을 때처럼 부풀려진 감정이 사라지는 것을 어떻게 알 수 있을까요? 그럴 때 가장 도움을 준 가족원과 다른 가족원의 반응은 어떠한가요?<br>• 가족이 서로의 이름을 부르며 풍선을 주고받으면서 어떤 느낌과 생각이 들었나요?<br>• 풍선을 높이, 빠르게 던졌을 때 전달이 잘 되었나요?<br>• 풍선을 받은 사람은 나에게 풍선이 날아올 거라는 걸 어떻게 알았나요?<br>• 풍선이 내 뜻대로 전달되었을 때 또는 전달되지 않았을 때 어떤 감정이 들었나요? 풍선을 잘 주고받으려면 어떤 기술들이 필요할까요? |

| | |
|---|---|
| | • 풍선을 주고받으면서 예상하지 못한 질문을 받은 적이 있나요? 그럴 때 어떠셨나요? 가족원들과 더 나누고 싶은 게 있나요?<br>• 풍선이 바닥에 떨어졌을 때 어떤 기분이 들었나요? 각자 풍선을 떨어뜨리지 않기 위해 어떤 노력을 하였나요? 그 노력이 다른 가족원에게 어떻게 전달되었나요?<br>• 가족이 빠르고 강하게 주고받은 풍선처럼 대화를 나눈 적이 있나요? 가족이 서로 대화의 속도와 강약을 어떻게 조절할 수 있었나요?<br>• 가족이 함께 협력한 적이 있나요? 어떤 상황에서 협력이 필요했나요? |
| 마무리 | • 가족이 적어준 장점을 읽었을 때 어떤 기분이나 생각이 들었나요?<br>• 나에게 장점을 말해준 가족에게 어떤 말을 해주고 싶나요?<br>• 가족의 장점들은 가족의 어려움을 해결하는 데 어떻게 도움이 되었나요?<br>• 가족에 대해 새롭게 알게 된 점이나 더 나누고 싶은 것이 있나요?<br>• 새롭게 알게 된 대화방식이 가족에게 어떤 변화를 줄 수 있을까요? |

## 4) 추가 활용 방법

### (1) 가족의 바람 골인하기

가족의 바람 골인하기는 가족이 각자 바라는 점을 풍선에 적어 골인 지점에 놓여진 상자나 바구니에 넣는 활동이다. 상담자는 적절한 크기의 상자나 바구니를 준비하고, 가족은 본인의 풍선이 골인했을 때 감정을 표현한다. 상담자는 가족의 바람을 이루기 위해 무엇이 필요한지 등 가족이 협력하여 토론하도록 촉진한다.

### (2) 가족 풍선 기차놀이

가족 풍선 기차놀이는 가족이 일렬로 서서 각 가족원의 몸과 몸 사이에 풍선을 끼워 연결한 후 기차처럼 이동하는 활동이다. 상담자는 가족원 수보다 한 개 적은 수의 풍선을 준비하고 가족원들에게 풍선을 불게 한다. 부풀려진 풍선을 각 가족원의 등과 가슴 사이에 끼운 다음 손을 사용하지 않고 풍선이 떨어지지 않도록 유지하여 이동해야 한다. 가족원들이 서로 협동과 배려, 조절하는 활동을 통해 가족의 유대감을 증진할 수 있다.

## 5) 상담사례

### (1) 내담자 가족

- 모(35세), 첫째 아들(7세), 둘째 아들(5세)

### (2) 상담의뢰 경위

- 첫째의 언어발달 지연으로 관계의 어려움을 호소하여 의뢰되었다.



### (3) 상담내용

모는 첫째가 감정을 잘 표현하지 못하고 동생을 질투하면서 울기만 한다고 하였다. 첫째는 동생과 놀다가 때리기도 하고, 동생은 형을 피하며, 첫째는 핸드폰에 빠져 지낸다고 하였다.

풍선놀이가 시작되자 첫째는 놀이에 집중하며 모와 동생에게 자신을 소개하였다. 가족원의 이름을 부르며 풍선을 주고받을 때 밝게 웃고 감정을 표현하였다. 활동 중 동생이 모의 관심을 빼앗아 간다고 느낄 때는 표정이 시무룩해졌지만 다시 놀이에 집중하였다. 상담자는 가족이 서로 장점을 나누는 활동에서 첫째에게 모의 관심과 사랑을 느낄 수 있도록 촉진하였다. 가족원들은 풍선놀이를 통해 서로 관심을 표현하고 친해지는 방법을 알게 되었다고 하였다. 또한 첫째는 자신의 감정을 간단한 언어로 표현하고 전할 수 있게 되었다.

그림 7-3 풍선에 장점 붙이기

그림 7-4 풍선 저글링

## 2 가족조각

### 1) 활동 개요

가족조각은 경험적 가족치료에서 유래된 연극적 요소를 지닌 체험적·비언어적인 기법으로 가족원의 내적 경험과 가족 관계를 물리적 공간과 몸의 움직임을 통해 상징적으로 묘사하는 활동이다. 이를 통해 상담자는 가족의 권력 구조, 경계, 가족 규칙, 의사소통 방식을 파악할 수 있다(전영주 외, 2016).

가족조각은 가족 간 깊은 이해와 문제에 대한 통찰을 돕고, 언어적 방어가 심하고 갈등이 많은 가족에게 효과적인 활동이다. 또한 새로운 의사소통 방식이나 대안 행동을 모색하고 가족 관계를 재구성하는 데 유용하다.

## 2) 활동 방법

### (1) 목표

- 가족이 경험한 감정이나 생각, 행동을 시각화하고 표현함으로써 서로를 깊이 이해할 수 있다.
- 가족원 각자의 역할을 이해하고 가족이 처한 어려움을 자각할 수 있다.
- 가족조각을 재구성하는 과정을 통해 가족관계를 조율하고 긍정적인 대안을 찾도록 돕는다.

### (2) 준비물

- 의자나 책상, 쿠션 등 다양한 소품



### (3) 적용 가능 대상

- 커플 및 7세 이상 아동을 포함한 가족

### (4) 진행 방법

#### ① 도입

가족원이 각자 자유롭게 이동하면서 물리적인 공간을 탐색하고, 움직임을 잠시 멈추고 몸의 반응을 살피면서 심리적인 공간에 접촉하도록 한다. 상담자는 가족조각에 대해 안내한 후, 가족에게 활동 주제를 정하도록 한다.

상담자 멘트의 예시는 다음과 같다.

"천천히 걸으면서 주변을 살펴보고, 가족이 서로 다가가거나 멀어질 때 몸의 반응을 느껴 보세요."

"stop이라고 외치면 멈추시고, 각자 자신의 몸에 집중해 보세요."

"이번에는 서로를 이해하기 위해 색다른 활동을 해보겠습니다."

"가족이 함께 나누고 싶은 장면을 의논해서 선택해 보세요."

**상담자 점검 및 관찰 사항**

- 가족조각의 무대가 되는 공간의 안전을 확보했는가?
- 활동에 방해가 되는 소음이 있는가?
- 가족이 이동하면서 적절한 거리를 두고 배려하는가?
- 가족이 서로 거리를 좁히거나 거리를 두는 가족원이 있는가?

### ② 전개

상담자는 가족이 정한 주제와 장면을 재현할 조각가를 정하고 위치를 확인한다. 모든 가족원은 말 없이 조각가의 지시나 배치에 따르며, 가족조각이 완성되면 잠시 자세를 유지하게 한다. 상담자는 조각가가 재현한 장면을 통해 가족이 서로 생각과 느낌을 나누도록 한다. 가족이 선호하는 위치로 가족조각을 재배치한 후, 차이점을 나누도록 한다.

상담자 멘트의 예시는 다음과 같다.

"어떤 장면을 선택하셨나요? 그 장면을 함께 볼 수 있도록 도와주실 분이 계신가요? 그 장면에서 당신의 위치를 찾아보시겠어요?"

(조각가에게) "당신은 조각가이고 다른 가족원들은 조각상이라고 상상해 보세요. 장면을 떠올리면서 가족원들의 각자 위치를 정해 배치하고 자세나 표정을 표현해 보세요."

(다른 가족원들에게) "침묵 속에서 가족조각이 완성될 수 있습니다. 웃거나 말하지 않고 조용히 조각가의 지시에 따라주세요."

(가족조각이 완성된 후 가족원들에게) "잠시 자세를 유지한 채 몸에서 느껴지는 경험에 집중해 보세요."

(가족조각을 완성한 조각가에게) "완성된 가족조각에 대해 설명해 주세요."

(가족원들에게) "활동 과정에서 느낀 점을 공유하는 시간을 가지도록 하겠습니다."

"이 장면에서 바꾸고 싶은 부분이 있나요?"

**상담자 점검 및 관찰 사항**

- 각 가족원의 표정이나 움직임의 변화를 세심하게 관찰하고 있는가?
- 여유를 가지고 가족원들이 체험할 수 있도록 충분한 시간을 주고 있는가?
- 가족이 표현하는 감정이나 생각에 중립적인 자세를 유지하고 있는가?
- 가족들은 조각가의 지시를 잘 따르는가?
- 가족원은 각자 가족에 대한 기대와 열망을 자유롭게 표현하는가?



### ③ 마무리

상담자는 가족이 서로에 대해 새롭게 알게 된 점이나 가족의 변화를 위해 대안적 행동 또는 의사소통 방식을 찾도록 돕는다.

상담자 멘트의 예시는 다음과 같다.

"가족조각을 통해 서로에 대해 새롭게 알게 된 점이나 소감을 나누어 주세요."

"실제 가족의 일상에서 바꾸고 싶은 점에 대해 나누어 주세요."

**상담자 점검 및 관찰 사항**

- 가족원 각자의 역할과 서로에게 미친 영향을 이해하는 수준은 어떠한가?
- 가족이 서로 의견을 자유롭게 공유하는가?
- 가족이 찾은 대안이 긍정적이고, 가족의 일상에 적용 가능한 방법인가?

### (5) 활동 시 주의사항

① 조각가가 된 가족원이 어색해하거나 어려움을 보일 때, 상담자는 조각가의 동의를 구하여 조각 과정에 대해 시범을 보이며 도움을 줄 수 있다.

② 상담자는 각 가족원의 변화를 추적하면서 적절한 질문과 개입 시점을 놓치지 않도록 한다.

③ 최근 폭력이나 학대 및 상실 등에 위기를 경험한 가족인 경우, 가족조각을 통해 트라우마를 재경험할 수 있으므로 적절하지 않을 수 있다.

## 3) 촉진질문

| 상담과정 | 상담자 질문 |
|---|---|
| 도입 | • 가족이 각자 자유롭게 이동하면서 다른 가족원이 다가오거나 멀어질 때 어떠셨나요?<br>• 몸에 집중하면서 어떤 느낌을 경험하셨나요?<br>• 가족에게 어떤 어려움이 있었나요? 그 일은 언제였나요? 그 상황이나 사건에서 어떤 장면들이 떠오르나요?<br>• 당신은 그 장면에서 무엇을 보고 어떤 말을 들었나요? 각자 어떻게 행동했나요? |
| 전개 | (조각가에게)<br>• 가족 내에서 그 자리에 서 있는 기분은 어떤가요?<br>• 그 장면을 재현하면서 어떤 느낌이나 생각들이 떠올랐나요?<br>• 전체 가족조각을 둘러보세요. 조각상들 사이에 어떤 감정들이 흐르고 있나요?"<br><br>(가족원에게)<br>• 조각가의 이야기를 들으면서 어떠셨나요? 조각가가 가족에 대해 이렇게 인식한다는 것을 알고 계셨나요?<br>• 조각으로 표현된 가족의 모습에 동의하나요?<br>• 각자 어떤 역할을 하고 있나요?<br>• 조각으로 표현된 자신이나 다른 가족원의 표정, 자세, 행동에 대해 어떻게 설명할 수 있을까요? 그런 모습이 어떻게 느껴지나요?<br>• 가족 내에서 이런 장면은 흔히 있는 일인가요? 다음 장면은 어떻게 이어지나요? 어떻게 끝나고 그러한 결론이 마음에 드나요? 어떤 점이 달라지길 바라나요? |

| | |
|---|---|
| | • 가족조각을 다시 만들면서 어땠나요? 처음과 달라진 부분이 있나요? 설명해 주세요(위치나 자세, 표정 등). 그런 변화는 무엇을 의미하나요?<br>• 가장 많이 달라진 사람은 누구인가요? 그 다음은 누구인가요? 그런 변화에 누가 가장 좋아할까요? 누가 가장 어려울까요? |
| 마무리 | • 가족조각에 제목을 붙인다면 뭐라고 할까요?<br>• 제목의 의미를 설명해 주시겠어요?<br>• 어떤 행동을 보면 우리 가족이 달라졌다는 것을 알 수 있을까요?<br>• 그런 변화는 당신이나 다른 가족원에게 어떤 영향을 미칠까요? 당신은 무엇을, 어떻게 하게 될까요?<br>• 실생활에 시도해 볼 수 있는 것은 무엇인가요? |

### 4) 추가 활용 방법



#### (1) 가족 스트레스 또는 독특한 경험 조각하기

가족이 경험하는 스트레스 상황을 가족조각으로 재현하고, 걸림돌이나 방해요인을 찾아 가족이 협력하여 해결방법을 모색하도록 할 수 있다. 또는 가족의 긍정적인 경험이나 예외상황을 재현하고 가족의 삶의 방향과 자원을 발견하는 데 활용할 수 있다.

#### (2) 다양한 매체를 활용한 가족조각

가족원을 상징하는 인형이나 피규어, 돌, 동전, 구슬, 단추 등 다양한 매체를 활용하여 가족조각을 실시할 수 있다.

## 5) 상담사례

### (1) 내담자 가족

- 모(40세), 큰딸(13세), 둘째 딸(11세), 셋째 아들(10세)

### (2) 상담의뢰 경위

- 모는 자녀들 간 다툼이 심하다고 호소하며 가족상담을 의뢰하였다.

### (3) 상담내용

가족은 첫 면담부터 서로 비난하고 공격하는 등 긴장된 분위기였다. 3회기 상담자는 가족의 긍정적인 경험을 찾아 확장하고자 가족에게 가족조각에 대해 안내하고 즐거웠던 경험을 떠올려보라고 제안하였다. 가족은 놀이공원에서의 기억을 떠올리며 장면을 표현하기로 정하고, 셋째 아들은 상담에 참여하지 않은 아버지의 얼굴을 그려주었고 첫째 딸이 조각가로 나섰다.

가족조각은 부를 중심으로 가족원들을 배치하고 얼굴을 마주 보고 웃는 표정을 만드는 데 집중하면서 완성되었다. 활동을 통해 자녀들은 아버지가 항상 화만 내는 것은 아니라는 것을 알게 되었고, 모는 다른 가족원의 실수도 웃어넘기면서 서로 격려했던 기억을 떠올렸다. 가족의 웃음과 여유, 서로 격려하는 마음을 나누면서 화목한 가족이 되길 바라는 마음을 확인하고 상담목표를 설정할 수 있었다.

그림 7-5 가족조각 사례



## 3 줄 놀이

### 1) 활동 개요

줄 놀이는 줄로 선이나 고리 모양을 만들어 경계를 시각화하고, 가족원들을 줄로 연결하여 서로 당기거나 거리를 이동하면서 가족관계와 역동을 이해하는 데 유용한 활동이다. 줄은 연결과 단절, 방어 행동과 에너지의 흐름 등 가족원 간 연결과 힘의 도식을 은유적 행동으로 표현할 수 있다(조영순, 2017).

줄 놀이는 관계를 시각화하고 체험함으로서 신체 감각을 활성화하여 뇌의 신경망 회로를 자극하고 새로운 신경망 형성을 촉진할 수 있다. 줄 놀이를 통해 가족 간 친밀감과 거리감, 연합이나 동맹, 삼각관계, 역기능적 행동패턴을 자각하고 새로운 행동을 모색하여 시도해 볼 수 있다.

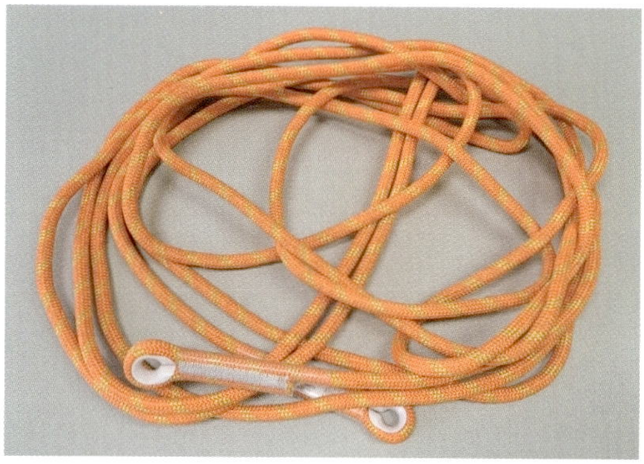

그림 7-6 줄 놀이 도구

### 2) 활동 방법

#### (1) 목표

- 가족이 서로 연결된 역동과 관계를 체험하고 역기능적인 상호작용패턴을 자각할 수 있도록 돕는다.
- 가족의 새로운 관계 방식과 행동전략을 모색한다.

#### (2) 준비물

- 쉽게 묶고 풀 수 있는 밧줄(6~7m 정도)

#### (3) 적용 가능 대상

- 커플 및 7세 이상의 자녀를 둔 가족

## (4) 진행 방법

### ① 도입

상담자는 줄 놀이에 대해 설명하고, 가족원 각자 한 손으로 밧줄을 잡거나 몸에 묶어 가족이 모두 연결되도록 하여 공간 내 자유롭게 이동한다. 가족이 각자 원하는 방향으로 움직일 때와 다른 가족원에게 끌려갈 때, 느껴지는 힘과 감정의 흐름을 체험하고 서로에게 미치는 영향을 알아차리도록 한다.

상담자 멘트의 예시는 다음과 같다.

> "이번에는 줄 놀이를 하면서 가족이 서로 어떻게 연결되었는지 이해하고, 새로운 관계 맺기를 위한 방법을 찾는 활동입니다."
>
> "모두 한 손으로 밧줄을 잡고 자유롭게 움직이면서 몸의 긴장감과 서로의 힘을 느껴보세요."



**상담자 점검 및 관찰 사항**

- 가족원이 안전하게 움직일 수 있는 공간과 준비물을 점검했는가?
- 가족의 관계 방식을 파악하고 있는가?
- 가족과 충분한 신뢰가 형성되어 있는가?
- 가족에게 적절하게 개입할 시점을 알고 있는가?

### ② 전개

**줄 놀이-1**

상담자는 가족과 갈등상황에 대해 나누고, 두 명의 가족원을 정해 서로 마주보고 밧줄의 양끝을 잡고 서도록 한다. 두 가족원 간 갈등 순간에 주고받은 말이나 행동을 말로 표현하는 동시에 줄을 당기거나 끌려가면서 줄다리기로 힘겨루기를 표현하도록 한다.

줄 놀이-2

상담자는 밧줄을 묶어 고리 모양을 만들고, 가족 간 친밀한 정도만큼 거리를 두고 이동하여 한 손으로 밧줄을 잡고 가족이 모두 연결되도록 한다. 가족이 서로 갈등상황에서 주고받는 말이나 행동을 표현하면서 서로 다가가거나 멀어질 때, 줄을 팽팽하게 유지하기 위해 이동해야 한다고 설명한다.

상담자 멘트의 예시는 다음과 같다.

- 줄 놀이-1

"가족 간 갈등상황을 떠올려보세요. 한 사람씩 그 순간에 주고받은 말이나 행동에 대해 나누어 주세요."

"두 분이 서로 마주 보고 밧줄로 줄다리기를 하면서 그 장면을 보여줄 수 있을까요?"

"두 분이 돌아가면서 상대에게 상처받은 말이나 행동을 표현하면서 동시에 줄을 당겨보세요."

- 줄 놀이-2

"고리 모양의 밧줄을 한 손으로 잡고 가족 간 적절한 거리를 두고 서 보세요."

"이번에는 지켜야 할 규칙으로 한 가족원이 움직이면 다른 가족원들도 움직이고 이동하면서 밧줄이 팽팽하게 유지되도록 조절해야 하는 것입니다."

"가족 간 갈등이 발생할 때의 장면과 행동들을 떠올려 보세요. 떠올린 장면에서 서로에게 다가갈 때와 멀어질 때를 말하고 자리를 이동해 보세요. 예를 들어, 한 사람이 다른 가족원과 대화를 나누기 위해 다가갈 때, 나머지 가족원들은 거리를 조절하면서 이동하셔야 줄이 팽팽하게 유지될 수 있어요. 서로 대화를 나누고 난 뒤 각자 방으로 돌아갈 때 다시 거리를 조절하면서 이동해 주세요."

**상담자 점검 및 관찰 사항**

- 가족의 새로운 활동에 대한 수용 정도는 어떠한가?
- 가족 간 비언어적 메시지, 정서적 흐름은 어떠한가?
- 가족원들이 활동을 통해 경험한 긴장감이나 감정의 흐름을 공유하고 있는가?

③ 마무리

줄 놀이를 통해 새롭게 알게 된 점이나 소감을 나눈다.

상담자 멘트의 예시는 다음과 같다.

"줄 놀이를 통해 어떤 경험을 하셨나요?"

"줄 놀이를 하면서 가족관계에 대해 새롭게 알게 되거나 나누고 싶은 점은 무엇인가요?"

**상담자 점검 및 관찰 사항**

- 가족원들의 가족관계 어려움을 자각하는 수준은 어떠한가?
- 가족원은 활동을 통해 서로에게 어떤 영향을 주고받는가?
- 상담자는 가족평가에서 보완하고 수정할 부분이 있는가?



### (5) 활동 시 주의사항

① 갈등 상황에서 가족원의 말과 행동이 직접적으로 표현되기에 상담자는 활동 전, 가족에 대한 평가와 가족 간 신뢰가 충분히 형성되어 있어야 한다.

② 가족원의 활동 수준에 따른 안전과 지각 수준을 점검하면서 진행한다.

③ 상담자는 가족원들의 불안을 낮추기 위한 행동과 관계 탐색을 위한 촉진질문과 순환질문으로 적절한 순간에 개입해야 한다.

④ 상담자는 객관적이고 중립적 자세를 유지하면서 가족체계 안에서 가족원 각자의 위치와 역할을 지각하도록 돕는다.

⑤ 가정폭력이나 학대를 경험한 가족에게 줄 놀이는 적절하지 않으나 가족원과 충분히 신뢰가 형성된 후에는 개입 여부를 고려하여 진행할 수 있다.

## 3) 촉진질문

| 상담과정 | 상담자 질문 |
|---|---|
| 도입 | • 줄로 연결된 가족의 모습에서 어떤 이미지를 떠올리게 되나요?<br>• 줄을 잡고 움직이면서 서로에게 어떤 힘이 느껴졌나요?<br>• 한 가족원이 이끌 때 다른 가족원들은 유연하게 움직일 수 있었나요? 한 사람의 움직임은 다른 가족원들에게 어떤 영향을 미쳤나요?<br>• 당신은 상대방의 어떤 말과 행동을 볼 때 멀게(가깝게) 느껴지나요? 그럴 때 당신은 어떻게 반응하나요? |
| 전개 | (줄 놀이-1)<br>• 상대가 줄을 잡아당길 때 어떠셨나요? 자신이 당기는 대로 상대가 움직이려면 어느 정도 힘이 필요할까요? 누가 이겼고 누가 졌나요? 그런 게임의 결과는 어떤가요?<br>• 두 분의 줄다리기에 다른 사람이 끼어들 때 어땠나요?<br>• 줄을 놓거나 줄다리기를 멈출 수 있었나요? 만약 줄을 놓는다면 어떻게 될까요? 누가 줄다리기를 중단할 수 있나요? 어떤 시도를 할 수 있을까요?<br><br>(줄 놀이-2)<br>• 당신은 갈등상황에서 어떻게 행동하시나요? 그럴 때, 다른 가족원은 어떻게 반응하나요?<br>• 한 가족원이 이동할 때 다른 가족원들도 유연하게 거리를 조절해서 움직일 수 있었나요?<br>• 가정 내에서 나만의 공간이 확보되어 있나요? 어느 공간에서 가장 편안함을 느끼나요?<br>• 다른 가족원과 어느 정도 가까워지거나 거리를 두면 편할까요? 다른 가족원에게 어떻게 알릴 수 있나요? 상대가 거절할 수 있나요? 거절한다면 어떻게 되나요?<br>• 부부가 서로 화해하기 위해, 자녀를 부모 문제로부터 거리를 두기 위해 어떤 행동들이 필요할까요? 누가 움직여야 한다고 생각하나요?<br>• 한 발짝 다가가거나 멀어지기 위해 어떤 방법이 있을까요? 한 발짝의 움직임은 다른 가족원들에게 어떤 영향을 미치나요? 누가 당장 해볼 수 있을까요? 누구의 도움이 필요한가요? |
| 마무리 | • 줄 놀이와 가족관계는 어떤 점이 닮았나요? 어떤 점이 다른가요?<br>• 현재 가족관계에서 당신의 위치와 역할을 설명해 주세요. 만약 역할을 바꿀 수 있다면 누구와 바꾸고 싶은가요? 그 이유는 무엇인가요?<br>• 새로운 관계 맺기를 위해 누가 어떻게 달라져야 한다고 생각하나요? 그런 변화를 위해 누가 움직일 수 있나요?<br>• 무엇이 움직이지 못하게 방해하나요? 그것이 가족 사이에 끼어서 어떤 영향을 미치나요?<br>• 우리 가족의 줄 놀이에 대해 다른 사람들이 물어본다면 뭐라고 설명할 수 있을까요? |

## 4) 추가 활용 방법

### (1) 가족 경계 줄 놀이

밧줄이나 탄력성 있는 밴드를 활용하여 밧줄과 밴드 안에서 가족원들이 움직이면서 경직된 경계와 유연한 경계를 경험하도록 유도할 수 있다. 또는 밧줄로 원이나 선으로 경계를 만들어 선을 넘나드는 행동을 시각화하고 경계를 조절해 나가는 활동을 진행할 수 있다.

### (2) 감정의 양극성 연결하기

밧줄을 선으로 바닥에 놓고 A4 종이 2장에 각각 좋은 감정과 불편한 감정을 적어 줄의 양 끝에 놓는다. 이어 가족원들에게 양극단의 감정 줄에서 현재 감정은 어디에 있는지 위치를 정해 서 보도록 한다. 각자 다른 가족원과 상호작용하면서 자리를 이동하고 편안하다고 느껴지는 위치를 확인하면서 가족 간 양극단의 감정을 조율하는 방법을 모색할 수 있다.

## 5) 상담사례

### (1) 내담자 가족

- 부(45세), 모(45세), 아들(15세)

### (2) 상담의뢰 경위

- 부모는 아들이 학교 규칙을 어기고 담임선생님을 공격하는 등 문제행동을 보인다며 가족상담을 의뢰하였다.

### (3) 상담내용

상담자는 모가 자녀의 일상을 감시하고 부는 자녀에 대한 높은 기대로 잔소리하는 등 부모-자녀 간 갈등이 고조되고 몸싸움으로 이어지는 것을 확인하였다.

상담자는 역기능적인 행동 패턴과 경직된 가족 규칙에 대한 가족의 이해를 돕기 위해 줄 놀이를 실시하였다. 부자가 줄다리기하면서 부는 "내 말 좀 들어", 자녀는 "잔소리 그만 하세요."라며 힘겨루기를 하였다. 줄다리기에 합류한 모는 아들 편을 들면서 힘의 흐름이 달라졌고, 부는 공평하지 않다며 서로에게 믿음이 있다면 억지로 끌려고 할 필요가 없을 것 같다고 하였다.

경계를 체험하는 활동에서 아들이 독단적으로 거칠 게 움직이고, 부모는 끌려가지 않으려 힘을 주었고, 밧줄의 의미에 대해 아들은 '방해 줄', 부모는 '규칙'으로 표현하였다. 또한 아내가 아들에게 다가갈 때, 남편은 소외감을 느낀다며 부부는 서로 가까워지기 위해 자녀에게서 한 발짝씩 물러나야 할 것 같다고 하였다.

가족은 탄력성 있는 밴드 안에서 자유롭게 움직이면서 부자가 서로 장난하는 모습도 볼 수 있었다. 상담자와 가족이 함께 청소년 자녀 특징과 경계에 대해 이야기 나누었고, 부부는 자녀와 거리두기와 유연한 경계를 위해 협력하기로 하였다.

그림 7-7 줄 놀이-1

그림 7-8 줄 놀이-2

# 4 가족난타

## 1) 활동 개요

가족난타는 쉽게 다룰 수 있는 타악기나 일상생활의 소도구를 활용하여 주제에 따라 가족원 각자 신체감각을 소리로 표현하고, 가족이 함께 소리의 높낮이, 속도, 리듬을 조율하는 즉흥적인 악기연주 활동이다. 가족난타는 가족원 간 친밀감 형성과 적응적 행동 방식을 탐색하고 대인관계 기술을 향상하는 데 유용하다(우상임, 2008; Boxill, 1985).

악기연주는 가족체계 내 상호작용 과정에서(Rolvsjord & Stige, 2015) 활성화된 자율신경계의 각성 범위를 조율하여 감정조절과 안정된 애착 형성에 치료적 효과가 있다(Jacobsen & Thompson, 2018). 활동 과정에서 즉각적인 성공 경험과 성취감, 서로의 실수를 유머와 웃음으로 받아들이는 경험을 하게 되며, 가족 내 긴장과 스트레스 해소 및 의사소통 능력을 촉진하는 데 유용한 활동이다.

그림 7-9 다양한 악기와 소품들

## 2) 활동 방법

### (1) 목표

- 가족의 스트레스와 불편한 감정을 안전하게 표출하고 조절할 수 있다.
- 가족원들은 실수가 수용되고 협력하는 과정을 통해 가족 간 유대감 증진을 촉진한다.
- 가족이 서로 정서와 반응을 살피면서 긍정적인 의사소통 방법을 찾을 수 있도록 돕는다.

### (2) 준비물

- 쉽게 다룰 수 있는 타악기, 다양한 일상의 소품들(연필이나 막대기, 책이나 상자 등), 동요('그대로 멈춰라', '달팽이 집을 지읍시다'), 난타 동영상

### (3) 적용 가능 대상

- 커플 및 3세 이상의 자녀가 포함된 가족

### (4) 진행 방법

#### ① 도입

상담자는 가족원들에게 평소 스트레스나 격한 감정이 올라올 때 마음을 진정시켜주는 소리나 노래가 있는지 물어보고 공유하도록 한다. 어린 아동이 있는 가족의 경우, 상담자는 '달팽이집을 지읍시다', '그대로 멈춰라' 등 동요를 들려주고, 가족원들이 따라 부르게 할 수 있다.

상담자 멘트의 예시는 다음과 같다.

"평소 스트레스를 받거나 감정이 격해질 때, 마음을 진정시키고 편안한 기분이 드는 소리나 노래가 있나요?"

"준비된 동요를 들어보세요. 노래를 따라 부르면서 악기로 박자, 쉼표, 리듬, 소리의 강약을 조절해 보세요."

상담자 점검 및 관찰 사항

- 장난감 타악기나 활용할 수 있는 다양한 소품들이 준비되어 있는가?
- 가족원들이 활동 참여를 주저하거나 어려움은 없는가?

② 전개

상담자는 가족원에게 각자 스트레스 상황이나 격한 감정이 올라올 때를 떠올리게 한다. 이때, 각자 몸의 반응과 기분을 느껴보고 소리를 만들도록 한다. 상담자는 가족난타를 소개하고 각자 만든 소리를 조율하는 과정을 관찰한다. 연주가 끝나고 난 뒤, 상담자는 잠시 몸의 감각에 머물러 가족원의 정서적 체험을 공유하고 활동 과정을 나누도록 한다.

상담자 멘트의 예시는 다음과 같다.

"평소 스트레스를 받거나 격한 감정이 올라올 때를 떠올려보세요. 그럴 때 맥박이 뛰고 심장이 두근거리는 소리가 들리나요? 들을 수 있다면 어떤 소리가 날까요?"

"여기 악기들과 주변에 있는 물건을 두드려보고, 부딪히고 튕기면서 비슷한 소리를 찾아보세요."

"소리를 찾았다면, 각자 돌아가면서 소리를 내보세요. 이번에는 모두 동시에 소리를 내보고 함께 들어보세요."

"가족이 동시에 내는 소리를 서로의 리듬이나 박자에 맞추어 가족난타를 만들어 보세요."

(연주를 마치고 난 뒤) "잠시 동작을 멈추고, 자신과 다른 가족원들의 숨소리와 맥박, 심장 소리를 느껴 보세요."

### 상담자 점검 및 관찰 사항

- 가족원들은 연주 활동을 즐기고 있는가?
- 가족난타를 완성하기까지 소리를 조율해 가는 과정은 어떠한가?
- 가족원 각자 내면의 불편한 감정을 어떻게 표현하고 다른 가족원들의 반응은 어떠한가?

③ 마무리

가족난타를 통해 경험한 내용과 새롭게 알게 된 점을 나눈다. 상담자는 가족 간 대화를 촉진하여 활동 경험을 통해 일상에 적용할 방법을 찾도록 돕는다.

상담자 멘트의 예시는 다음과 같다.

"가족난타를 하면서 어떤 경험을 했는지, 새롭게 알게 된 점 등을 나누어 주세요."

### 상담자 점검 및 관찰 사항

- 가족난타를 완성하는 과정은 가족의 어려움과 어떠한 연관성이 있는가?
- 실제 가족의 갈등이나 경험이 드러날 때 가족의 반응은 어떠한가?
- 가족은 서로 감정과 생각의 차이를 조율할 때, 어떻게 대처해 왔는가?
- 가족은 각자 통찰한 내용을 공유하고 서로 협력하는 태도를 보이는가?

## (5) 활동 시 주의사항

① 가족원 중 '연주한 적이 없다', '할 줄 몰라요' 등 활동을 주저하거나 거부하는 경우, 상담자는 가족에게 어린 시절 동요나 자장가를 불러보게 하는 등 편안한 마음으로 활동하도록 돕는다.

② 가족원이 소리를 조율하는 데 어려움을 보일 때, 가족원 중에 리더를 정해 보도록 제안하여 리더의 지휘 아래 소리를 조율하도록 할 수 있다.

③ 난타를 모른다고 할 때, 미리 준비한 난타 동영상을 들려주어 활동에 도움을 줄 수 있다.

④ 상담자는 악기나 소도구로 다른 가족원을 위협하거나 때리는 행동에 주의를 주고 규칙을 정해 진행할 수 있다.

### 3) 촉진질문

| 상담과정 | 상담자 질문 |
|---|---|
| 도입 | • 악기를 두드리거나 흔들듯이 내 마음을 두드리거나 흔드는 말이나 소리가 있나요? 그런 마음을 다른 가족원들은 어떻게 알게 될까요?<br>• 마음을 위로하고 달래는 방법이 있나요? 누구에게 어떻게 배웠나요?<br>• 스트레스 상황에서 당신의 표정이나 목소리 톤, 말의 속도는 어떤가요? 그런 몸짓은 당신의 어떤 느낌과 감정을 표현하는 것인가요?<br>• 그럴 때 다른 가족원들은 무엇을 보았고 어떻게 들렸나요? 어떻게 반응하나요? 다른 가족원에게 어떤 영향을 미치나요? |
| 전개 | • 만약 스트레스를 받을 때 올라오는 감정들이 소리를 낸다면 어떤 소리가 날까요? 다른 가족원에게 어떻게 들릴까요?<br>• 그런 소리를 모아서 가족이 함께 합창이나 연주로 표현한다면 어떤 노래나 연주가 될까요?<br>• 가족난타에서 가장 재미있었던 부분은 무엇인가요?<br>• 가족이 함께 연주하면서 가장 충돌한 부분은 무엇인가요? 가족원 중에 튀는 소리나 잘 들리지 않는 소리가 있었나요? 그럴 때 당신은 어떻게 했나요?<br>• 자신과 속도와 리듬이 잘 맞는다고 생각되는 가족원은 누구였나요? 잘 맞지 않는 가족원은 누구인가요?<br>• 각자 가족원이 내는 소리는 가족난타를 연주하는 데 어떤 역할을 했나요?<br>• 리더나 지휘자는 가족원들이 내는 소리를 어떻게 조율해 나갈 수 있었나요? 리더나 지휘자를 가장 잘 따른 사람은 누구인가요?<br>• 다른 가족원이 내는 소리를 가장 잘 들어준 가족원은 누구인가요? 그런 점은 조화로운 소리를 만들 때 어떤 도움을 주었나요?<br>• 가족이 각자 다른 소리를 어떻게 조화로운 소리로 만들 수 있었나요?<br>• 가족원들이 어떤 노력이 있었기에 성공적으로 가족난타를 완성할 수 있었나요? |

| | |
|---|---|
| 마무리 | • 가족난타를 통해 배운 점이나 알게 된 점은 무엇인가요?<br>• 일상에서 대화를 나눌 때, 목소리 크기나 속도를 어떻게 주고받나요? 그럴 때, 어떤 느낌이 드나요? 가족의 분의기는 어떤가요?<br>• 가족들이 어떻게 목소리의 크기, 속도, 리듬을 편안하게 조율할 수 있을까요? 그런 방법들은 누구에게 가장 도움이 될까요?<br>• 가족난타가 가족에게 주는 메시지는 무엇인가요? 어떤 의미가 있을까요?<br>• 가족이 함께 새로운 연주에 도전한다면 어떤 주제로 해보고 싶은가요? |

## 4) 추가 활용 방법

### (1) 가족 비트박스

청소년기 자녀가 있는 가족인 경우, 몸으로 소리내는 방식으로 즉흥적인 가족 연주활동을 할 수 있다. 즉, 손뼉치기, 발 구르기, 몸 두드리기, 입으로 비트박스처럼 소리내기 등으로 가족이 함께 새로운 연주에 도전하고, 연주의 주제를 정해 가사를 지어 보는 활동으로 이어갈 수 있다.

## 5) 상담사례

### (1) 내담자

- 모(43세), 아들(10세)

### (2) 상담의뢰 경위

- 모는 아들의 거친 행동과 욕설, 학교 생활 부적응으로 스트레스를 받는다며 상담을 요청하였다.

### (3) 상담내용

중반기에 이르러 모자에게 스트레스 해소와 긍정적인 상호작용 방법을 찾기 위해 가족난타를 실시하였다. 스트레스 상황에서 아들은 욕이 나오고 목소리도 커진다고 하였고, 모는 무기력해져서 아무것도 하기 싫다고 하였다.

상담자는 모자에게 그럴 때 맥박이 뛰는 소리와 심장 소리를 느껴 보게 하고 각자 소리를 만들어 가족난타를 해보도록 제안하였다. 처음에는, 아들의 강하고 빠른 소리와 모의 느리고 약한 소리를 조율하지 못했으나 서로 웃으며 즐기는 모습을 볼 수 있었다. 이어서 모는 '그대로 멈춰라'는 동요를 불러주고, 모자는 박자를 맞추면서 조화로운 소리를 만들었다.

연주가 끝나고 난 뒤, 모자는 서로의 심장 소리를 들으면서 아들을 달래준 자장가를 떠올리며 위안을 얻는 모습을 볼 수 있었다. 모자는 함께 조화로운 소리를 만들기 위해 아들이 눈을 맞추고 상대의 소리를 경청했던 점, 모는 자신이 리드할 때 아들이 잘 따라준 점을 서로 칭찬하였다. 모자는 스트레스를 받거나 짜증이 날 때 감정을 가라앉히는 방법을 찾아냈고, '숨을 멈추고, 심장 소리를 듣기, 가슴을 두드리기, 숨을 들이마시고 천천히 내쉬기'를 정하고 연습하였다.

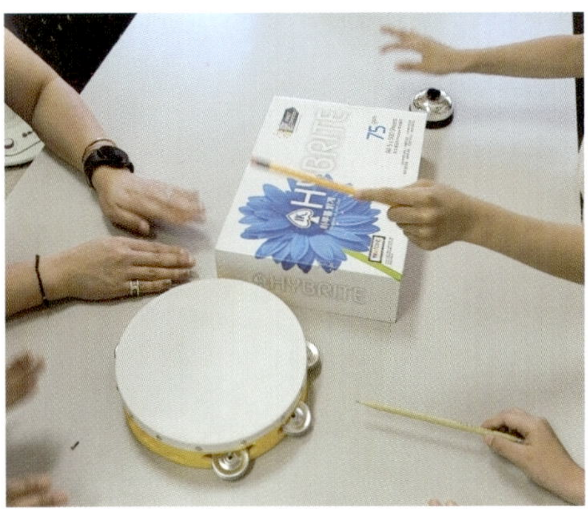

그림 7-10 가족의 난타 활동

## 5 보자기놀이

### 1) 활동 개요

보자기놀이는 안전한 공간에서 자연스러운 신체 접촉을 유도하는 양육적 역할극으로, 따뜻함과 보살핌을 통해 부모-자녀 간의 애착을 증진시키고 긍정적인 상호작용과 애정 표현을 촉진하는 치료적 접근이다. 부모와 자녀가 보자기나 담요를 사용하여 임신과 출산의 역할극을 통해 조율된 체험을 하며, 이를 통해 부모는 자녀의 욕구에 효과적으로 반응할 수 있고 가족원 간의 신뢰와 안정감을 높여 재애착을 촉진하는 활동이다.

그림 7-11 다양한 보자기

## 2) 활동 방법

### (1) 목표

- 가족원이 서로를 믿고 의지할 수 있는 환경을 조성하여 신뢰감 및 안정감을 경험하도록 한다.
- 자연스러운 신체접촉을 유도함으로써 따뜻함과 보살핌을 받으면서 재애착을 촉진한다.
- 몸짓, 표정, 동작 등을 언어적으로 표현함으로써 비언어적 소통 및 감정표현 능력을 증진시킨다.
- 함께 놀이 하면서 가족원 간의 정서적 유대감을 강화한다.

### (2) 준비물

- 다양한 색깔, 크기, 촉감의 보자기 또는 담요, 의자, 놀이방 매트, 블루투스 스피커, 음악(자연 소리 등이 포함된 힐링 음악)

### (3) 적용 가능 대상

- 7세 이상의 아동이 포함된 가족

### (4) 진행 방법

상담자는 안전한 공간을 확보한 후 준비물을 점검하고 보자기놀이의 전반적인 과정과 놀이방법, 규칙, 놀이시간에 관해 안내한 다음 보자기놀이가 잘 진행될 수 있도록 촉진한다.

### ① 도입

상담자는 보자기놀이가 임신과 탄생을 주제로 한 역할극 형태로 진행된다는 점을 설명한다. 잔잔한 음악을 틀어 가족원이 편안한 마음을 가질 수 있도록 한 후, 가족원이 눈을 감고 임신과 탄생의 장면에 대해 떠올려 보게 한다(1~2분). 상담자는 자녀가 '마치 엄마 배 속에 있는 태아 상태와 탄생의 순간을 경험한 것처럼' 상상하도록 유도한다. 가족원이 준비되면 상자 안의 다양한 보자기를 만져보고 마치 엄마의 자궁처럼 자녀를 감쌀 수 있는 보자기를 선택하게 한다.

상담자 멘트의 예시는 다음과 같다.

> "지금부터 여기 있는 보자기를 활용해서 우리 자녀를 가졌을 때, 그리고 아이가 태어나던 날을 표현해 보려고 합니다. (음악을 튼다) 지금부터 모두 잠깐 눈을 감으세요. 부모님은 우리 자녀가 생겼다는 것을 처음 알았던 날을 떠올려 봅니다. (자녀에게)○○이도 마치 엄마 배 속에 처음 생겼을 때를 상상해 봅니다."
>
> "이제 상자 안에 있는 다양한 보자기를 만져보면서 어떤 보자기를 선택할지 의논하여 선택합니다."

**상담자 점검 및 관찰 사항**

- 가족원의 활동 참여 수준은 어떠한가?
- 가족원의 정서적, 신체적 접촉 정도는 어떠한가?
- 가족원의 언어적, 비언어적 반응은 어떠한가?
- 가족원의 협력 정도는 어떠한가?
- 가족원의 낯선 활동에 대한 수용성은 어떠한가?

### ② 전개

자녀는 의자에 앉고, 부모는 자녀가 앉은 의자 뒤에 서서 선택한 보자기로 자녀를 감싸 임신과 태아의 상태를 연출할 수 있도록 안내한다. 부모는 '마치 출산이 임박한 상태'라고 상상하고, 자녀는 '마치 엄마의 자궁 안에서 곧 세상 밖으로 나올 태아 상태'라고 상상하도록 한다. 부모와 자녀가 이 느낌을 충분히 느껴볼 수 있도록 시간을 준다. 보자기에 감싸진 자녀는 조금씩 움직이며 세상(보자기) 밖으로 나오도록 한다.

상담자 멘트의 예시는 다음과 같다.

"임신했다는 사실을 알았을 때 어떤 느낌이었는지, 그리고 어떤 기분이었는지, 배 속 아이가 무럭무럭 자라서 태동하던 그 날은 또 어떠했는지 떠올려봅니다."

"(자녀에게) ○○이도 엄마 배 속에 있다고 상상하면서, 어떤 느낌일지, 그곳 온도는 어떤지, 그곳에서 기분은 어떤지, 어떤 소리가 들리는지 떠올려보세요."

"부모님께서는 저기 보자기가 있는 쪽으로 가셔서 이런저런 것들을 만져보세요. 크기도 한 번 살펴보세요. 색깔, 무늬, 촉감도 한 번 느껴보세요."

"충분히 느껴보셨다면, 그중에서 우리 아이를 감싸고 싶은 보자기를 가지고 오셔서 부모님이 자녀의 몸을 폭~ 감싸주세요. 마치 엄마가 아기를 품은 자궁처럼 폭~ 감싸주세요. 두 팔을 벌려 포옥 감싸 안아주세요."

"아이가 내 품 안에서 꿈틀거리는 것을 느껴보세요."

"이제 아이가 엄마 배에서 나오려고 합니다. 아이는 힘을 주고 엄마 품에서 나와 보세요."

**상담자 점검 및 관찰 사항**

- 보자기놀이 과정에서 가족원 간의 상호작용은 어떠한가?
- 자녀(들)가 보자기 안에서 편안함과 안정감을 느끼는가?
- 부모가 나오려는 자녀를 못 나오게 하는가? 그저 쉽게 나오게 하는가? 자녀의 힘과 속도에 맞춰주는가?
- 부모가 자녀를 보자기로 감싸는 강도는 어떠한가?
- 부모가 자녀를 보자기로 감쌀 때 자녀의 반응과 표정은 어떠한가?

### ③ 마무리

보자기놀이를 하며 경험한 감정과 생각을 공유하는 시간을 가진다. 상담자는 가족원에게 촉진질문과 순환적 질문을 하여 가족의 재애착 경험과 신뢰 및 안정감, 감정표현 등을 새로운 관점과 맥락에서 바라볼 수 있도록 한다.

상담자 멘트의 예시는 다음과 같다.

"자, 이제 보자기놀이에 대한 소감을 나누는 시간을 가지겠습니다."

"보자기놀이 활동을 통해 알게 된 점이나 새롭게 느낀 점을 말씀해 주세요."

**상담자 점검 및 관찰 사항**

- 가족원은 각자가 느끼는 감정과 생각을 상호 공유하는가?
- 보자기놀이 후 자녀를 바라보는 부모의 표정과 말투는 어떠한가?
- 보자기놀이 후 부모를 바라보는 자녀의 표정과 말투는 어떠한가?

### 5) 활동 시 주의사항

① 자녀가 보자기를 씌울 때 무서워한다면 아이가 감당할 수 있을 정도만 씌우도록 한다.

② 감당하기 힘든 역동이 보일 때 상담자가 적극적으로 개입하여 참여 가족이 불안해하지 않도록 민감하게 살펴야 한다.

## 3) 촉진질문

| 상담과정 | 상담자 질문 |
|---|---|
| 도입 | • 보자기를 선택할 때 어떤 생각이 들었나요?<br>• 선택한 보자기의 색깔과 무늬는 우리 가족의 어떤 특성과 유사한가요?<br>• 이 보자기를 선택함으로써 자녀에게 전하고 싶은 메시지가 있다면 그것은 무엇인가요? |

| | |
|---|---|
| 전개 | • 보자기 안에서 포근함을 느낄 때, 그 순간 마음속에 무슨 생각이 들었나요?<br>• 보자기에 감싸 안긴 순간 어떤 느낌이 들었나요? 아이가 부모님 품속에서 꿈틀거리다가 보자기 밖으로 나와 두 분(부모님) 앞에 마주 선 아이를 본 느낌은 어떤가요?<br>• (부모에게) 자녀가 세상 밖으로 나올 준비를 하는 순간, 부모님은 어떤 생각을 하셨나요? 아이가 배 속에서 힘을 주고 나오려고 할 때 어떤 느낌이셨나요? 아이가 내 품에서 나온 걸 보니 어떤 느낌이 드세요?<br>• (아이에게) 보자기에서 나온 이 세상은 어떤 느낌인가요? 세상 밖으로 나오려는 시도를 하면서 ○○은 어떤 기대나 염려를 느꼈나요? 엄마 품 안에서 나온 후 처음 마주 본 엄마(아빠, 할머니 등)는 어떤 느낌인가요? 그 느낌은 평소의 엄마(아빠)와 어떻게 다른가요?<br>• (부모에게) 세상 밖으로 나온 아이에게 어떤 말을 해주고 싶을까요? 그 말을 들은 아이는 어떤 기분과 생각을 하게 될까요? 그런 말을 평소에도 한다면 무엇이 달라질까요?<br>• 보자기놀이를 좋아했던 가족원이 있다면 누구인가요? 보자기놀이를 통해 가장 불편하거나 안전감을 느낀 가족원이 있다면 누구라고 생각하나요?<br>• 임신 당시의 기분을 다시 느껴보니 어떤 감정이 가장 먼저 떠오르나요? 떠올린 임신과 출산의 순간 중 가장 강렬한 기억은 무엇인가요? |
| 마무리 | • 보자기놀이 중 가장 기억에 남는 순간은 언제였나요? 그 순간을 선택한 이유는 무엇인가요?<br>• 보자기놀이가 진행되면서 가족원 간의 상호작용에 어떤 변화를 느꼈나요? 그 변화가 각자에게 어떤 의미가 있었나요?<br>• 보자기놀이를 통해 서로에 대해 새롭게 배운 점이 있다면, 그것이 앞으로의 관계에 어떤 영향을 줄 수 있을까요?<br>• 보자기놀이를 통해 오늘 느꼈던 감정적 연결을 일상에서 어떻게 지속할 수 있을까요? 앞으로 이 보자기놀이 경험을 어떻게 가족생활에 적용하고 싶으신가요? |

## 4) 추가 활용 방법

### (1) 다가가는 보자기

가족원은 각자 보자기의 모서리 부분을 잡고 서로 간의 거리를 느껴보기도 하고, 본인의 위치에서 다가가고 싶은 가족 한 명에게 다가감으로써 심리적 거리감(친밀감, 밀착, 소원함 등)이나 가족원 간의 역동을 탐색할 수 있다.

### (2) 보자기 홀인원

가족원이 구멍이 있는 보자기를 서로 맞잡고, 상담자가 가벼운 공을 보자기에 올리면 가족은 공을 공중으로 띄우며 보자기의 구멍으로 골인시키는 놀이이다. 보자기의 구멍은 가운데에서 약간 비껴 간 위치에 있으며, 크기는 공보다 약간 크게 한다. 공은 볼풀 놀이 공 정도의 크기와 무게가 적당하다. 이 놀이는 에너지가 낮고 말수가 적은 가족의 상호작용을 촉진하고 에너지 수준을 높이는 데 효과적이다.

### (3) 보자기 풍선 나르기

미끌거리는 보자기를 활용하여 가족원이 1분 동안 10개의 풍선을 상자 안에 넣는 놀이이다. 가족원이 짝수인 경우 2명씩 짝을 지어 진행하고, 홀수일 경우 일정 시간을 정해 가족이 함께 풍선을 상자에 나르는 방식으로 진행한다. 가족원은 정해진 시간 내에 미끌거리는 보자기로 가벼운 풍선을 옮겨야 하므로 협동하고 집중하게 된다.

## 5) 상담사례

### (1) 내담자 가족

- 부(44세), 모(43세), 첫째 딸(11세), 둘째 딸(8세)

### (2) 상담의뢰 경위

- 모의 강압적인 훈육으로 첫째 딸이 가출하는 일이 발생하여 모가 상담을 신청하였다.

### (3) 상담내용

중기 이후, 가족원의 감정표현을 촉진하고 정서적 유대감을 강화하기 위해 보자기 놀이를 실시하였다. 보자기놀이 방법을 안내한 후, 자녀를 감싸 안을 보자기를 선택하게 하였다.

상담자는 가족 모두에게 눈을 감고 선택한 보자기의 촉감을 느껴보게 했다. 부모에게는 임신 상황을 떠올리게 한 후, 보자기로 두 아이를 감싸 안도록 했다. 보자기 안에서 두 아이가 꿈틀거리고 나오려는 활동을 통해, 강압적이고 지시적인 양육태도를 보이던 모는 두 딸에게 "너희들이 내 딸로 태어나줘서 고맙고, 사랑해."라며 감정을 표현했다. 첫째 딸은 "나도 엄마가 내 엄마라서 좋아. 고마워. 엄마 사랑해."라고 답했고 둘째 딸은 "나는 엄마, 아빠 둘 다 좋아. 둘 다 사랑해."라며 부를 챙겼다. 둘째 딸의 이런 말에 첫째 딸은 눈을 살짝 흘기며 "당연히 아빠도 좋지."라며 겸연쩍어했다. 어색하게 서있는 부에게 모가 다가가 아이들 쪽으로 끌어당기며, "당신이 우리를 위해 애쓰는 걸 알아요. 그걸 말로 표현해 주면 좋겠어요."라고 말했다. 이에 부는 "나도 노력해 볼게요."라며 아이들과 모를 끌어안았다.

그림 7-12 보자기 고르기

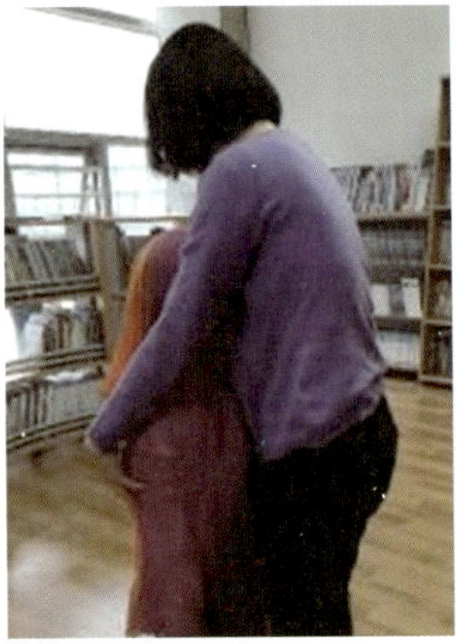

그림 7-12 가족 보자기놀이

# 6 가족 신체본뜨기

## 1) 활동 개요

가족 신체본뜨기는 가족원이 서로의 신체를 본뜨며 접촉하고 감정과 생각을 자연스럽게 표현하여 친밀감을 증진시키는 활동이다. 특히 서로의 손을 본뜨고 각 장점과 바람을 작성하여 꾸미고 연결하면서 새로운 접촉 경험을 촉진한다. 이 활동은 손과 손의 접촉을 통해 타인과 자신의 경계를 경험하고 가족의 소중함을 인식하게 하고(신현정, 2009), 접촉을 통한 몸의 감각 경험이 뇌의 감정 영역을 활성화하여 알아차림을 가능하게 한다(Rustin, 2021). 또한 본뜬 손을 꾸미고 장점과 바람을 작성하는 과정을 통해 새로운 관계 패턴을 내재화하고 기존의 가족 이미지를 재구성하여 새로운 가족관계를 형성하도록 돕는다.

그림 7-14 가족 신체본뜨기

## 2) 활동 방법

### (1) 목표

- 가족 신체본뜨기를 통해 가족원 간의 상호작용과 가족역동을 관찰하고 촉진한다.
- 손과 손의 접촉을 통해 가족원 간의 연결감을 경험하고 친밀감과 애착을 강화한다.
- 가족원 각자의 장점과 서로에 대한 바람을 공유하여 가족원 간의 이해와 소통을 향상시킨다.
- 손 마사지를 통해 가족원이 서로에 대한 감사와 애정을 표현할 기회를 제공한다.



### (2) 준비물

- 4절지 또는 전지(가족원의 수에 맞게 준비), 다양한 필기구(연필, 색연필, 사인펜 등), 지우개, 다양한 향기의 핸드크림

### (3) 적용 가능 대상

- 5세 이상 아동을 포함한 모든 가족 및 커플

### (4) 진행 방법

손본뜨기 활동을 설명한 후, 가족원 모두의 양쪽 손을 본뜰 수 있는 충분히 큰 종이와 다양한 종류의 그리기 도구, 로션을 준비 한다.

### ① 도입

가족원은 둘러앉아(2인의 경우 마주 앉아) 서로의 손을 만져보면서 손의 형태, 크기, 주름 등의 모양과 감촉을 관찰한다. 이 과정에서 상담자는 가족원이 모두 서로의 손을 만져보고 관찰하도록 촉진하며, 가족의 상호작용과 비언어적 메시지를 관찰한다.

상담자 멘트의 예시는 다음과 같다.

"지금부터 가족 손본뜨기를 진행하려고 합니다. 먼저 둘러앉아서(2인의 경우 마주 앉아서) 서로를 지긋이 바라봅니다."

"이제 서로 손바닥을 맞대어 보면서 체온을 느껴봅니다. 손바닥을 맞대어 보는 순서는 상관없지만 가족원 모두가 서로 손바닥을 맞대어야 합니다."

"이제 맞대어 본 손의 형태, 크기, 주름 등을 관찰하면서 그 가족원과의 기억이나 경험을 떠올려 봅니다."



**상담자 점검 및 관찰 사항**

- 가족원 중 서로 바라보기 힘들어하는 사람은 누구인가?
- 가족원 중 손과 손의 접촉을 힘들어하는 사람은 누구인가?
- 가족원과의 기억이나 경험을 떠올려 보는 것을 힘들어하는 사람은 누구인가?
- 활동 과정에서 보여지는 가족역동은 어떠한가?
- 가족원 중 활동에 적극적(소극적)인 사람은 누구인가?
- 가족원이 서로의 손에 접촉 방식을 관찰한다(덥석, 조심스럽게, 감정을 담아서 등).



### ② 전개

가족원이 서로의 손을 충분히 만져보고 관찰한 후, 누가 누구의 손을 본뜰 것인지 정하고 서로의 손을 본떠준다. 손본뜨기가 완성되면, 각자가 본뜬 양손에 해당 가족원의 장점과 그 사람에 대한 바람을 작성하고, 그 가족원을 생각하면서 꾸민다. 그런 다음 각자 자신이 본뜬 가족원의 손을 소개하면서 장점과 바람을 공유한다. 마지막으로 서로 연결하고 싶은 손을 연결하고, 연결되기 위해 필요한 것이 무엇인지 나눈다.

상담자 멘트의 예시는 다음과 같다.

"지금부터 손본뜨기 활동을 해보겠습니다. 누가 누구의 손을 본뜰 것인지 의논해 주세요."

"손본뜨기가 완성되었다면 각자가 본뜬 손안에 해당 가족원의 장점과 그 사람에 대한 바람을 작성한 후 해당 가족원을 생각하면서 꾸며주세요."

"지금부터는 각자 본뜬 손을 서로 연결해보겠습니다. 여기 다양한 색깔의 펜을 사용해서 연결해 보세요."

"서로의 손이 다 연결되었네요. 실제로 서로의 손이 연결되려면 무엇이 필요한지 의논하고 이야기를 나누는 시간을 가지겠습니다."



**상담자 점검 및 관찰 사항**

- 누가 누구의 손을 본뜨는가?
- 상대 가족원의 장점을 자연스럽게 떠올리는가?
- 서로의 손을 꾸며주는 정도는 어떠한가?
- 누구와 누구의 손이 가장 가까운(먼)가?
- 누가 누구와 연결되고 연결되지 않는가?

### ③ 마무리

손본뜨기 활동을 마무리할 때, 서로의 손에 핸드크림을 발라 마사지하며 감사의 마음을 표현하도록 한다. 상담자는 손 마사지는 반드시 손본뜨기를 한 가족원이 아니어도 되며, 한 명 또는 가족원 모두의 손을 마사지해도 됨을 안내한다. 감사의 말은 상대방의 눈을 지그시 바라보면서 전하도록 조력한다.

상담자 멘트의 예시는 다음과 같다.

"이제는 서로의 눈을 바라보며 양손을 잡아보세요. 손을 맞잡은 가족을 서로 한 번 둘러보시고 이렇게 연결된 우리 가족을 느껴보세요."

"서로의 손에 로션을 발라주면서 그동안 버텨주고 애써줘서 고마웠던 마음을 따뜻한 말과 부드러운 손길로 전해 주도록 합니다."

**상담자 점검 및 관찰 사항**

- 가족원 간의 접촉 정도는 처음과 차이가 있는가?
- 가족원 중 새로운 도전(로션 바르기, 감사 전하기 등)을 어려워하거나 거부하는 사람은 누구인가?
- 몸의 연결과 마음을 표현하는 것에 가장 큰 변화를 보이는 가족원은 누구인가?
- 가족원의 통찰 수준은 어떠한가?
- 이 활동을 통해 상담자가 원하는 목표는 몇 점(10점 만점) 정도 달성되었는가?

### (5) 활동 시 주의사항

① 가족원이 서로의 관점을 존중하고 경청하도록 촉진한다.

② 몸의 접촉을 힘들어하는 가족에게는 자기 손을 직접 본뜨고 꾸며 이야기를 나누게 한다.

③ 신체감각에 몰입하는 데 방해가 되지 않도록 과도한 질문은 삼간다.

## 3) 촉진질문

| 상담과정 | 상담자 질문 |
|---|---|
| 도입 | • 서로의 손을 관찰했을 때 어떤 느낌이(생각이) 드나요? 가족원 각자의 손에서 가장 매력적이라고 생각하는 부분은 무엇인가요?<br>• 평소 부모님의 손은 주로 어떤 역할을 하나요? 그런 역할은 우리 가족에게 어떤 영향을 미치고 있나요?<br>• 서로의 손을 만져보고 관찰하며 본뜨는 활동이 우리 가족에게 어떤 의미를 줄 수 있을까요? |
| 전개 | • 가족원의 손을 그리는 동안 어려웠던 점이나 불편한 점이 있었다면 그것은 무엇인가요? 그 이유는 무엇인가요?<br>• 가족원이 꾸며준 내 손을 보니 어떤 느낌이 드나요?<br>• 서로의 장점을 인정하고 칭찬할 때, 가족의 분위기는 어떻게 변하나요?<br>• 가족원이 본떠준 손의 거리와 위치는 실제 우리 가족 안에서 느껴지는 것과 차이가 있나요? 그 차이는 무엇을 의미하나요?<br>• 손을 통해 표현된 서로의 바람이 실현되기 위해 어떤 노력을 할 수 있을까요? 서로의 바람을 실천하기 위해 각자가 할 수 있는 작은 변화는 무엇일까요? 그런 변화는 다른 가족원에게 어떤 변화를 가져올까요? |
| 마무리 | • 서로의 손을 본뜨고 장점과 바람을 공유한 경험은 우리 가족에게 어떤 영향을 미칠까요?<br>• 서로의 손본뜨기를 통해 발견한 가장 긍정적인 면은 무엇이었나요?<br>• 가족의 손본뜨기 활동을 통해 가족원에 대해 새롭게 알게 된 점이나 가장 기억에 남는 것이 있다면 무엇인가요?<br>• 서로의 손을 접촉하고 관찰하면서 느낀 연결감은 앞으로의 가족관계에 어떤 영향을 줄 수 있을까요? |

## 4) 추가 활용 방법

### (1) 손바닥 그림그리기

가족원이 서로의 손바닥에 그림을 그리거나 메시지를 써 주는 활동을 통해 서로에 대한 애정과 지지를 표현할 수 있으며, 각자가 받은 그림이나 메시지를 통해 자신이 어떻게 인식되고 있는지 알 수 있다.

### (2) 엄지손가락 결투

두 사람이 마주 보고 서거나 앉아서 손을 맞잡고 엄지손가락을 위로 든다. 놀이가 시작되면 본인의 엄지손가락으로 상대방의 엄지손가락을 3초 동안 아래로 눌러 고정시키면 승리한다. 모든 가족원이 차례대로 결투하여 승패를 가리는 이 활동을 통해 감정조절을 경험할 수 있다. 또한, 가족원 각자가 전략이나 느낀 점을 공유하면서 과정을 통해 소통과 감정 공유 및 상호이해를 촉진할 수 있다.

## 5) 상담사례

### (1) 내담자 가족

- 남편(47세), 아내(42세)

### (2) 상담의뢰 경위

- 소통의 어려움으로 갈등을 겪던 아내가 상담을 신청하였다.

### (3) 상담내용

소통의 어려움으로 부부갈등을 호소하는 커플에게 손본뜨기를 실시하였다. 부부는 서로의 손을 만져보고 주름의 모양을 살피며 손의 감촉과 온도를 느껴보라는 상담자의 지시에 놀라는 반응을 보였다. 아내는 말로는 툴툴거렸지만, 표정은 이완되었고 남편은 쑥스러워하면서도 아내에게 바라는 점과 고마움을 표현하였다. 손의 접촉을 통해 마음이 열린 부부는 바람과 장점을 쉽게 작성하였다. 손본뜨기 후, 부부는 서로에게 로션을 발라주며, 장점과 바람을 나누는 시간을 가졌다.

상담자는 촉진질문과 순환적 질문을 활용하여 부부가 긍정적 상호작용과 새로운 관계 패턴에 도전할 수 있도록 도왔다. 아내는 본인의 말과 행동에 따라 남편이 달라짐을 깨닫고, 비언어적인 메시지와 무시하는 말투의 교정이 필요함을 느꼈다. 또 남편은 본인의 태도가 아내를 외롭게 했음을 깨닫고, 쑥스러움을 극복하며 아내에게 표현하는 노력이 필요함을 인식했다. 부부의 일상 대화시간이 늘어나면서 첫째 아들이 대화에 동참하는 횟수가 늘고 여동생과의 다툼이 줄어드는 변화를 통해 부부체계의 변화가 자녀체계에도 긍정적 영향을 미친다는 것을 이해하게 되었다.

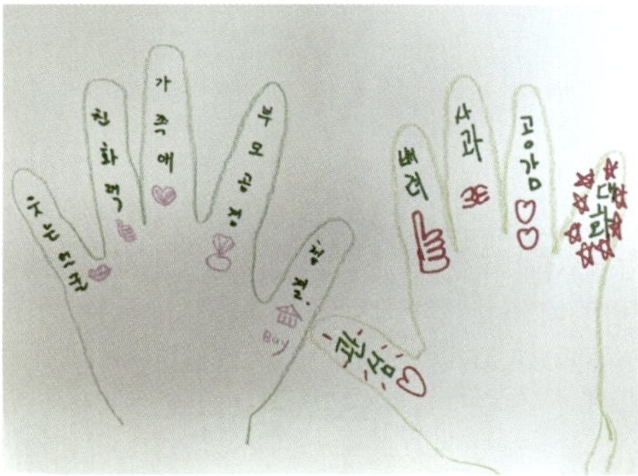

그림 7-15 남편이 본떠준 아내의 손

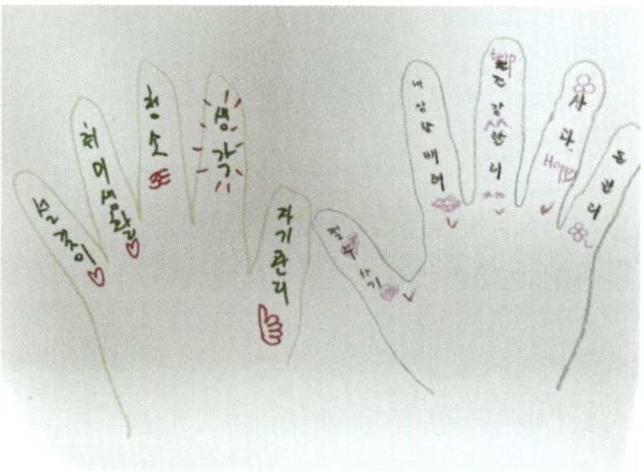

그림 7-16 아내가 본떠준 남편의 손

08

CHAPTER

# 가족놀이치료 프로그램

염은선, 황경란, 서정은, 송정숙, 공성원

CHAPTER 08

# 가족놀이치료 프로그램

Family Play Therapy: Research and Practice

## 1 매체별 프로그램



### 1) 피규어(인형) 기반 가족놀이치료 프로그램

#### (1) 프로그램의 필요성과 목표

인간은 원시시대에서부터 의식주와는 별개로 친밀감을 위한 심리적 도구로써 피규어를 사용해 왔다. 내담자와의 상담 장면에서 피규어를 사용하였을 때 대부분의 내담자는 거부감 없이 상담에 응하게 되고, 본인도 인식하지 못하는 무의식적인 욕구와 감정을 자연스럽게 드러내 보인다. 다양한 피규어들은 언어적 상담이 가지는 한계를 보완해 주며, 내담자의 깊은 무의식을 드러내 주기에 치료적 작업에서의 활용가치가 대단히 높다. 또한 상담과정에서 시각적 효과를 제공하여 내담자와 깊이 있는 소통을 가능하게 하며, 내담자가 호소하는 문제를 사정하고 진단하는 효율적인 도구가 되고, 상담에 소극적이고 비자발적인 내담자와의 상담에서도 촉진적인 도구가 된다.

가족놀이치료에서 피규어의 사용은 가족원 간의 상호작용을 탐색하고 가족 무의식을 투사하는 도구로서의 역할을 한다. 다양한 피규어를 활용하여 가족 내에서 벌어지는 관계와 감정을 시각적으로 표현하고 탐구하는 과정 속에서 가족원들은 자신의 감정과 생각을 안전하게 표현할 수 있다. 이는 언어적 표현이 어려운 어린아이들이나, 감정 표현에 서투른 성인들에게 특히 효과적이다. 가족원들은 피규어를 사용하여 자신들의 내면세계를 구체화하고, 이를 다른 가족원들과 공유함으로써 보다 깊은 이해와 공감을 이끌어낼 수 있으며, 이러한 과정은 가족의 결속력 강화와 건강한 가족관계 형성에 중요한 역할을 한다.

본 프로그램에서는 가족원이 서로에 대해 어떤 이미지를 형상화하고 있는지 이해하고 가족의 다양한 상호작용을 탐색함으로써 좀 더 기능적이고 적응적인 가족관계 형성을 돕기 위해 피규어를 활용한 10회기 프로그램을 다음과 같이 구성하였다. 이 프로그램의 목표는 다음과 같다.

- 원가족 및 현가족 내에서의 가족구조와 이미지 및 가족 상호작용을 탐색한다.
- 가족원 개개인의 경험 속 가족 내 미해결 과제 및 갈등을 다룬다.
- 가족 내에서의 갈등, 소망, 바람 등을 건강하게 표현해 본다.
- 가족원 간의 상호우호적인 의사소통법을 연습한다.
- 가족 내 긍정적 상호작용 및 가족성장을 촉진한다.
- 가족의 변화를 확인하고 확장시킨다.
- 가족이 선호하는 이야기 구성을 통해 가족의 긍정적 미래상을 구상해 본다.

### (2) 프로그램 구성 내용

피규어 기반 가족놀이치료 프로그램은 초기, 중기, 후기의 총 3단계로 주 1회 90~120분씩 진행 가능한 총 10회기로 구성하였다. 프로그램의 세부 구성은 다음과 같다.

### ① 초기

상담의 도입 부분은 1~2회기로 구성되는데 1회기에는 상담을 구조화하면서 가족의 구조 및 역동을 탐색하기 위해 '가족놀이가계도'를 진행한다. 가족놀이치료에 참여하면서 긴장감을 느낄 수 있는 가족에게 가계도에 대해 간단하게 설명한 후 여러 모양의 피규어를 소개하고 자연스럽게 가족의 모습을 표현해 볼 수 있도록 안내한다. 2회기에는 '가족인형세우기' 활동을 진행하면서 가족이 현재의 삶에서 어떤 상호작용을 주고받는지 탐색한다. 먼저, 다양한 피규어를 가족에게 제시하고 자유롭게 각자 자신을 포함한 가족원의 모습을 나타내는 피규어를 선택하도록 한다. 선택한 가족 피규어로 가족의 모습을 보여주는 위치를 정해 세워보라고 제안하고 세워진 피규어들을 관찰하도록 한다.

### ② 중기

상담의 전개 부분은 3~8회기로 구성하였다. 본격적인 가족상담이 진행되는 3회기에는 '가족모래놀이'를 통해 가족이 겪는 어려움을 모래 위에 표현해보도록 안내하면서 가족의 주 호소문제를 탐색한다. 다양한 피규어를 활용하여 가족생활 중에 겪게 되는 문제를 모래놀이 상자 위에 표현해 보도록 한다. 4회기에는 '가족퍼펫극(인터뷰)'으로 가족이야기를 만드는 활동을 진행한다. 가족에게 퍼펫을 제공한 후 각 가족원의 흥미를 끄는 퍼펫을 선택하게 하고, 각자 선택한 퍼펫으로 함께 시작과 중간, 결말이 있는 가족이야기를 만들도록 한다.

5~6회기에서는 '가족관계 속 자아탐색'을 진행하면서 각 가족원이 가족관계 속 나의 모습을 탐색해 보는 시간을 가져본다. 이 활동은 가족 내에서의 나의 이미지를 피규어로 표현해 보면서 가족관계 속 자신의 모습을 탐색하고 가족 내 미해결 과제로 인한 가족원 간의 갈등을 다루기 위해 진행할 수 있다. 7회기에는 '가족퍼펫극'을 진행하면서 가족원끼리 상호우호적인 의사소통을 연습할 수 있도록 돕는다. 각자 자신을 표현한다고 생각하는 퍼펫을 고른 후 가족 내에서의 갈등, 소망, 바람 등을 자유롭게 표현하면서 서로 대화를 주고받도록 안내한다. 8회기에는 '가족동물농

장 만들기'를 진행한다. 상담자는 준비된 피규어와 울타리로 돌봄과 양육을 주제로 한 동물농장 만들기 미션을 주고 가족들이 충분히 서로 논의하여 가족이 원하는 방식대로 동물농장을 만들도록 한다.

③ 후기

후기는 9~10회기로 구성되며 9회기에는 모래상자 위에 가족이 선호하는 가족이야기란 주제로 '가족모래놀이'를 진행하면서 가족이 함께 살고 싶은 미래의 모습을 구성해보는 활동을 진행한다. 가족원 각자가 원하는 미래의 모습들을 함께 구성해 보면서 각자의 이야기가 가족의 미래이야기로 만들어지게 된다. 10회기에는 '가족인형세우기' 활동을 진행하며 상담 과정을 통해 변화된 가족의 모습을 확인하면서 상담을 총정리 한다. 종결회기임을 안내한 후 현재 가족의 모습을 피규어로 세워보도록 한다. 2회기에서 표현한 가족의 모습과 다른 부분이 있는지, 누가 어떻게 변했는지, 그 변화를 가져오게 된 원인은 무엇인지 다양한 질문들을 던지면서 가족이 상호작용할 수 있도록 촉진한다.

### (3) 프로그램 운영 지침

① 다양한 피규어들을 구비하여 가족이 자유롭게 자신이 생각하는 가족의 이미지를 표현할 수 있도록 돕고, 피규어를 배치하는 순서와 위치 등을 주의 깊게 살펴본다.

② 매 회기별 활동에서 상담자는 가족의 상호작용을 촉진할 수 있는 다양한 질문들을 준비하여야 하며, 활동 중 가족이 피규어를 배치할 수 있는 충분한 시간을 제공한다.

③ 가족원이 피규어를 통해 서로에 대해 표현하고 상호작용을 할 수 있도록 돕는다.

### (4) 프로그램 구성

| 회기 | | 주제 | 목표 | 활동 | 준비물 |
|---|---|---|---|---|---|
| 초기 | 1회기 | 가족이미지 확인하기 | 가족이미지 탐색하기 | • 다양한 피규어로 우리 가족 소개하기<br>• 가족놀이가계도 만들기<br>• 소감 나누기 | 각종 피규어 |
| | 2회기 | 가족의 현재 모습 표현하기 | 가족 상호작용 및 가족 경계 탐색하기 | • 가족인형세우기 활동으로 현재 가족관계 표현하고 설명하기<br>• 소감 나누기 | 가족 피규어 |
| 중기 | 3회기 | 가족의 어려움 탐색하기 | 가족의 주 호소문제 탐색하기 | • 모래상자 위에 가족이 겪는 어려움 표현하기<br>• 가족관계 속 갈등 나누기<br>• 소감 나누기 | 모래상자, 각종 피규어 |
| | 4회기 | 가족이야기 만들기 | 가족 상호작용 방식, 가족관계 패턴, 갈등 해결 능력 등 탐색하기 | • 퍼펫 역할극을 통해 자유로운 주제로 가족이야기 만들고 발표하기<br>• 소감 나누기 | 다양한 퍼펫 |
| | 5회기 | 가족 속의 나 돌아보기 1 | 가족 안에서 가족원 개개인의 경험 재현하여 가족 내 미해결 과제 및 갈등다루기 | • 내가 생각하는 나의 모습, 가족이 생각하는 나의 모습을 피규어로 표현하기<br>• 가족관계 속 나의 모습 돌아보고 인정하기<br>• 소감 나누기 | 동물피규어 |
| | 6회기 | 가족 속의 나 돌아보기 2 | 가족 갈등 속 감정 다루기를 통한 자기 이해 돕기 | • 가족 속에서 경험된 감정 표현해 보기<br>• 과거 · 현재 · 미래의 내 모습을 동물피규어로 표현하기<br>• 소감 나누기 | 동물피규어 |
| | 7회기 | 가족과 건강하게 소통하기 | 가족 내 상호우호적인 의사소통법 연습하기 | • '우리 가족의 미래'라는 주제로 퍼펫극 만들기<br>• 가족 내에서의 갈등, 소망, 바람 등을 건강하게 표현하기 | 다양한 퍼펫 |
| | 8회기 | 가족 자원 및 강점 발견하기 | 가족 내 긍정적 상호작용 촉진하기 | • 양육과 보호를 주제로 가족동물농장 만들기<br>• 가족의 자원과 강점 발견 및 격려하기<br>• 소감 나누기 | 모래상자, 각종 피규어 |

| | | | | | |
|---|---|---|---|---|---|
| 후기 | 9회기 | 가족이 선호하는 이야기 만들기 | 가족의 대안적 이야기 구상 및 가족성장 촉진하기 | • 모래상자 위에 가족이 선호하는 대안적 이야기 만들기<br>• 소감 나누기 | 모래상자, 각종 피규어 |
| | 10회기 | 가족의 변화 확인 및 확장하기 | 가족의 변화 확인 및 확장하기<br>프로그램 총정리 및 종결 | • 가족인형세우기로 현재 가족 모습 나타내기<br>• 변화된 가족원 칭찬하고 격려하기<br>• 프로그램 참여 소감 나누기 | 가족 피규어 |

## 2) 카드 기반 가족놀이치료 프로그램

### (1) 프로그램 필요성과 목표

가족 갈등관계에서는 가족원이 느끼는 긴장감이나 공격성으로 인해 불안이 증가하고 신체적, 정서적, 사회적 부적응 증상이 나타날 수 있다. 왜냐하면 가족 안에서 존재하는 불안은 침투성과 전염성이 강해서 투사적 동일시 과정을 통해 개인에게 불안이 그대로 전달될 수 있기 때문이다. 그러나 가족관계에서 감정과 욕구의 충돌로 인해 발생하는 갈등은 자연스러운 현상이다.

갈등은 비난이나 공격적 표현으로 인해 정서적으로 관계 회피나 관계 악화를 초래할 수 있다는 부정적 측면이 있다. 그러나 긴장감이나 불편함의 표현이 스트레스 완화 및 서로 간의 더 깊은 이해를 가질 수 있다는 긍정적 측면도 있다. 이처럼 가족관계에서 갈등을 통합적으로 바라보며 갈등해결 과정에서 새로운 대처방식과 친밀감을 더 향상시킬 수 있는 경험이 필요하다(전영주, 황경란, 송정숙, 이복숙, 염은선, 주국희, 배윤민, 김명화, 2021).

갈등 불안으로 인한 감정이나 생각을 알아차리고 직접 표현하는 것은 쉬운 작업이 아니다. 왜냐하면 불안은 무의식 영역과 관련이 있기 때문이다. 이러한 측면에서 인간의 감정과 욕구라는 추상적인 개념을 단어나 이미지를 활용하여 구체적으로 표현할 수 있도록 돕는 카드매체는 유용한 도구이다.

그러므로 카드매체를 활용하여 갈등 상황속의 가족관계 탐색 및 의사소통 향상을 통해 새로운 가족이야기를 만들어 보는 새로운 상담 경험을 제공하는 것이 필요하다. 본 프로그램은 카드 기반 가족놀이치료로 다양한 가족을 대상으로 관계 개선과 의사소통 향상을 목적으로 한다. 이 프로그램의 목표는 다음과 같다.

- 가족원의 관계를 탐색하고 서로의 마음에 대해 경청 및 공감한다.
- 가족원 각자의 감정을 수용하고 지지한다.
- 감정과 바람을 연결한 효과적인 의사소통을 한다.
- 가족의 어려움에 대한 새로운 대처방식을 만든다.
- 가족의 장점 탐색 및 관계를 강화한다.
- 가족의 치유방식 만들기 및 미래 기대를 표현한다.



### (2) 프로그램 구성 내용

본 프로그램은 가족관계 및 의사소통 향상을 목적으로 구성된 카드 기반 가족놀이치료이다. 프로그램은 총 3단계이며 주 1회 90분씩 총 10회기이며, 초기는 1~2회, 중기는 3~8회, 후기는 9~10회기로 구성하였다. 프로그램의 세부 구성은 다음과 같다.

#### ① 초기

초기는 1~2회기로 구성되었으며, 호소문제를 기반으로 나무주변사람그림을 활용한 가족관계 탐색, 솔라리움 이미지카드를 통해 가족원의 마음을 함께 알아보는 작업 등으로 구성하였다. 이 회기들의 목표는 가족관계를 탐색하고 서로의 감정에 대해 경청 및 공감하기이다.

② 중기

중기는 3~8회기로 구성되었으며, 감정카드와 가족발달인생곡선을 활용한 가족 경험 탐색, 감정카드와 바람카드를 사용하여 가족원의 감정과 바람을 연결하기, 장점카드와 솔라리움 이미지카드를 통해 가족원의 자원 및 장점 탐색, 강화 등으로 구성하였다. 이 회기들의 목표는 가족원의 감정을 수용하고 지지하기, 감정과 바람을 연결한 효과적인 의사소통하기, 가족의 어려움에 대한 새로운 대처방식 만들기, 가족의 장점 강화하기 등이다.

③ 후기

후기는 9~10회기로 구성되었으며 솔라리움 이미지카드, 감정카드, 장점카드 등을 전체적으로 활용하여 가족 간의 치유에 대한 새로운 책임을 수용하고 가족의 미래에 대한 기대감을 표현하는 내용으로 구성하였다. 이 회기들의 목표는 가족의 치유방식 만들기 및 미래 기대 표현하기이다.

### (3) 프로그램 운영 지침

① 본격적인 카드 작업을 하기 전 카드의 개념이나 이미지에 친숙해지는 활동을 위한 워밍업 놀이활동을 하는 것이 라포형성을 위해 필요하다.

② 가족에게 이미지에 대한 해석이나 감정 및 바람 표현은 서로 상대적이고 주관적이므로 옳고 그름으로 평가하지 않도록 안내한다.

③ 상담자는 가족원이 선택한 이미지나 개념을 활용하여 상담을 진행할 때, 너무 깊은 해석이나 직면 작업을 하지 않도록 주의한다.

## (4) 프로그램 구성

| 회기 | | 주제 | 목표 | 활동 내용 | 준비물 |
|---|---|---|---|---|---|
| 초기 | 1회기 | 가족의 위치 찾기 | 호소문제에 따른 가족의 현재 관계 탐색 | • 인사하기<br>• 나무주변사람그림으로 가족관계 탐색<br>• 소감 나누기 | 활동지 (나무주변사람 그림) |
| | 2회기 | 가족 마음 공감하기 | 가족원의 현재 마음 경청 및 공감하기 | • 근황 나누기<br>• 감정단어 익히기<br>• 가족원의 현재 마음은?<br>• 이미지카드와 감정 연결하기<br>• 소감 나누기 | 솔라리움 이미지카드 |
| 중기 | 3회기 | 가족이 걸어 온 길 따라가기 -1 | 가족의 정서관계 및 문제해결 방식 확인하기 | • 근황 나누기<br>• 가족의 경험을 긍정 또는 부정적 척도로 평가하기<br>• 척도 점수를 감정카드를 활용하여 표현하기<br>• 소감 나누기 | 활동지 (가족발달 인생곡선) 4절지, 감정카드 |
| | 4회기 | 가족이 걸어 온 길 따라가기 -2 | 가족의 정서관계 및 문제해결 방식 확인하기 | • 근황 나누기<br>• 가족의 경험을 긍정 또는 부정적 척도로 평가하기<br>• 척도 점수를 감정카드를 활용하여 표현하기<br>• 소감 나누기 | 활동지 (가족발달 인생곡선) 감정카드, 4절지 |
| | 5회기 | 가족 대화 잘하기 | 가족원의 감정표현을 수용하고 바람으로 연결하기 | • 근황 나누기<br>• 가족원이 감정카드를 활용하여 감정표현하기<br>• 감정표현과 연결된 바람카드를 찾아 지지하기<br>• 소감 나누기 | 감정카드, 바람카드 |
| | 6회기 | 힘든 상황을 잘 대처하기 | 기존과 다른 새로운 가족의 대처방식 만들기 | • 근황 나누기<br>• 가족의 현재와 미래 모습을 이미지카드로 선택하기<br>• 각자의 대처방식 카드를 무작위로 선택하기<br>• 가족간의 새로운 대처방식으로 이야기 만들기<br>• 소감 나누기 | 솔라리움 이미지카드, 4절지 |

| | | | | | |
|---|---|---|---|---|---|
| | 7회기 | 우리 가족 칭찬하기 | 장점 및 가족자원을 중심으로 대화하기 | • 근황 나누기<br>• 가족을 팀으로 나누어 일상경험과 관련하여 장점을 탐색하고 그림으로 구체화하기<br>• 전체 가족 앞에서 장점을 표현하고 지지하기<br>• 소감 나누기 | 장점카드, 도화지, 색칠도구 |
| | 8회기 | 가족 칭찬 더하기 | 나만 알고 있는 가족장점 찾아 공유하기 | • 근황 나누기<br>• 새롭게 알게 된 가족원의 장점카드 탐색하기<br>• 가족원의 장점에 대해 수용하고 인정하는 신체 표현하기<br>• 소감 나누기 | 장점카드 |
| 후기 | 9회기 | 함께 상처 치유하기 | 치유의 책임이 각자에게 있으며 가족과 협조하기 배우기 | • 근황 나누기<br>• 자신의 필요카드 선택하고 이유 말하기<br>• 도화지에 가족관계에 맞는 이미지카드 놓고 이야기 만들기<br>• 소감 나누기 | 솔라리움 이미지카드, 4절지, 색칠도구 |
| | 10회기 | 가족 미래 표현하기 | 가족의 변화에 대한 가족 구성원의 감정을 확인하고, 가족 미래를 위한 기대감 나타내기 | • 근황 나누기<br>• 변화한 감정과 기대를 가족의 등에 붙인 도화지에 적어주기<br>• 전체 활동을 정리하는 바람카드를 선택하고 가족 선언문 만들기<br>• 소감 나누기 | 감정카드, 바람카드, 도화지, 클립, 필기구 |

부록 8-1

## 1회기 활동지: 나무주변사람그림

※ 나무주변에 있는 사람그림을 활용하여 우리 가족의 모습을 표현해 보세요. 이미지가 유사한 그림의 번호를 적으면 됩니다.

| 가족 | | | | | |
|---|---|---|---|---|---|
| 번호/이유 | | | | | |

☞ 그림의 성별 의미 없음. 한 사람을 여러 번호로 선택 가능

부록 8-2

## 3-4회기 활동지: 가족발달인생곡선

1. 가족의 경험을 긍정 또는 부정의 점수로 나타내어 보세요.

2. 중요 경험(상황, 사건)에 대한 마음을 감정카드로 표현해 보세요.

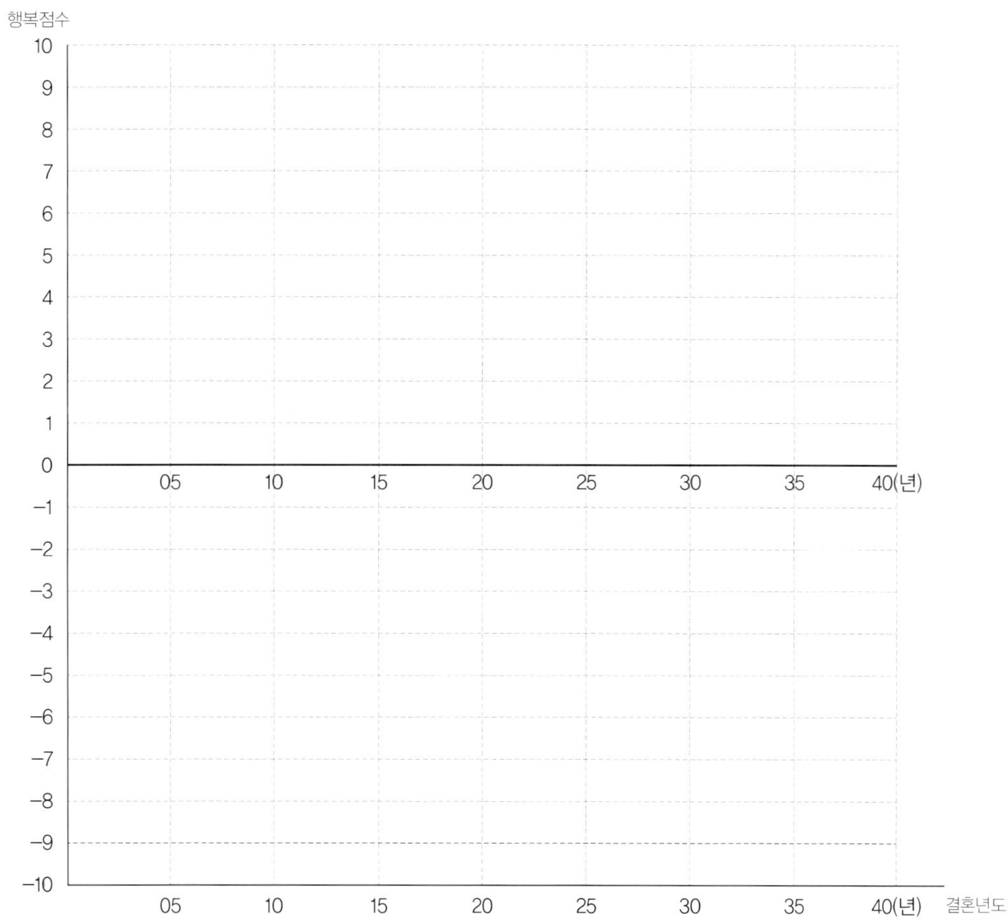

## 3) 보드게임 기반 가족놀이치료 프로그램

### (1) 프로그램의 필요성과 목표

수천 년 동안 인간의 놀이 문화의 일부였던 보드게임은 단순한 오락을 넘어 사회적, 교육적, 심리적 효과를 지니고 있다. 가족치료 장면에서의 보드게임은 가족이 함께 놀이하는 과정에서 자연스럽게 긴장이 완화되고, 대화에 대한 부담감이 줄어들어 상호작용을 촉진시킨다. 특히, 보드게임은 가족원들이 감정을 표현하고 서로를 이해하는 데 도움을 준다. 상담자는 게임을 통해 가족원 간의 의사소통 패턴과 상호작용 방식을 관찰할 수 있으며, 언어 중심의 상담에 거부감을 보이는 가족원에게도 접근하기 용이하여 가족체계의 긍정적인 변화를 이끌어 내는 도구로 활용된다.

가족원은 보드게임을 통해 서로의 감정과 생각을 이해하고, 효과적인 소통과 문제 해결 능력을 기를 수 있다. 가족놀이치료에서 보드게임은 가족의 긴장을 완화하고 언어 중심의 상담에 대한 부담감을 줄이는 효과적인 도구로 활용된다. 보드게임은 가족원 간의 경계를 허물고, 자연스럽게 상호작용을 촉진하는 역할을 한다. 특히, 상담에 거부감이 있는 아동·청소년과 치료적 동맹을 맺는 데 유용하다. 보드게임을 통해 가족원은 자신의 생각과 감정을 자유롭게 표현하고, 상담자는 이를 통해 가족 내 상호작용과 의사소통 패턴을 개선하고 가족체계의 역동을 긍정적으로 변화시키는 개입을 할 수 있다. 특히 대화의 부족, 감정 표현의 억제, 비언어적 단서의 오해, 일방적인 의사소통, 갈등 회피, 지속적인 비난과 비판 등 의사소통에 어려움을 겪는 가족이 당면한 문제를 효과적으로 다루는 데 중요한 역할을 한다.

- 가족원의 상호작용 및 의사소통 패턴을 탐색하고 가족의 체계 변화를 도모한다.
- 가족원이 감정을 수용하고 표현하는 방법을 배운다.

- 재미있는 게임을 통해 자연스럽고 효과적인 의사소통 방법을 경험한다.
- 보드게임을 통해 경청하고 공감하면서 긍정적 상호작용과 유대감을 강화한다.

### (2) 프로그램 구성 내용

이 프로그램은 보드게임을 기반으로 가족의 공감과 의사소통을 증진시키고 긍정적 상호작용 촉진을 목적으로 한다. 프로그램은 총 10회기 3단계로 구성되며, 주 1회 90분씩 진행된다. 초기는 1~2회기, 중기는 3~8회기, 후기는 9~10회기로 나뉘며, 프로그램의 세부구성은 다음과 같다.

#### ① 초기

초기는 1~2회기로 구성되어 있으며, 가족구조, 가족신화, 상호작용 및 의사소통 패턴, 호소문제를 탐색하고 가족사정 및 평가를 실시하는 데 중점을 둔다. 이를 위해 '가족 레고®집짓기 프로젝트', '우리 가족에게 무슨 일이 생겼나요?' 등의 주제로 가족 레고®놀이를 제안한다. 초기의 주요 목표는 가족사정과 평가 외에도 가족원이 경험하고 있는 갈등상황을 통해 주호소 문제를 파악하고 상담목표를 설정하는 것이다.

#### ② 중기

중기는 3~8회기로 구성되었으며, 가족규칙, 상호관계역동, 상호작용 과정 탐색, 가족체계 안에서 서로가 주고받은 영향력 탐색, 욕구와 바람의 수용 및 거절 경험, 특별한 대화시간 경험, 감정표현과 공감 · 수용 · 격려 · 지지 경험 등을 위한 개입으로 구성된다. 이를 위해 젠가 도미노, 선물입니다, 메시지 젠가, 감정룰렛, 필링스 보드게임을 제안한다. 중기의 주요 목표는 다양한 보드게임을 통해 가족원이 갈등상황이나 호소문제에 기여한 부분을 탐색하고, 서로의 이야기에 경청하는 경험을 통해 새로운 가족체계를 경험하는 것이다.

③ 후기

후기는 9~10회기로 구성되었으며, 대화 연습, 변화된 가족의 모습을 발견하는 데 중점을 둔다. 이를 위해 메시지 젠가, 가족 레고®놀이를 제안한다. 후기의 주요 목표는 가족원이 친밀한 관계 형성을 위한 대화 연습을 경험하고, 가족의 긍정적인 미래 모습을 상상하여 시각적 작품으로 표현하며, 가족이 선호하는 이야기를 만들어 보도록 하는 것이다.

### (3) 프로그램 운영 지침

① 상담자는 해당 보드게임 진행 방법을 충분히 숙지하고, 예외 상황에 대비할 수 있도록 기본적인 룰 외의 응용 방법을 계획해야 한다.

② 보드게임을 진행하기 전에 연습게임을 통해 가족원이 해당 보드게임에 익숙해질 수 있도록 한다.

③ 대부분의 보드게임은 승패가 있는 만큼, 지나치게 과열된 경쟁이 일어나지 않도록 주의한다.



### (4) 프로그램 구성

| 회기 | | 주제 | 목표 | 활동내용 | 준비물 |
|---|---|---|---|---|---|
| 초기 | 1회기 | 가족 레고®<br>집짓기<br>프로젝트 Ⅰ | 가족구조 및<br>역동 탐색 | • 인사 나누기 및 치료적 관계형성<br>• 놀이방법 안내<br>• 가족 레고®집짓기 프로젝트 실시<br>• 작품 소개하기<br>• 소감 나누기 | 레고®,<br>듀플로®,<br>다양한 피규어 |
| | 2회기 | 우리<br>가족에게<br>무슨 일이<br>생겼나요? | 가족의 호소문제 및<br>촉발요인 탐색,<br>상담목표 설정 | • 가족이 경험하고 있는 갈등상황 탐색<br>• 가족 갈등 레고® 만들기 실시<br>• 레고® 작품에 나타난 가족갈등 이야기 나누기<br>• 상담목표 설정하기<br>• 소감 나누기 | 레고®,<br>듀플로® |

| | | | | | |
|---|---|---|---|---|---|
| | 3회기 | 누가, 무엇을, 어떻게 했나요? | 가족규칙, 상호관계역동, 상호작용과정 탐색 | • 근황 나누기<br>• 할리갈리 실시<br>• 게임 안에서 관찰된 가족의 역동(규칙 지키기, 순서 기다리기, 끼어들기 등) 소개해 보기<br>• 소감 나누기 및 과제안내 | 할리갈리, 보드게임용 매트, 타이머 |
| | 4회기 | 우리가 서로 주고받은 것 | 가족체계 안에서 서로가 주고받은 영향력 탐색 | • 근황 나누기 및 과제점검<br>• 서로 주고받은 영향력 리스트 만들기<br>• 젠가 도미노 실시<br>• 서로가 주고받은 영향력 경험해 보기<br>• 소감 나누기 및 과제안내 | 젠가, 보드게임용 매트, 얇은 포스트잇, 펜, 타이머 |
| | 5회기 | 거절해도 괜찮아 | 욕구와 바람의 수용/거절 경험 | • 근황 나누기 및 과제점검<br>• 선물입니다 실시<br>• 선물을 주고받으면서 수용하고 거절하는 경험 해보기<br>• 소감 나누기 및 과제안내 | 선물입니다, 보드게임용 매트, 타이머 |
| 중기 | 6회기 | 미처 몰랐던 가족이야기 | 가족 안에서 잘 다루지 않는 주제를 통해 가족 구성원 간의 특별한 대화시간 경험 | • 근황 나누기 및 과제점검<br>• 메시지 젠가 실시<br>• 메시지 젠가의 메시지를 활용한 특별한 대화시간 경험하기<br>• 소감 나누기 및 과제안내 | 메시지 젠가, 보드게임용 매트, 타이머 |
| | 7회기 | 내 마음을 들어보세요! | 가족원의 감정 이야기를 경청하고 수용하기 | • 근황 나누기 및 과제점검<br>• 가족 안에서 경험했던 감정 선택<br>• 감정룰렛 실시<br>• 가족원의 감정 상황 이야기를 경청하고 수용해 보기<br>• 소감 나누기 및 과제안내 | 감정룰렛, 감정 리스트, 보드게임용 매트, 타이머 |
| | 8회기 | 우리 가족 공감 왕 | 공감, 수용, 격려, 지지 경험 | • 근황 나누기 및 과제점검<br>• 필링스 실시<br>• 상황 카드를 활용하여 공감, 수용, 격려, 지지 등의 긍정적 상호작용 경험해 보기<br>• 소감 나누기 및 과제안내 | 필링스, 보드게임용 매트, 타이머 |

| | | | | | |
|---|---|---|---|---|---|
| 후기 | 9회기 | 내가 다가갈게요~ | 다가가는 대화 연습 | • 근황 나누기 및 과제점검<br>• 메시지 젠가 실시<br>• 메시지 젠가를 활용하여 다가가는 대화 연습<br>• 소감 나누기 및 과제안내 | 메시지 젠가, 보드게임용 매트, 타이머 |
| | 10회기 | 가족 집짓기 프로젝트 II : 가족의 변화 확인 및 확장하기 | 변화된 가족 또는 미래 가족 모습 나타내기 (가족이 선호하는 이야기 구성을 통해 가족의 긍정적 미래상 구상), 상담 총정리 및 종결 | • 근황 나누기 및 과제점검<br>• 새로운 가족 레고® 집짓기<br>• 레고® 작품 소개<br>• 소감 나누기 | 레고®, 듀플로® |

## 4) 미술 기반 가족놀이치료 프로그램



### (1) 프로그램 필요성과 목적

미술 기반 가족놀이치료는 미술치료를 통하여 가족원의 감정과 느낌, 생각, 이미지 등을 의식적으로 표출하고 의미 전달을 통하여 가족 간의 상호작용을 촉진한다. 미술매체는 일상에서 오랫동안 사용되어 부담감이 낮고 친밀감을 가지고 있어서 가족이 저항 없이 문제 및 욕구, 기대, 이미지 등을 드러낼 수 있다. 가족미술놀이치료는 활동 자체만으로도 가족의 특성을 표현할 수 있는 강력한 수단이 되고, 외재화 작업에 용이하며 완성된 작품을 함께 보며 작품을 설명하고 반영하는 이야기를 통해 가족원의 정체감을 긍정적으로 재구성하게 도와준다.

가족들은 살아가면서 원하지 않은 일들이 일어나기 때문에 불평이 생기고 지속되면 문제로 여기게 되어 갈등이 일어나게 된다. 가족들은 자신의 인식에 따라 문제를 해결하고자 다양한 노력을 하지만 문제에 포화되어 더 이상 스스로 해결하기 어려울 때 상담실을 찾게 된다. 그 과정에서 자녀, 부모 등 자원을 문제라고 여기게 되어 부정적 정체성을 형성시킨다.

가족들이 문제를 해결하기 위해 하는 상호작용방식은 일관되어서 문제가 없었던 때는 무엇이 도움이 되었는지 긍정적 경험이나 자원, 해결 방법을 찾지 못하고 점점 더 어려움을 갖는다. 이러한 가족에게는 문제에 대한 인식과 상호작용 변화 및 긍정적인 자원을 찾아서 가족 문제를 해결하고 가족관계를 향상할 수 있을 것이다.

가족체계진단법을 통하여 가족원의 역동 및 상호작용을 평가하고 클레이(점토)를 활용하여 가족원 상징 만들기를 통해 감정표현과 강점 탐색이 가능하다. 또한 문제와 선호하는 가족을 만드는 과정을 통해 가족원과 문제를 분리, 외재화하여 가족원에 대한 인식을 변화하고 문제에 대한 대처경험 및 대안적 방법을 탐색할 수 있다. 6분할 그리기로 가족에 대한 원트를 구체화하고 가족생명나무를 그리고 발표와 반영을 통해 가족원의 정체성을 재구성하며 가족사진 기법으로 미래의 가족상과 가족원의 역할을 인식하고 노력하도록 할 수 있을 것이다. 본 프로그램은 미술에 기반한 가족놀이치료로 가족원의 관계 개선과 긍정적 이야기를 재구성하도록 하며 각 가족원의 정체감을 재구성하는 목적으로 구성하였고, 목표는 다음과 같다.



- 문제행동을 보이는 가족원과 문제를 분리하여 가족관계를 와해시키는 영향력을 이해한다.
- 문제행동의 영향력에 맞설 힘을 되찾고, 긍정적 성공 경험을 찾고 정체감을 구축한다.
- 가족 자원과 긍정적 자원을 되찾고, 소중한 사람을 연결한다.
- 가족의 문제에 대한 인식 재구성과 가족 상호작용을 촉진하여 관계를 향상한다.
- 가족의 미래 희망을 설계하도록 한다.

### (2) 프로그램 구성 내용



본 프로그램은 가족의 불평과 문제 이야기를 해체하고 가족관계 향상을 위한 목적으로 구성되었다. 프로그램은 3단계로 초기, 중기, 후기로 이루어졌으며, 주 1회

90분씩 총 10회기로, 초기는 1~2회기, 중기는 3~8회기, 후기는 9~10회기로 구성하였다. 프로그램의 세부 구성은 다음과 같다.

① 초기

도입은 1~2회기로 각 가족원의 불평이 무엇인지 듣고, 가족체계 진단과 클레이 활동을 통해 가족역동과 상호작용 탐색하고 촉진하도록 한다. 이를 통해 감정 해소는 물론, 갈등으로 인해 서먹하거나 단절되었던 가족원 간의 접촉을 통해 의사소통을 촉진하여 친밀감과 관계 향상을 도모한다. 또한 불평 해소를 위한 방해 요인은 무엇인지, 자원은 무엇인지 탐색한다.

② 중기

중기는 3~8회기로 구성되었으며, 6분할 그리기와 가족사진을 활용하여 원하는 것과 가장 문제가 되는 것을 구체화하고 선호하는 가족을 구체화한다. 클레이로 선호하는 가족을 구체화하여 만들고 문제에 대처하고 해결했던 경험을 통해 가족원의 긍정적인 역할을 찾고 지지한다. 가족생명나무로 문제 해결을 위해 필요한 자원, 즉 구체적인 가족 기술, 강점, 소중한 사람 등을 찾으면서 가족이 연결되도록 구성하였다.

③ 후기

후기는 9~10회기로 구성되었으며, 가족관계 재구성과 회복을 다지기 위하여 클레이활동으로 가족들이 그동안 전하지 못한 감사의 마음을 전하는 시간과 변화 유지 노력을 하도록 강화하는 시간을 갖는다.

### (3) 프로그램 운영 지침

① 가족문제는 가족원 각자 불평과 문제로 여기는 것이 해결되지 못하여 부정

적 상호작용을 지속하고 문제에서 빠져나오지 못하게 하므로, 긍정적 상호작용을 촉진하여 인식 재구성과 상호작용을 다르게 할 수 있도록 초점을 유지한다.

② 특히, 힘을 가진 부모가 문제 중심으로 끊임없이 회귀할 수도 있으므로 이런 경우에는 부모에게 일정 시간을 할애해서 가장 공감적이고 인정해 주었던 사람을 떠올리게 하여 그 사람처럼 반영할 수 있도록 하는 것이 필요하다.

③ 상담 중 한 번의 긍정적 경험 탐색으로 가족의 이야기가 기적처럼 변화하지 않으므로 긍정적 경험과 노력 등을 드러내는 작은 강점이라도 세심하게 찾아서 강화하는 것이 필요하다.

### (4) 프로그램 구성

| 회기 | | 주제 | 목표 | 활동 | 준비물 |
|---|---|---|---|---|---|
| 초기 | 1회기 | 문제가 되는 것은? | 불평 및 가족관계 변화 필요 인식하기 | • 상담구조화<br>• 불평 탐색하기<br>• 가족체계진단법으로 상호작용탐색 및 촉진하기<br>• 소감 나누기 | 도화지, 색연필 |
| | 2회기 | 우리 가족은 특별해요! | 가족의 긍정적, 부정적 유산, 자원 등 인식하기 | • 회기 간 변화 노력 찾고 인정하기<br>• 3세대 가족원 상징 만들기<br>• 가족원에 대한 감정 표현, 강점 탐색하기<br>• 소감 나누기 | 클레이 |
| 중기 | 3회기 | 이렇게 변화해 줘요! | 가족에 대한 바람을 알고, 가장 큰 어려움 구체화하기 | • 회기 간 변화 노력 찾고 인정하기<br>• 6분할로 가족에게 원하는 것 표현하기<br>• 가장 문제로 여기는 것을 구체화하기<br>• 소감 나누기 | 도화지 (또는 A4용지), 펜 또는 색연필 |
| | 4회기 | 내가 원하는 가족상! | 원하는 가족 모습과 자신의 긍정적 역할 알기 | • 회기 간 변화 노력 찾고 인정하기<br>• 사진 찾은 소감 나누기<br>• 가족사진과 잡지 등으로 원하는 가족 모습 재구성하기<br>• 소감 나누기 | 색연필, 크레파스 |

| | 5회기 | 나의 역할을 알았어요. | 문제, 불평 요소를 다루고 해결 경험을 찾아 강화하기 | • 회기 간 변화 탐색하기<br>• 클레이로 가족 문제와 선호하는 모습 만들기<br>• 대처, 해결 경험을 통해 나의 역할 알기<br>• 소감 나누기 | 클레이 |
|---|---|---|---|---|---|
| | 6회기 | 자랑스러워요~ | 문제 해결 성공 경험 찾고 노력, 의도, 자원을 '칭찬샤워'로 강화하기 | • 회기 간 변화 탐색하기<br>• 문제와 선호하는 모습 클레이를 활용한 성공 경험 더 찾고, 칭찬샤워로 인정하기<br>• 소감 나누기 | 5회기 문제와 선호하는 모습 클레이 작품 |
| | 7회기 | 가족의 생명력! | 가족원 정체성, 생명력을 찾고 가족 위험 대처 능력과 협력 필요성 알기 | • 회기 간 변화 노력 찾고 인정하기<br>• 가족생명나무 그리기와 숲 만들기<br>• 앞으로의 위험에 대처하기<br>• 소감 나누기 | 도화지, 그리기 도구 |
| | 8회기 | 영구박제하고 싶은 가족! | 가족관계 변화를 확인하고 남아 있는 문제 다루기 | • 회기 간 변화 노력 찾고 인정하기<br>• 영구박제하고 싶은 가족 모습 새로 찍어 오거나 즉석 사진 찍어 나누기<br>• 가족원의 역할과 행동을 알기<br>• 소감 나누기 | 가족앨범사진, 새로 찍은 가족사진 |
| 후기 | 9회기 | 마음의 선물 | 평소 전하고 싶었던 마음과 정성을 전달하여 친밀감 높이기 | • 회기 간 변화 노력 찾고 인정하기<br>• 클레이로 평소 주고 싶었던 가족 선물을 만들고 의미 전달하며 증정식하기<br>• 소감 나누기 | 클레이 |
| | 10회기 | 가족 소망 | 가족 정체성 구축과 미래 확인하기, 가족 관계 변화 확인 | • 회기 간 변화 노력 찾고 인정하기<br>• 가족희망나무 구성하고 꾸미기<br>• 상담 총정리 및 종결 | 도화지, 그리기 도구, 다양한 모양 포스트잇 |



## 5) 몸 기반 가족놀이치료 프로그램

### (1) 프로그램의 필요성과 목표

우리는 서로 얼굴을 마주보고 눈을 맞추며, 표정과 손의 촉각 등 신체적 접촉과 대화를 통해 친밀한 관계를 맺고 서로 연결된다(Fishbane, 2019). 가족이 겪는 어려움은 감정을 알아차리고 표현하는 데 제한적이며, 부정적인 관계 방식이 반복되는 것이다.

몸의 감각과 행동 경향성은 정서 반응의 중요한 요소로 체화된 경험을 반영한다(Rustin, 2021). 따라서 신체감각을 활성화하여 생생한 정서 경험에 접촉함으로써 숨겨진 감정을 알아차릴 수 있으며, 행동 반응과 감정을 조율하는 과정을 통해 상호조절과 상호연결이 촉진된다(Kestly, 2021). 이러한 신경생물학 이론에 근거하여 몸을 기반으로 한 가족놀이 상황에서 활성화된 신체감각은 가족관계와 경험을 재구성하는 출구가 된다. 이러한 상향식 접근법[1]과 더불어 하형식 접근법으로 상담자는 가족에게 적절한 촉진질문과 순환질문으로 개입하여 가족이 활동의 의미를 탐색하고 새로운 표현과 행동을 시도하는 데 도움을 줄 수 있다.

상담자는 활동 과정에서 가족의 표정과 자세, 움직임 등 비언어적 의사소통 방식과 감정의 변화를 면밀히 추적하고 관찰해야 한다. 또한 가족원이 실수나 실패를 경험했을 때 다른 가족원들의 반응을 관찰하고 개입할 시점을 놓치지 않도록 한다. 상담자는 가족의 호소문제뿐 아니라 가족의 신체감각과 운동 능력, 세대 차이를 고려하여 안전한 공간을 제공하고 유연하게 활동을 진행해야 한다.

본 프로그램에서는 가족의 정서적 안정과 가족관계 개선을 목적으로 몸을 기반으로 하여 10회기 프로그램을 구성하였고 목표는 다음과 같다.

- 가족이 서로의 감정을 수용하고 안전하게 표현할 수 있다.
- 가족 내 역기능적인 상호작용과 반응행동을 자각하고 긍정적인 행동을 시도할 수 있다.
- 가족 내 긴장 감소와 정서적 안정을 도모한다.
- 가족 간 유대감을 증진하고 가족의 회복탄력성을 촉진한다.

1 신경생물학 이론에서 인지를 통해 정서와 몸의 감각을 이해하는 하향식 접근법과는 달리 몸의 감각을 활성화하여 감정과 인지로 연결되는 경로를 탐색하는 방식을 말한다.

### (2) 프로그램 구성 내용

본 프로그램은 가족원의 정서적 안정과 유대감 증진, 긍정적인 감정 표현과 상호작용 행동 등 가족관계 개선을 목적으로 구성되었다. 프로그램은 초기, 중기, 후기로 총 3단계이며, 주 1회 90분씩 총 10회기로 구성하였다. 프로그램의 세부 구성은 다음과 같다.

#### ① 초기

초기는 1~3회기로 구성되었다. 1회기에 가족이 풍선을 주고받으며 소개하는 과정에서 상담자는 가족 간 언어적·비언어적인 의사소통과 상호작용 과정을 탐색할 수 있다. 2회기와 3회기는 가족 평가와 목표설정 단계로, 각각 가족조각과 줄 놀이를 제안하였다. 가족이 호소하는 어려움과 정서적 경험을 재현하면서 가족역동과 상호작용 패턴을 체험하며 가족의 문제를 통찰하고 구체적인 목표를 설정하는 데 도움이 될 수 있다.

#### ② 중기

중기는 4~8회기로 가족의 정서적 안정과 유대감 향상을 위해 신체 접촉을 통한 정서조절과 표현, 재양육을 경험하도록 구성하였다. 4~6회기는 '가족 신체본뜨기'와 '엄지손가락 결투', '몸으로 말해요', '가족난타'를 제안하였다. 이를 통해 가족 간 자연스러운 신체적 접촉과 비언어적 몸의 신호와 반응을 이해하고 감정조절과 상호연결을 위한 새로운 시도에 도전하도록 한다. 7회기는 '보자기놀이'를 통해 초기기억 속 임신과 탄생 경험을 재현하고 재양육의 경험을 할 수 있다. 8회기는 풍선으로 호흡법과 근육이완법을 연습하고, 풍선을 보자기로 나르는 활동을 통해 정서적 안정과 유대감 향상 등 가족관계 경험을 재구성할 수 있다.

③ 후기

후기는 9~10회기로 가족의 회복탄력성을 촉진하고 변화를 공고화하기 위한 단계로 구성하였다. 이를 위해 '손바닥 그림그리기', '풍선놀이'를 제안하였고, 가족이 서로 애정을 표현하고 장점을 찾아 격려하는 활동으로 구성하였다.

### (3) 프로그램 운영 지침

① 놀이 상황에서 위험이나 부상이 발생할 수 있으므로 주의해야 한다.
② 활동 전 워밍업으로 몸의 긴장을 풀고 편안한 상태에서 진행하도록 한다.
③ 낮은 강도에서 점차 활동 수준으로 올리며 새로운 활동에 도전하도록 분위기를 조성한다.

### (4) 프로그램 구성

| 회기 | | 주제 | 목표 | 활동내용 | 준비 |
|---|---|---|---|---|---|
| 초기 | 1회기 | 가족 소개하기 | 라포형성 및 주호소문제 탐색하기 | • 인사 나누고 프로그램 안내하기<br>• 풍선을 활용한 자기 소개하기<br>• 가족의 주호소문제 탐색하기<br>• 소감 나누기 | 풍선 |
| | 2회기 | 가족 조각 | 가족의 경험 이해하기 | • 호소문제 관련 경험 나누기<br>• 가족조각을 활용한 가족의 경험 재연하기<br>• 소감 나누기 | 의자와 책상, 쿠션이나 받침대 등 |
| | 3회기 | 가족이라는 이름으로 | 가족역동과 상호작용 과정 통찰하기 | • 줄 놀이를 활용한 가족역동과 상호작용 과정 체험하기<br>• 상담목표 설정하기<br>• 소감 나누기 | 밧줄 |

| | | | | | |
|---|---|---|---|---|---|
| 중기 | 4회기 | 마음이 만나요 | 새로운 신경 회로에 접촉하기 | • 서로의 눈을 맞추고 손을 만져보기<br>• 가족 신체본뜨기를 활용한 마음 연결하기<br>• 엄지손가락 결투를 활용한 새로운 관계에 도전하기<br>• 소감 나누기 | 8절지 또는 전지, 필기구 |
| | 5회기 | 몸으로 말해요 | 가족의 새로운 연결체계 시도하기 | • 표정과 동작으로 감정 알아맞히기<br>• 가족만이 통하는 비언어적 메시지 만들기<br>• 소감 나누기 | 포스트잇, 필기구 |
| | 6회기 | 박자를 맞춰요 | 자율신경계의 각성범위 상호 조율하기 | • 스트레스와 감정 나누기<br>• 가족난타 만들기<br>• 상호 조율 과정 나누기<br>• 소감 나누기 | 다양한 일상용품, 장난감 타악기 |
| | 7회기 | 가족의 탄생 | 재양육 경험하기 | • 어린 시절 경험 나누기<br>• 보자기놀이를 활용한 임신과 탄생 체험하기<br>• 소감 나누기 | 힐링 음악, 다양한 보자기 또는 블랭킷 |
| | 8회기 | 몸과 마음 연결해요 | 새로운 신경망 형성 촉진하기 | • 풍선놀이를 활용한 호흡법과 근육이완법 연습하기<br>• 보자기로 풍선나르기<br>• 소감 나누기 | 풍선, 잔잔한 음악, 핸드크림 |
| 후기 | 9회기 | 가족이 달라졌어요 | 가족원의 신경가소성 촉진하기 | • 손바닥 그림그리기를 활용한 애정 표현과 지지하기<br>• 소감 나누기 | 8절지 또는 전지, 필기구 |
| | 10회기 | 새로운 가족 탄생 | 가족의 경험 공고화하기 | • 풍선놀이를 활용한 장점 찾아 격려하기<br>• 가족의 목표달성을 확인하고 종결 과정 나누기 | 풍선, 매직, 포스트잇, 테이프 |

# 2 생애주기별 가족놀이치료 프로그램

## 1) 학령기 아동 가족 대상 가족놀이치료 프로그램

### (1) 프로그램의 필요성과 목표

학령기 아동은 부모보다 또래나 선생님과의 관계를 중요시하고 학업과 행동규칙, 사회적 관계를 통해 자신감과 근면성을 획득하게 된다. 아동은 가족관계를 통해 상호작용의 규칙과 한계를 배우며, 형제자매 간 협상을 통해 사회적 관계를 미리 경험하게 된다. 그러나 일부 아동은 적응의 어려움으로 부정적 정서와 스트레스를 경험하고 문제행동으로 이어지기도 한다.

아동은 가족 내 불리한 위치에서 아동이 겪는 어려움이 아동의 결함으로 인식되고, 가족 간 갈등을 초래하기도 한다. 또한, 부모는 아동의 문제가 부모 책임이라는 사회적 분위기로 인해 죄책감과 혼란스러움을 경험하기도 한다(Hughes, 2006).

학령기 아동이 있는 가족이 상담을 요청할 때, 부모들은 대개 자녀를 어떻게 다루어야 할지 고민하고, 부부간 자녀 양육방식에 대한 의견 차이로 갈등을 호소한다. 때로는 부부문제가 해결되지 못한 채, 자녀와 삼각관계를 형성하는 등 역기능적인 가족관계로 자녀발달이 정체된 경우도 흔히 볼 수 있다.

학령기 아동의 놀이발달 단계는 상징 놀이가 감소하고 자신을 과시하며, 위치를 확고하게 해주는 도전적이고 활동적인 운동놀이와 거친 신체놀이, 경쟁의 요소가 포함된 보드게임이나 카드게임 등에서 만족감을 얻는다(Hughes, 2006). 학령기 아동이 또래와 잘 어울리기 위해서는 가족과 함께 잘 노는 기술을 배워야 하며, 아동의 장난기 어린 웃음소리와 가족의 즐거움은 안전한 가족에 대한 신뢰와 새로운 도전에 동기를 높인다.

상담자는 활동 과정에서 대화상담을 할 때보다 가족이 드러내는 격렬한 감정이나 좌절감 등 가족의 연쇄적 반응을 더 많이 경험할 수 있다. 따라서 가족 내 제한된 행동에 대한 합의된 규칙을 따르고 결과를 인정하며 상호 조절해 나가는 과정과 잠시 활동을 멈추고 대안을 찾아 조율하면서 진행해 나가야 할 때도 있다.

상담자는 부모와 놀이의 치료적 활용에 대한 정보를 공유하여 참여 동기를 부여하는 과정이 필요하다(Schaefer & Drewes, 2015). 또한 가족원들의 은유적 놀이를 통해 상호작용 행동 패턴을 관찰하고 가족 간 영향력을 평가한다. 활동 과정에서 가족이 가진 자원을 활용하여 서로 협력하면서 대안적 행동을 모색하고 다양한 시도를 하도록 도울 수 있다. 이에 본 프로그램의 목표는 다음과 같다.

- 재미와 즐거운 놀이를 통해 가족의 자발적인 참여와 적극적 활동을 촉진한다.
- 재미와 경쟁의 요소가 포함된 놀이를 통해 상호조절을 경험하도록 한다.
- 가족원 간 합의하여 가족규칙과 경계를 설정한다.
- 가족원의 장점과 능력을 인식하도록 지원하고 협력적 가족체계를 강화한다.
- 가족의 정서적 지지와 격려와 수용을 경험하고, 가족의 문제에 대해 유연하게 대처하도록 촉진한다.



### (2) 프로그램 구성 내용

본 프로그램은 학령기 자녀가 있는 가족을 대상으로 가족규칙과 친밀감 형성 및 긍정적인 상호작용을 위해 아래와 같이 구성하였다. 프로그램은 초기, 중기, 후기로 총 3단계이며, 주 1회 90분씩, 총 10회기로 구성하였으며 프로그램의 세부 구성은 다음과 같다.

#### ① 초기

초기는 1~3회기로 구성되었으며 가족놀이치료와 규칙을 안내하고, 가족관계와 가족력에 대한 정보를 수집하는 과정이다. 이를 위해 나무주변사람그림과 레고, 퍼펫 또는 피규어를 활용한 가족이야기 만들기로 회기를 구성하였다. 회기를 통해 가족이 호소하는 문제와 관련된 가족구조와 문제의 기능, 상호작용 과정 등을 평가할 수 있으며, 가족원들의 바람과 기대 및 상담의 필요성을 파악할 수 있다.

② 중기

중기는 4~8회기로 구성되었으며, 가족원이 함께 협력하여 지지체계로써 변화를 위한 단서를 모색하고 새로운 대안을 찾는 과정이다. 클레이 활동으로 문제를 외재화하고 피규어로 동물농장을 만들어 규칙과 한계를 설정하며, 엄지손가락 결투를 통해 정해진 규칙 내에서 경쟁과 협력하는 상호작용을 경험하도록 구성하였다. 또한 6분할 그리기와 풍선놀이를 통해 가족 내 스트레스 감소와 안전한 분위기에서 강점을 활용한 새로운 전략을 세우는 과정을 촉진할 수 있다.

③ 후기

후기는 9~10회기로 구성되었으며, 가족 간 지지와 협력체계를 강화하고 변화를 공고화하는 과정이다. 이를 위해 지지와 격려를 경험하고, 초기 '나무주변사람그림'과 후기 '가족생명나무'를 비교하면서 긍정적인 가족의 변화된 모습을 공고화하는 과정으로 구성하였다.

### (3) 프로그램 운영 지침

① 아동의 인지적 어려움이나 언어적 한계를 고려하여 가족의 자발적인 참여를 이끄는 활동과 즉각적인 경험을 토대로 긍정적인 상호작용을 촉진한다.

② 아동의 놀이발달 수준을 고려하여 최대한 단순하고 주의를 집중시킬 수 있는 환경과 일관된 규칙을 적용하는 구조적 환경을 제공한다.

③ 가족이 가진 장점과 자원을 발견하고 가족과 함께 공유하며, 활동을 촉진하는 과정을 통해 문제해결에 효과적으로 활용하도록 한다.

④ 아동이 지루해하는 상황에서 자발적인 장난스러운 도발을 놀이로 활용할 수 있다.

## (4) 프로그램 구성

| 회기 | | 주제 | 목표 | 활동 | 준비물 |
|---|---|---|---|---|---|
| 초기 | 1회기 | 가족 소개하기 | 주호소문제 및 현재 가족관계 탐색하기 | • 인사 나누기<br>• 나무주변사람그림<br>• 소감 나누기 | 활동지, 필기구 |
| | 2회기 | 가족 이야기 I | 가족이 경험하고 있는 주요 갈등 탐색하기 | • 가족의 경험 나누기<br>• 가족 레고 놀이 '가족이 살고 싶은 집 짓기'<br>• 소감 나누기 | 레고, 레고 듀플로, 타이머 |
| | 3회기 | 가족 이야기 II | 가족역동과 상호작용 과정 탐색하기 | • 근황 나누기<br>• 동물 피규어세우기<br>• 소감 나누기 | 다양한 동물피규어 |
| 중기 | 4회기 | 적군을 찾아라! | 부정적 감정 해소 및 문제에 대항하는 가족의 모습 찾기 | • 근황 나누기<br>• 찰흙놀이를 활용한 가족문제를 이미지로 표현하기<br>• 가족이 대항할 문제의 단서 찾기 | 클레이, 조각도구 및 다양한 재료 |
| | 5회기 | 동물 농장 만들기 | 가족규칙과 경계 설정하기 | • 근황 나누기<br>• 동물농장 안내하기<br>• 동물농장 규칙 정하기<br>• 소감 나누기 | 동물과 농장 주인 피규어, 울타리, |
| | 6회기 | 우리는 한 팀! | 가족 친밀감 형성 및 유대감 증진하기 | • 근황 나누기<br>• 엄지손가락 결투<br>• 가족 손본뜨기<br>• 소감 나누기 | 전지, 필기도구, 핸드크림 |
| | 7회기 | 슈퍼 히어로 | 스트레스 해소 및 가족강점 찾기 | • 근황 나누기<br>• 풍선 저글링하기<br>• 풍선놀이를 활용한 장점 찾기<br>• 소감 나누기 | 풍선, 매직, 포스트잇, 테이프 |

| | 8회기 | 영웅 가족이야기 | 문제에 대항하는 새로운 전략 세우기 | • 근황 나누기<br>• 6분할 그리기, 장점과 상호 전략 매칭하기<br>• 소감 나누기 | A4용지, 크레파스, 검은색 사인펜 등 |
|---|---|---|---|---|---|
| 후기 | 9회기 | 우리 가족 화이팅! | 가족 간 소통 및 지지와 격려하기 | • 근황 나누기<br>• 표정과 동작으로 소통하기<br>• 손바닥 그림그리기<br>• 소감 나누기 | 스케치북, 연필, 지우개 |
| | 10회기 | 우린 할 수 있어요 | 변화된 가족의 모습 공고화하기 | • 가족생명나무 그리기<br>• 상담 경험 나누고 종결하기 | 8절지, 크레파스 또는 색연필 |

## 2) 청소년기 가족 대상 가족놀이치료 프로그램

### (1) 프로그램의 필요성과 목표

청소년기 자녀들은 주요 애착대상이 부모에서 또래로 전환되고 가족으로부터 멀어지기 시작하면서 신체적 · 정서적으로 큰 변화를 겪는다. 이 시기는 부모로부터 분리되려는 욕구가 급격히 증가하면서 개별화의 시도가 적극적으로 나타난다. 청소년기 자녀를 둔 가족의 중심 과제는 자녀의 개별화와 부모-자녀관계의 재정립이 대표적이다(김유숙, 2022). 이러한 발달적 특성은 정서적 불안정과 심리적 혼란을 초래할 수 있으며, 부정적 정서가 내면화되면 정서를 억압하거나 부적절한 행동으로 표출되어 가족관계에도 부정적인 영향을 줄 수 있다(한유진 외, 2022).

청소년기 자녀들은 부모로부터 심리적 독립과 자율성을 획득하기 위해 투쟁한다. 청소년 자녀가 포함된 가족놀이치료에서 부모와 청소년 자녀의 유대를 강화하려는 접근은 오히려 비효율적일 수 있으며 청소년 자녀의 상담 저항을 증가시킬 수 있다. 따라서 청소년 자녀의 바람과 욕구를 존중하고, 부모로부터 자연스럽게 분리 개별화 과정을 거칠 수 있는 기회 제공이 필요하다.

많은 청소년은 부모나 학교에 의해 비자발적으로 상담에 의뢰되며, 성인의 권위와 훈육에 저항감을 가지는 경우가 많다. 그러므로 청소년 자녀의 저항을 줄이고 치료적 관계를 형성하며 내담자 스스로 변화에 대한 주도권을 가질 수 있도록 다양한 전략을 고려해야 한다.

상담자는 청소년기 자녀의 개별화와 부모-자녀관계의 재정립을 위해, 서로의 속마음을 터놓고 이야기하며 억압된 감정을 표현하는 과정을 통해 새로운 가족체계를 경험할 수 있도록 가족놀이치료를 구성하는 것이 적절하다.

다음은 청소년기 자녀를 둔 가족의 부모-자녀관계를 재정립하고 가족체계 변화에 따른 긴장을 완화하며, 청소년기 자녀의 저항을 줄이기 위해 다양한 매체를 활용하여 총 10회기 가족놀이치료 프로그램을 제안한다.

- 재미있는 놀이활동을 통해 청소년기 가족의 자발적 참여와 자연스러운 감정표현을 유도함으로써 치료적 관계를 형성하고 특별한 추억과 경험을 제공한다.
- 다양한 놀이활동은 청소년기 가족 내 긴장을 완화하여 정서조절 능력을 증진시킨다.
- 놀이활동을 통해 청소년기 가족의 긍정적 상호작용 경험을 극대화하고, 비효율적 의사소통 양식을 효율적 의사소통 양식으로 전환할 수 있도록 한다.
- 놀이활동을 통해 가족체계 유연성을 높이고 청소년기 자녀의 개별화를 촉진시킨다.

### (2) 프로그램 구성 내용

본 프로그램은 청소년기 가족의 가족체계 유연성을 높이고, 부모-자녀의 분리개별화를 촉진하며, 가족경계의 확대를 도모하기 위해 구성되었다. 프로그램은 총 10회기 3단계로, 주 1회 90분씩 진행된다. 초기는 1~3회기, 중기는 4~8회기, 후기는 9~10회기이며 프로그램의 세부구성은 다음과 같다.

① 초기

초기는 1~3회기로, 가족사정 및 평가를 실시하고 호소문제 등을 탐색하는 데 중점을 둔다. 특히, 청소년 자녀의 저항을 낮추고 치료적 관계를 형성할 수 있도록 구성하였다. 이를 위해 가족놀이가계도로 가족사정 및 평가를 실시한다. 가족 레고® 놀이를 통해 호소문제나 가족의 갈등상황을 살펴보고, 「선물입니다」 보드게임을 활용하여 가족의 상호작용과 의사소통 패턴을 탐색한다. 초기의 주요 목표는 가족사정과 평가 외에도 치료적 관계 형성과 호소문제를 파악하고 상담목표를 설정하는 것이다.

② 중기

중기는 4~8회기로 구성되었으며, 억압된 감정을 신체적 · 언어적으로 표현하고 수용 받는 과정을 통해 서로를 이해하고 공감할 수 있도록 구성하였다. 이를 위해 신체를 활용한 가족조각, 보드게임을 활용한 감정룰렛, 메시지 젠가, 필링스, 미술기반의 가족사진첩 놀이활동을 제안하였다. 중기의 주요 목표는 신체와 보드게임, 미술놀이를 활용하여 부모-자녀 관계를 재정립하고 명료한 경계를 설정하는 등 새로운 가족체계를 경험하는 것이다.

③ 후기

후기는 9~10회기로 구성되었으며, 변화된 가족의 모습을 발견하고 이에 대처할 수 있도록 구성하였다. 이를 위해 솔라리움카드를 활용한 '스토리보드 만들기'와 가족 레고®놀이를 활용한 '내가 살고 싶은 집'을 제안한다. 후기의 주요 목표는 청소년 자녀의 변화와 성장욕구를 인정하고 지지하는 것이다.

### (3) 프로그램 운영 지침

① 청소년기 자녀가 어떤 경위로 가족놀이치료에 참여하게 되었는지 파악하여 치료적 관계가 원활하게 형성될 수 있도록 신경 써야 한다.

② 부모가 신청한 경우(청소년기 자녀의 비자발적 참여) 가족의 비효율적 패턴이 강화되지 않도록 주의하여야 한다. 예컨대 치료적 관계 형성의 우선순위를 부모, 자녀 순으로 하여 부모와 자녀 사이의 경계선을 강조할 수 있다.

### (4) 프로그램 구성

| 회기 | | 주제 | 목표 | 활동 | 준비물 |
|---|---|---|---|---|---|
| 초기 | 1회기 | 가족 소개 | 가족놀이치료의 구조화, 가족구조 및 가족역동 탐색 | • 인사 및 치료적 관계 형성<br>• 가족놀이가계도 실시<br>• 가족 및 자기소개<br>• 소감 나누기 | 다양한 피규어 |
| | 2회기 | 가족 갈등 이야기 | 주요 갈등 탐색 | • 주호소문제 탐색<br>• 가족 레고®놀이 '가족갈등 레고® 만들기'<br>• 레고® 작품에서 나타난 주요 갈등 이야기 나누기<br>• 소감 나누기 | 레고®, 듀플로®, 타이머 |
| | 3회기 | 무엇을 주고받나요? | 가족 상호작용 및 의사소통 양식 탐색 | • 선물입니다 보드게임 실시<br>• 원하는 선물과 원하지 않는 선물을 주고받았을 때의 경험 나누기<br>• 소감 나누기 및 과제안내 | 선물입니다, 보드게임용 매트, 타이머 |
| 중기 | 4회기 | 마음 들여다보기 | 억압된 감정을 몸으로 표현하기 | • 근황, 과제점검<br>• 가족조각 실시<br>• 표현하기 어려웠던 감정 등을 나누기<br>• 소감 나누기 및 과제안내 | |
| | 5회기 | 감정 나누고 다루기 | 자신의 감정은 표현하고 타인의 감정은 수용하기 | • 근황, 과제점검<br>• 감정룰렛 실시<br>• 선택한 감정을 느꼈던 상황을 들려주고 수용 받는 경험 하기<br>• 소감 나누기 및 과제안내 | 감정룰렛, 보드게임용 매트, 타이머 |
| | 6회기 | 진솔한 대화 나누기 | 가족 질문을 통해 서로에 대한 이해 증진 | • 근황, 과제점검<br>• 메시지 젠가 실시<br>• 메시지 젠가의 메시지를 활용하여 개방적 의사소통 연습<br>• 소감 나누기 및 과제안내 | 메시지 젠가, 보드게임용 매트, 타이머 |

| | 7회기 | 경청하고,<br>공감하고,<br>소통하고 | 경청, 공감,<br>의사소통 연습 | • 근황, 과제점검<br>• 필링스 실시<br>• 상황카드를 활용하여 경청, 공감 연습해 보기<br>• 소감 나누기 및 과제안내 | 필링스,<br>보드게임용<br>매트,<br>타이머 |
|---|---|---|---|---|---|
| | 8회기 | 새로운 가족 | 새로운 가족관계를<br>확인하고 남아있는<br>문제 다루기 | • 근황, 과제점검<br>• 가족 사진첩 실시<br>• 가족 사진첩에 표현된 새로운 가족관계 소개<br>• 남아있는 문제 및 도전 탐색<br>• 소감 나누기 및 과제안내 | 과거 가족사진,<br>새로운<br>가족사진 |
| 후<br>기 | 9회기 | 변화의 시작 | 변화하는<br>부모-자녀 관계의<br>대처방식 만들기 | • 근황, 과제점검<br>• 솔라리움 카드 '스토리보드 만들기'<br>• 소감 나누기 및 과제안내 | 솔라리움<br>카드, |
| | 10회기 | 나비가<br>될게요 | 청소년 자녀의 변화와<br>성장 욕구 인정하고<br>지지하기 | • 근황, 과제점검<br>• 가족 레고®놀이 '내가 살고 싶은 집'<br>• 레고® 작품에 나타난 가족의 '독립' 이야기 소개하기<br>• 프로그램 전체 과정 소감 나누고 종결하기 | 레고®,<br>듀플로®,<br>타이머 |

## 3) 성인자녀 가족 대상 가족놀이치료 프로그램

### (1) 프로그램 필요성과 목표

성인기는 청소년기에서 성인 사회 구성원으로 옮겨가는 시기로, 대학 입학과 졸업, 입대, 이성교제, 취업 등 인생의 큰 도전과 마주해야 하는 시기다. 이 시기 자녀는 부모와의 관계에서 분화하고 친구 및 이성과 친밀한 관계를 발달시켜야 하는 정서적인 면과 일을 통해 재정적 독립을 해야 하는 과제를 가진다. 또한 부모는 자녀에게 가졌던 힘과 제한을 점차 줄여서 부모-자녀 관계의 분리를 수용하고 독립적인 생활을 할 수 있도록 허용해야 한다(전영주 외, 2021).

최근 결혼이 선택이라는 인식 확산과 고용 불안, 주거 불안이 이어지면서 결혼하지 않고 부모와 동거하는 성인기 자녀가 차지하는 비율이 성인기 인구의 절반을 넘고, 그중에는 경제적 독립을 못하는 비율이 아주 높다. 부모는 자녀가 비혼, 동거, 만혼, 이혼 후 의존 동거 등 삶의 다양성을 선택하거나 경제력 없음에 대해 일정한 시기에 이르면 취업, 결혼 등 정서적, 재정적 독립을 해야 한다는 담론을 내면화하거나 그렇게 하지 못하는 경우 실패로 받아들이거나 '캥거루 부모'라는 신조어가 있을 정도로 의존을 키우는 경우가 많다. 이러한 발달적 전환기의 부적응, 부모-자녀의 인식 차이로 인해 부모-자녀 관계 갈등으로 이어지는 경우가 많다.

가족은 가족생활주기의 전환기 적응문제를 해결하지 못할 경우 가족 위기로 이어질 수 있다. 특히 성인자녀 가족이 상담에 오는 경우에는 아동, 청소년기부터 해결하지 못한 전환기 적응 문제가 누적되어 자녀는 자아정체감이 낮고 주체적이지 못할 가능성이 높다. 부모는 자녀와의 인식 차이와 실패감 등 여전히 통제적이고 권위적인 태도를 견지하며, 자녀는 불안이 높고 심리적 미분화로 의존적이거나 스트레스 상황을 견디기 힘들어하며 부모와의 부정적 상호작용의 환류 고리에 놓여 있을 가능성이 높다. 또한 자녀가 부모의 권위에 도전하거나 지속되는 부정적 피드백에 자존감이 낮아져서 부정적 상호작용을 하기 쉬우며 가족관계 갈등이 매우 커진 상태로 상담에 올 수 있다.

따라서 성인자녀 가족 대상 가족놀이치료에서는 다양한 매체를 활용하여 부모-자녀 및 가족과의 관계 회복에 초점을 두어 진행하고자 한다. 부모와 자녀가 서로의 관점과 입장을 이해하여 정서적으로 적당한 거리를 갖고 자기 입장을 표현하여 긍정적인 상호작용을 하도록 돕고자 한다. 특히 가족이 함께 문제를 다뤄보고 성공하는 경험과 가족 자원을 알며 가족 문제를 해결하여 함께 살아가거나 새로운 시도를 하도록 가족원 개인의 주체적인 영향력과 책임감을 가질 수 있도록 돕고자 한다. 프로그램의 목표는 다음과 같다.

- 부모와 성인자녀 관계에서 가장 문제가 되는 것을 찾고, 담론을 해체하며 해결된 상황을 이미지화한다.
- 자녀와 문제를 분리하여 가족관계를 와해시키는 영향력을 이해, 평가하여 해결의 주체가 되도록 한다.
- 가족의 강점을 발견하고, 서로 지지 자원이며, 소중한 사람임을 인정하여 연결되고 친밀감을 높이고, 정체감을 재구성하도록 한다.
- 가족원의 친밀감을 높이는 상호작용과 소통을 연습하여 정서적 안정감을 갖도록 한다.
- 가족이 어려움에 대처해 왔던 긍정적 경험을 찾고 개인과 가족의 정체감을 구축한다.
- 자녀의 재탄생을 알리고 정서적 연결을 돕는다.

### (2) 프로그램 구성 내용

본 프로그램은 성인자녀 가족의 가족 관계 회복과 향상을 위한 목적으로 구성되었다. 프로그램은 3단계로 초기, 중기, 후기로 이루어졌으며 주 1회 90분씩 총 10회기로, 초기는 1~2회기, 중기는 3~8회기, 후기는 9~10회기로 구성하였다. 프로그램의 세부 구성은 다음과 같다.

#### ① 초기

초기는 1~2회기로 먼저, 가족 각자에게 불평이 무엇이며, 불평이 어떻게 문제가 되는지 들으며 가족 인식을 탐색한다. 그리고 문제가 가족에게 어떻게 영향력을 미치고 있는지, 이를 해결하는 데 필요한 자원과 관련 있는 가족체계를 탐색하고 가족이 문제에 맞서서 대처해 나갈 수 있는 자원이며 한 팀임을 알도록 인식 변화를 돕는 회기들로 구성하였다.

② 중기

중기는 3~8회기로 구성되었으며, 가족원이 의도적으로 친밀감을 회복할 수 있도록 활동하고, 가족의 희망을 표현하며 이를 위한 구체적인 가족 기술, 강점, 소중한 사람 등을 찾아서 가족이 연결되도록 한다. 또한 전환기 위기에 맞서서 대항할 가족의 대처를 확인하여 관계 회복을 돕는다. 또한 서로 소망하는 가족관계를 알고 수용하며 각 가족원의 역할이 무엇인지 확인하고 노력할 의지를 갖도록 한다.

③ 후기

후기는 9~10회기로 구성되었으며, 가족관계 회복과 재구성을 구축하기 위하여 서로에게 그동안 전하지 못한 감사의 마음을 전하는 시간과 자녀의 재탄생을 의식적으로 구현해 보도록 한다. 앞으로 가족관계 변화를 유지하기 위한 노력을 하도록 강화한다.



### (3) 프로그램 운영 지침

① 문제가 문제이지 사람이 문제가 아니라는 관점을 가지고 가족의 상호작용이 가족 관계를 와해시키고 있음을 분리해서 개입하도록 하는 것이 좋다. 그러나 전환기 적응의 위기를 갖는 자녀에게는 평가를 통해 책임감을 부여하도록 하고 부모에게는 사회적 담론을 해체하도록 하여 자녀를 총체적으로 문제화하지 않도록 하는 것이 필요하다.

② 부모는 재정적, 정서적 어려움이 있는 자녀와 관계 악화로 감정이 격해져 있거나 사회적 담론 해체가 쉽지 않을 수 있어서 끊임없이 문제 중심으로 회귀할 수도 있으므로 주의해서 관계 회복과 상호작용 변화에 초점을 유지를 하는 것이 중요하다.

③ 성인 초기 자녀는 부모의 통제를 벗어나 스스로 독립을 준비하는 발달 과정이므로 여러 가지 시행착오가 있을 수 있는 발달적 특성을 부모가 인식하여 인내심을 갖고 간섭을 줄이도록 하는 것도 중요하다.

## (4) 프로그램 구성

| 회기 | | 주제 | 목표 | 활동 | 준비물 |
|---|---|---|---|---|---|
| 초기 | 1회기 | 우리 관계에서의 문제는? | 문제에 대한 가족 인식 및 체계 탐색하기 | • 상담구조화<br>• 불평 및 문제 탐색하기<br>• 가족인형 세우기(모래)<br>• 문제가 해결된 상황 이미지화하기<br>• 소감 나누기 | 가족인형<br>모래놀이판<br>(또는 A4용지) |
| | 2회기 | 문제가 문제 | 문제가 자녀 및 가족에게 미치는 영향 | • 회기 간 변화 노력 탐색과 인정<br>• 문제의 모습과 선호하는 모습 만들어 문제 내력 및 명명, 영향력 탐색 및 평가하기<br>• 소감 나누기 | 클레이 |
| 중기 | 3회기 | 우리는 원팀 | 가족이 문제에 맞서서 다룰 수 있는 힘을 발견하고 키우기 | • 회기 간 변화 노력 탐색과 인정<br>• 문제 모습과 조금이라도 다른 장점 찾아 정체감 강화하기<br>• 장점 인식과 인정, 가족 연결감으로 원팀 인식하기<br>• 소감 나누기 | 장점카드 |
| | 4회기 | 가족의 소망 | 가족의 기대, 소망, 바람 등 희망 찾고, 친밀감 높이기 | • 회기 간 변화 노력 탐색과 인정<br>• 손본뜨기를 서로 해주기<br>• 한 손에는 희망 사항을, 한 손에는 가족강점 적어 나누고 인정하기<br>• 손을 씻어주고 로션 바르며 친밀감 높이기<br>• 소감 나누기 | 도화지,<br>색연필 또는<br>사인펜,<br>핸드크림 |
| | 5회기 | 가족의 생명력-1 | 가족원의 생명나무를 그려서 목록을 적고, 가족 영향력 인식하기 | • 회기 간 변화 노력 탐색과 인정<br>• 가족원의 뿌리, 능력, 소중한 사람, 덕목, 벌레 등 적고 나누기<br>• 뿌리, 기술, 능력이 가족의 영향력을 질문하여 연결감, 정체감 갖기<br>• 소감 나누기 | 도화지,<br>색연필 또는<br>크레파스, 펜 |
| | 6회기 | 가족의 생명력-2 | 소중한 사람의 도움, 자원을 찾고 재연결하기를 통해 긍정적 정체감 재구성하기 | • 회기 간 변화 노력 탐색과 인정<br>• 소중한 사람, 도움이 되었던 사람을 다시 연결하기(회원재구성)<br>• 가치관(덕목)을 강화하여 긍정적 정체감 높이고 가족에게 인정받기<br>• 소감 나누기 | 가족생명나무<br>그림 |

| | | | | | |
|---|---|---|---|---|---|
| | 7회기 | 가족의 생명력-3 | 가족생명나무 숲을 만들어 가족이 함께 문제에 대처할 수 있음을 경험하도록 하기 | • 회기 간 변화 노력 탐색과 인정<br>• 가족생명나무를 붙여서 숲 만들기<br>• 태풍(문제, 위험)이 가족에게 미치는 영향을 알고 대처법을 목록화하기<br>• 소감 나누기 | 가족생명나무 그림, 색연필 또는 사인펜 |
| | 8회기 | 영구 박제하고 싶은 가족! | 가족관계 변화를 확인하고 남아 있는 문제 다루기 | • 회기 간 변화 노력 탐색과 인정<br>• 가족 앨범을 찾아본 느낌, 희망하는 가족 모습 꾸미기<br>• 영구 박제하고 싶은 가족모습 새로 찍어오거나 즉석 사진 찍어 나누기<br>• 가족원의 역할과 행동을 알기<br>• 소감 나누기 | 가족앨범, 새로 찍은 가족사진 |
| 후기 | 9회기 | 마음의 선물 | 평소 전하고 싶었던 마음을 전하고 소통을 촉진하기 | • 회기 간 변화 노력 탐색과 인정<br>• 클레이로 선물 만들기<br>• 선물을 주고 받는 과정에서 마음을 전하고, 감사하면서 소통 돕기<br>• 소감 나누기 | 클레이 |
| | 10회기 | 가족의 재탄생 | 자녀가 재탄생하는 의식으로 정서적 욕구 충족을 통해 정서적 연결되기 | • 회기 간 변화 노력 탐색과 인정<br>• 큰 담요를 활용, 김밥 말기, 재탄생 역할극을 하면서 변화 유지 노력을 다지도록 하기<br>• 상담 총정리 및 종결 | 보자기 또는 큰 담요 |

## 4) 중년부부 대상 가족놀이치료 프로그램

### (1) 프로그램 필요성과 목표

가족상담에서 내담자 가족이 속해 있는 가족생활주기는 중요한 의미를 가진다. 중년기 부부는 자녀의 청소년기와 독립기에 속하는 단계이다. 이 시기는 자녀들의 양육 및 교육에 대한 물리적, 심리적 돌봄 부담감이 감소하면서 부부관계에 대한 비중이 증가하는 단계이다. 현대 사회는 평균수명이 길어지고 출산율이 낮아지면서 출산과 양육기간이 감소하고 부부 두 사람만 함께 생활하고 있는 중년기가 길어지고 있다.

이러한 생애주기의 변화로 인해 부부관계에 대한 비중이 더 증가하였고 조기 은퇴와 같은 경제적 어려움이 가중되었을 때 부부문제는 심각해진다. 그러나 생애주기에서 자녀양육기 동안 부부중심이 아니라 자녀중심으로 생활하였기에 부부관계 회복을 위한 자원이나 경험이 부족하다. 또한 자녀독립기를 맞이하면서 빈둥지증후군을 경험하기도 한다.

부부 이혼사유의 첫 번째는 '성격차이'라고 한다. 부부간에 각자 성장한 배경과 경험으로 형성된 성격의 차이와 다름의 인정이 어렵다는 것을 의미한다. 중년기에는 결혼생활동안 경험한 부정적 정서와 자녀양육에 따른 소진과 경제적 어려움으로 인해 부부간의 '성격차이'는 더 뚜렷해 보일 수 있다. 이것은 결혼생활의 실패에 각자 책임이 있다는 것을 수용하고 관계향상을 위해 서로의 노력이 필요함을 말하는 것이기도 하다.

그러므로 중년기 부부상담에서는 다양한 매체를 활용하여 의사소통과 친밀감을 향상시키고 배우자에 대한 다름을 인정하는 부부중심의 상담경험을 제공할 필요가 있다. 본 프로그램은 이혼위기에 있는 중년기 부부의 부부관계 회복을 목적으로 한다. 프로그램의 목표는 다음과 같다.

- 부부관계 회복을 위한 부부의 책임과 서로의 노력을 인정한다.
- 가족의 경계선을 설정하고 삼각관계를 제거한다.
- 부부간 경청 및 공감 훈련을 통해 의사소통을 향상한다.
- 부부간 신념체계의 영향을 탐색하고 현실적인 신념을 재형성한다.
- 원가족 경험이 개인 및 부부에게 미친 영향력을 탐색하고 위로 및 격려한다.
- 부부의 새로운 자원 및 장점을 개발하여 새로운 가족이야기를 만든다.

### (2) 프로그램 구성 내용

본 프로그램은 이혼위기 중년기 부부의 관계개선을 목적으로 구성되었다. 프로그램은 총 3단계이며 주 1회 90분씩 총 10회기이며, 초기는 1~2회, 중기는 3~8회, 후기는 9~10회기로 구성하였다. 프로그램의 세부 구성은 다음과 같다.

#### ① 초기

초기는 1~2회기로 부부의 어려움을 경청하고 구체화하는 과정에서 서로의 노력과 긍정 자원을 탐색하는 회기이다. 이 회기들의 목표는 부부간 관계회복의 책임이 각자 있으며 지금까지 결혼생활 과정에서 서로의 노력을 인정하는 것이다.

#### ② 중기

중기는 3~8회기로 구성되었으며, 가족구조(경계선, 삼각관계), 관계 악화에 영향을 미치는 기존의 의사소통 기법 및 신념 탐색 그리고 변화를 위한 훈련, 원가족 경험이 개인 및 부부관계에 미치는 영향 탐색 등으로 구성하였다. 이 회기들의 목표는 가족의 경계선을 설정하고 삼각관계를 제거하기, 부부간 경청 및 공감 훈련을 통해 의사소통을 향상하기, 부부간 신념체계의 영향을 탐색하고 현실적인 신념을 재형성하기, 원가족 경험이 개인 및 부부에게 미친 영향력과 위로, 격려하기 등이다.

#### ③ 후기

후기는 9~10회기로 구성되었으며 부부상담에서 서로의 노력을 인정하고 새로운 자원 및 장점을 개발하는 것이다. 이를 통해 상담 후 비슷한 어려움을 겪게 될 때에 다르게 대처할 수 있는 부부의 계획을 세우게 된다. 이 회기들의 목표는 부부의 새로운 자원 및 장점을 개발하여 새로운 가족이야기를 만들기이다.

### (3) 프로그램 운영 지침

① 부부 중심의 상담이므로 모든 회기를 부부중심으로 진행하는 것을 권유하나, 가족가계도 작업을 통한 원가족 탐색과 같은 회기는 부부에게 부부 또는 개별 상담에 대한 의사를 물어보고 개별회기로 진행할 수도 있다.

② 부부상담에서 내담자들이 함께 오는 경우도 있지만 시간차이를 두고 따로 올 경우도 있다. 먼저 한 배우자만 왔을 때 개별상담 형태로 먼저 진행하지 않고 기다리는 것이 필요하다, 만약 늦게 온 배우자가 어떤 내용으로 상담이 진행되고 있었는지를 물어보면, 상담에 먼저 참여한 배우자가 직접 말하도록 안내하는 것이 좋다.

③ 부부 한쪽이 상담자에게 전화나 메일로 상담의 과정이나 내용에 대해 불편함이나 방향을 제시할 때, 의견을 수렴하기는 하지만 그 뜻대로 따라주어서는 안 된다. 의견을 제시한 배우자를 설득해서 부부상담안에서 공개적으로 이야기하도록 권유하는 것이 필요하다.

④ 상담회기 초반에는 상담자가 각자의 의견을 듣거나 중재하는 중재자 역할을 할 수 있지만, 상담이 진행될수록 부부간에 직접 의사소통할 수 있도록 상담자 역할 줄이기가 필요하다.

### (4) 프로그램 구성

| 회기 | | 주제 | 목표 | 활동 | 준비물 |
|---|---|---|---|---|---|
| 초기 | 1회기 | 배우자의<br>힘듬을 경청<br>및 공감하기 | 관계회복을 위한<br>책임 인정 및<br>문제 구체화하기 | • 인사하기<br>• 카드(이미지, 감정카드)로 상대방의 호소문제 맞추기<br>• 자기 마음 표현하기<br>• 소감 나누기 | 솔라리움<br>이미지카드,<br>감정카드 |
| | 2회기 | 결혼생활<br>과정<br>살펴보기 | 결혼과정에서<br>서로의 노력과<br>자원 인정하기 | • 근황 나누기<br>• 가족생활곡선 그리기<br>• 생활사에 따른 감정 탐색하고 표현하기<br>• 소감 나누기 | 감정카드,<br>활동지<br>(가족발달<br>인생곡선) |

| | | | | | |
|---|---|---|---|---|---|
| 중기 | 3회기 | 가족의 위치와 관계 살펴보기 | 가족의 경계선을 설정하고 삼각관계를 제거하기 | • 근황 나누기<br>• 피규어로 현재 가족관계 표현하기<br>• 피규어로 표현한 가족관계 다시 세우기<br>• 소감 나누기 | 피규어 |
| | 4회기 | 부부 대화 연습하기 | 부부간 경청 및 공감 훈련을 통해 의사소통을 향상하기 | • 근황 나누기<br>• 메시지 젠가하기<br>• 주어진 메시지를 활용하여 부부대화하기<br>• 소감 나누기 | 메시지 젠가 |
| | 5회기 | 결혼에 대한 기대와 신념 살펴보기 | 부부간 신념체계의 영향 탐색 및 현실적 신념 재형성하기 | • 근황 나누기<br>• 부부신화 활동지 체크하기<br>• 자신이 가진 신념이 결혼생활에 미친 영향력 탐색하기<br>• 소감 나누기 | 활동지 (부부신화 체크리스트) |
| | 6회기 | 가족놀이 가계도 -1 | 원가족 경험이 개인 및 부부에게 미친 영향력 탐색하기 | • 근황 나누기<br>• 피규어로 한쪽 배우자의 원가족의 가계도 구성하기<br>• 원가족 경험이 현재 결혼생활에 미친 영향력 탐색하기<br>• 소감 나누기 | 피규어 |
| | 7회기 | 가족놀이 가계도 -2 | 원가족 경험이 개인 및 부부에게 미친 영향력 탐색하기 | • 근황 나누기<br>• 피규어로 다른 한쪽 배우자의 원가족의 가계도 구성하기<br>• 원가족 경험이 현재 결혼생활에 미친 영향력 탐색하기<br>• 소감 나누기 | 피규어 |
| | 8회기 | 마음 경청 및 공감하기 | 원가족 및 현재 가족이 경험을 통해 서로 위로, 격려하기 | • 근황 나누기<br>• 한쪽 배우자는 감정과 생각을 말하기<br>• 다른 한쪽은 경청과 공감하기(서로 교대)<br>• 소감 나누기 | 모래시계 |

| | | | | | |
|---|---|---|---|---|---|
| 후기 | 9회기 | 새로운 가족 이야기-1 | 부부의 새로운 자원과 장점을 개발하고 새로운 부부 이야기 만들기 | • 근황 나누기<br>• 부부의 현재 및 미래 모습을 이미지카드로 선택하기<br>• 각자의 대처방식 카드를 무작위로 선택하기<br>• 부부의 새로운 대처방식으로 이야기 만들기<br>• 소감 나누기 | 솔라리움 이미지카드 |
| | 10회기 | 새로운 가족 이야기-2 | 부부의 새로운 자원과 장점을 개발하고 새로운 가족이야기 만들기 | • 근황 나누기<br>• 상담을 통해 알게 된 자신과 배우자의 장점 탐색하기<br>• 서로의 노력을 인정 및 감사하기<br>• 관계개선을 위한 선언문 작성하기<br>• 전체 소감 나누기 | 활동지 (부부간 변화약속 편지쓰기), 장점카드 |

# 부록 8-3 2회기 활동지: 가족발달인생곡선

1. 가족의 경험을 긍정 또는 부정으로 점수로 나타내어 보세요.

2. 중요 경험(상황, 사건)에 대한 마음을 감정카드로 표현해 보세요.

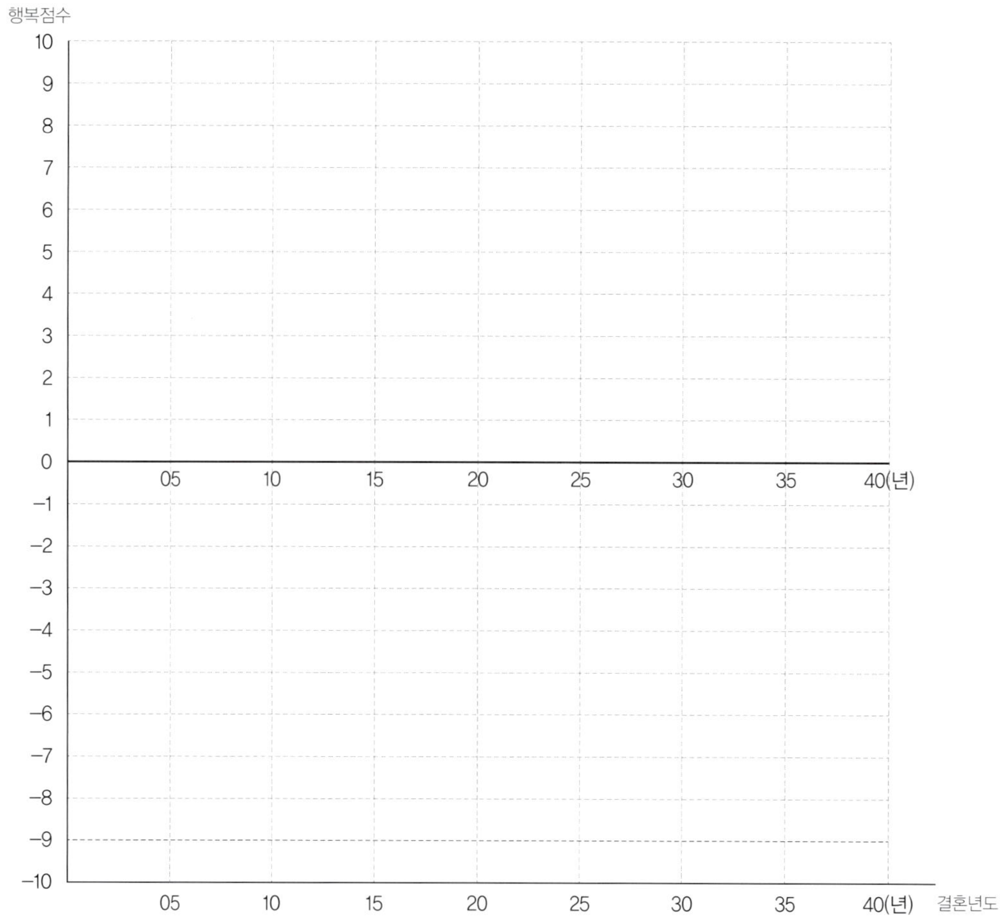

부록 8-4

## 5회기 활동지 : 부부신화 체크리스트

| 부부신화 체크리스트 | |
|---|---|
| 아래 문장들을 읽고 자신의 생각과 비슷하면 ○ 하세요. | 체크 |
| 1. 결혼 생활은 항상 행복해야 하며, 가족들은 자기 가족에게서 만족을 찾을 수 있어야 한다. | |
| 2. 항상 가까이 있고, 함께 생활하는 단란한 가족이라야 만족한 가정생활을 할 수 있다. | |
| 3. 배우자는 항상 상대방에게 정직해야 한다. | |
| 4. 행복한 결혼생활에서는 갈등이 있을 수는 없다. 가족들이 싸운다는 것은 서로 증오하는 것을 의미한다. | |
| 5. 부부는 모든 문제에 의견을 같이 해야하며, 같은 생각을 가지고 있어야 한다. | |
| 6. 부부가 이기적으로 자기 개인의 욕구를 충족시키고자 애써서는 안 된다. | |
| 7. 집안에서 어떤 일이 잘못되면, 누구 잘못인지 밝혀야 한다. | |
| 8. 현재 발생한 문제를 해결하기 위해서는 과거를 들추어보는 것이 도움이 된다. | |
| 9. 부부가 논쟁을 벌일 때 누가 옳고 누가 그른지 판단해야 한다. | |
| 10. 부부간 성관계가 좋아야 결혼 생활을 잘할 수 있다. | |
| 11. 만족스런 결혼생활에서는 성적인 문제가 저절로 해결된다. | |
| 12. 부부는 상대방의 비언어적 의사소통을 이해할 수 있기 때문에, 서로 일일이 말로 확인할 필요가 없다. | |
| 13. 결혼 생활에서 부정적인 말(비난, 욕설)과 마찬가지로 긍정적인 말(칭찬, 감사)도 할 필요가 없다. | |
| 14. 훌륭한 결혼생활은 저절로 이루어지기 때문에 특별히 노력할 필요가 없다. | |
| 15. 어떤 배우자든 상대방이 원하는 대로 바뀔 수 있다(또 그렇게 되어야 한다). | |
| 16. 안정된 결혼생활에서는 변화가 없기 때문에 문제가 발생하지 않는다. | |
| 17. 남편과 아내의 역할이 어떠해야 하는지 누구나 다 안다. | |
| 18. 결혼생활이 원만하지 못해도 자녀가 생기면 나아진다. | |
| 19. 결혼생활이 아무리 불행해도, 자녀를 위해 참아야 한다. | |
| 20. 결혼생활이 원만하지 못할 때, 외도나 이혼, 다른 사람과의 관계를 맺는 것을 해도 된다. | |

☞ 나의 생각과 비슷하다고 체크 한 총 갯수와 번호는?

부록 8-5

## 10회기 활동지 : 부부간 변화 약속 편지쓰기

| 부부간 변화 약속 편지쓰기 | |
|---|---|
| ♣ 사랑하는 　　　　　　　에게 ♣ | |
| 1-1. 당신이 외로움을 느낄 때,<br>나는 당신에게 | 하도록 노력하겠습니다. |
| 1-2. 내가 외로움을 느낄 때,<br>당신이 나에게 | 해 주기를 바랍니다. |
| 2-1. 당신이 슬픔을 느낄 때,<br>나는 당신에게 | 하도록 노력하겠습니다. |
| 2-2. 내가 슬픔을 느낄 때,<br>당신이 나에게 | 해 주기를 바랍니다. |
| 3-1. 당신이 화가 났을 때,<br>나는 당신에게 | 하도록 노력하겠습니다. |
| 3-2. 내가 화가 났을 때,<br>당신이 나에게 | 해 주기를 바랍니다. |
| 4-1. 당신이 도움이 필요하거나 요청할 때,<br>나는 당신에게 | 하도록 노력하겠습니다. |
| 4-2. 내가 도움이 필요하거나 요청할 때,<br>당신이 나에게 | 해 주기를 바랍니다. |
| 5-1. 내가 당신에게 감사함을 느낄 때,<br>나는 당신에게 | 하도록 노력하겠습니다. |
| 5-2. 당신이 나에게 감사함을 느낄 때,<br>당신이 나에게 | 해 주기를 바랍니다. |
| 6-1. 내가 당신에게 사랑의 마음을 느낄 때,<br>나는 당신에게 | 하도록 노력하겠습니다. |
| 6-2. 당신이 나에게 사랑의 마음을 느낄 때,<br>당신이 나에게 | 해 주기를 바랍니다. |
| 지금부터 나 ______________________는 | 당신을 더욱 더 사랑하고 감사하겠습니다. |

## 5) 부모놀이치료 프로그램

### (1) 프로그램의 필요성과 목표

부모놀이치료는 자녀의 삶에서 치료적인 동반자로 부모를 인식하고, 자녀의 놀이과정에 직접적으로 관련시켜 부모가 기본적인 변화 전달자의 역할을 하도록 돕는 치료방식이다. 기존의 부모놀이치료는 부모에게 놀이치료의 주요 기법들을 가르쳐 가정으로 돌아가 자녀와 함께 놀아주며 자녀의 변화를 촉진하는 것에 초점이 있다. 일반적으로 부모놀이치료에서는 부모의 감정이나 개인적인 관심이 우선되지 않고, 부모에게 내담자 중심의 개별 치료나 부모치료를 제공하지도 않는다(김춘경, 2016).

부모놀이치료의 본질과 핵심적 특징은 부모가 자녀를 위한 변화의 주체가 된다는 것이다. 자녀의 문제에 대해서 부모가 원인 제공자로 여겨지는 것 대신, 부모가 부모역할을 수행하는데 있어서 보다 더 효과적이 되도록 부모에게 힘을 부여하는 것은 부모놀이치료의 중요한 주제이다(Gureney & Ryan, 2017). 치료적 동반자로서 부모를 교육하기 위한 부모교육의 내용이 포함되므로 부모가 이러한 교육을 쉽게 이해하고 받아들일 준비가 되어야하기 때문에, 저소득이나 저학력의 부모보다는 고졸 이상의 학력이나 중류층 부모가 참여하는 것이 일반적이다. 최소한 한쪽 부모가 정기적으로 치료기관에 올 수 있어야 하며, 부모의 심리적 상태를 평가해서 정서적으로 문제가 없고, 자녀를 돕기 위해 놀이치료의 과정을 일관성 있게 이해할 수 있는 부모를 대상으로 진행할 때 효과적이다(임선자, 2020).

그러나 본 프로그램에서 제안하는 부모놀이치료(Parental Play Therapy)는 부모가 구조화된 놀이에 자연스럽게 참여하면서 부모 자신이 먼저 놀이의 즐거움을 경험하게 한다. 부모이기 이전 자신의 모습을 통찰하면서 심리내적인 문제들을 해결해 나가고 그러한 과정을 통해 건강하고 적응적인 부모역할로 나아갈 수 있도록 돕는 것이 부모놀이치료의 주요 목적이다. 놀이치료 과정에서 부모로서의 역할을 연습하고 익혀 가정에서 자녀들에게 적용해야 한다는 부담감에서 벗어나, 내담자로서 자연스럽게 놀이치료를 경험하고 놀이의 치유적 힘을 체험하며 자신의 문제를 자연스럽게 통찰할 수 있도록 돕고자 하는 것이다. 개인의 심리적 이슈들이 다루어지고 나면 자연스럽게 부모들은 부모로서의 자신의 역할을 돌아보게 되면서 자녀와의 관계 이슈들도 다룰 수 있는 힘을 얻게 된다. 부모놀이치료에 내담자로 참여하면서 치료자와의 관계 속에서 자연스럽게 부모-자녀 관계에서의 적응적 부모역할을 이해하게 되는 것이다.

본 프로그램은 부모들이 자신의 부모됨과 적응적 부모역할을 이해하여 자녀와 건강하게 소통하면서 지지적인 양육을 할 수 있도록 돕기 위하여 부모를 주 내담자로 한 부모놀이치료 10회기로 구성하였다. 이 프로그램의 목표는 다음과 같다.

- 놀이에 자연스럽게 참여하면서 양육 긴장감과 부담감을 해소하는 방법을 배운다.
- 개인으로서의 나와 부모로서의 나를 이해하는 경험을 제공한다.
- 원가족 경험이 부모로서 자신의 삶에 미친 영향력을 탐색하고 이해한다.
- 현가족의 역동 및 자녀의 발달 특징에 대해 이해한다.
- 부모-자녀 간 경청 및 공감 훈련을 통해 의사소통을 향상한다.
- 자녀와 건강하고 상호우호적으로 소통하는 방법을 이해한다.
- 자녀와의 상호작용 속 적응적인 부모역할을 이해한다.

### (2) 프로그램 구성 내용

본 프로그램은 부모를 대상으로 자기이해를 돕고, 자녀와의 건강한 소통 및 관계 개선을 위한 목적으로 구성되었다. 프로그램은 총 3단계로 주 1회 120분씩 총 10회기이며, 초기는 1~2회기, 중기는 3~8회기, 후기는 9~10회기로 구성하였다. 프로그램의 세부 구성은 다음과 같다.

### ① 초기

초기는 1~2회기로 부모와의 라포 형성 및 가족구조와 부모-자녀와의 상호작용 속 부모의 어려움을 경청하고 탐색하는 회기이다. 가족세우기 활동을 통해 현재 우리 가족의 모습을 좀 더 객관적으로 볼 수 있도록 돕고, 솔라리움 이미지카드를 통해 자녀를 양육하는 과정에서의 어려움을 탐색한다. 좀 더 객관적인 시각으로 가족의 모습을 확인하고 양육과정에서의 어려움 및 자녀와의 상호작용에서 자신의 모습을 이해하도록 돕는 것이다.

### ② 중기

중기는 3~8회기로 구성하였으며, 원가족 성장 경험이 현재 양육태도에 미치는 영향, 부모-자녀관계 탐색, 자녀양육의 어려움 탐색, 자녀 마음 이해하기, 자녀와 상호우호적인 의사소통하기 등 역기능적인 양육태도를 변화시키고 자녀와 좀 더 상호우호적인 상호작용을 이어갈 수 있도록 도움을 제공하는 실제적 지침들을 다루게 된다. 이를 위해 동물가계도, 가족나무그림, 감정카드, 나의 인생그래프, 인사이드 아웃, 갈등피자, 자녀성장나무, 욕구카드 등의 활동으로 구성하였다.

### ③ 후기

후기는 9~10회기로 구성되었으며 그동안 회기를 이어오며 변화의 의지를 보여준 부모의 노고를 격려하고 부모의 새로운 자원 및 장점을 개발하여 적응적 부모역할을 이어갈 수 있도록 돕는다. 솔라리움 이미지카드를 사용하여 변화하고자 하는 가족의 모습을 다시 확인하고, 가족세우기 활동으로 상담 전보다 변화된 가족의 모습을 확인하면서 부모의 노력을 격려한다. 완벽한 부모가 되기보다는 내 자녀에게 충분히 좋은 부모역할이 무엇인지 이해하고 가정에서 자녀와 건강하게 소통할 수 있도록 격려하고 지지하는 것이 이 회기들의 목표이다.

### (3) 프로그램 운영 지침

① 대부분의 부모는 가족놀이치료에 익숙하지 않으므로 상담자의 유연하고 융통성 있는 태도가 필요하다.

② 상담 진행과정의 모든 활동에서 부모가 개방하는 만큼 따라가는 것이 무엇보다 중요하며, 억지로 활동을 이어가기보다는 한 회기에 2~3가지 활동을 준비하여 가장 적절하게 반응하는 활동 중심으로 진행하는 것이 효과적이다.

③ 자녀의 생애주기와 관련된 부모 자신의 성장경험을 놀이과정을 통해 재경험하게 도움으로써 자녀에 대한 부모로서의 자신을 돌아볼 수 있도록 모든 놀이에서 부모자신과 자녀를 연결해 통찰하도록 돕는다.

④ 부모가 가지고 있는 취약성을 잘 살펴보고 판단적 태도가 아닌 협조적 자세로 공감하고 지지하는 태도를 견지하는 것은 이후 상담 연결에 중요한 요소가 된다.




### (4) 프로그램 구성

| 회기 | | 주제 | 목표 | 활동 | 준비물 |
|---|---|---|---|---|---|
| 초기 | 1회기 | 지금 우리 가족은요 | 라포형성 및 가족구조 및 상호작용 확인하기 | • 인사하기<br>• 가족인형세우기(피규어로 현재 가족의 모습 표현하기)<br>• 소감 나누기 | 피규어 |
| | 2회기 | 나를 힘들게 하는 것은 | 자녀 양육 과정에서의 어려움 이해하기, 상담목표 정하기 | • 근황 나누기<br>• 솔라리움 이미지카드로 부모로서의 나, 자연인으로서의 나 표현해 보고 차이점 나누기<br>• 솔라리움 이미지카드를 통해 현재 양육 어려움 표현하기<br>• 소감 나누기 | 솔라리움 이미지카드 |
| 중기 | 3회기 | 과거의 나, 현재의 나 | 원가족에서의 양육 경험이 나의 양육 태도에 미치는 여향 이해하기 | • 근황 나누기<br>• 삼세대 동물가계도(동물로 원가족과 현가족의 모습 표현해보기)<br>• 소감 나누기 | 동물피규어 |

| | | | | | |
|---|---|---|---|---|---|
| | 4회기 | 마음을 읽어요 | 부모-자녀 관계 역동 이해하기 | • 근황 나누기<br>• 나무주변사람그림<br>• 감정카드로 자녀 마음 이해하기<br>• 소감 나누기 | 활동지 (나무주변사람 그림)<br>감정카드 |
| | 5회기 | 인생 그래프 | 인생곡선그리기를 통한 자녀발달특징 이해하기 | • 근황 나누기<br>• 나의 인생곡선을 그리고 현재 자녀 발달시기에서의 나의 성장 경험 돌아보기<br>• 소감 나누기 | 8절지 |
| | 6회기 | 틀림이 아닌 다름으로 | 자녀와의 갈등 상황 재구성하고 자녀 마음 이해하기 | • 근황 나누기<br>• 인사이드 아웃 활동지에 양육 과정에서 경험하는 다양한 감정 표현하기<br>• 한 주간 자녀와의 갈등 상황을 갈등피자로 만들기<br>• 소감 나누기 | 활동지 (인사이드 아웃, 갈등피자) |
| | 7회기 | 자녀 장점 찾기 | 자녀의 장점 발견하기 | • 근황 나누기<br>• 자녀성장나무 그리기 활동을 통해 자녀 양육 과정에서의 긍정적, 부정적 경험 나누기<br>• 자녀의 장점 5가지 이상 말하기 | 활동지 (자녀성장나무) |
| | 8회기 | 건강하게 훈육하기 | 부모로서의 나의 욕구 탐색하기 | • 근황 나누기<br>• 부모로서의 자녀에 대한 나의 욕구 이해하기<br>• 현실적인 훈육방법 발견하기(WDEP 개입) | 욕구카드<br>현실치료에서의 WDEP 개입 |
| 후기 | 9회기 | 새로운 가족이야기 | 내가 원하는 부모의 모습 발견하기 | • 근황 나누기<br>• 부모로서의 현재 나의 모습과 내가 원하는 부모상을 솔라리움 이미지카드로 골라보기<br>• 소감 나누기 | 솔라리움 이미지카드 |
| | 10회기 | 달라진 우리 가족 | 가족의 변화 확인 및 확장하기 | • 근황 나누기<br>• 현재 가족 모습을 가족인형세우기로 표현하기<br>• 프로그램 종결 소감 나누기 | 가족피규어 |

부록 8-6

## 4회기 활동지: 나무주변사람그림

※ 나무주변에 있는 사람그림을 활용하여 우리 가족의 모습을 표현해 보세요. 이미지가 유사한 그림의 번호를 적으면 됩니다.

| 가족 | | | | | |
|---|---|---|---|---|---|
| 번호/이유 | | | | | |

☞ 그림의 성별 의미 없음. 한 사람을 여러 번호로 선택 가능

부록 8-7

## 6회기 활동지: 진짜 나를 만나는 시간 Inside Out

※ 자녀를 양육하면서 경험하셨던 다양한 감정을 만나보는 활동지입니다. 자녀를 키우시면서 아래의 감정을 느끼셨던 때가 언제였는지 자유롭게 작성해 주세요.

▲ 버럭이

▲ 소심이

▲ 기쁨이

▲ 까칠이

▲ 슬픔이

이미지 출처: 영화 〈인사이드 아웃〉

부록 8-8

## 6회기 활동지: 갈등 피자

※ 지난 한 주간 자녀와 갈등이 있었던 상황들을 생각해 본 후 아래의 피자 판에 문제의 심각성에 따라 갈등의 크기별로 조각을 나누고 갈등의 내용을 기록해 보세요.

부록 8-9

## 7회기 활동지: 자녀성장나무

※ 자녀를 양육하는 과정에서 경험했던 일 중에 자녀에게 도움이 되었던 말이나 사건들은 나무 위에 나뭇잎으로, 자녀를 힘들게 했던 말이나 사건들은 나무 아래에 떨어진 나뭇잎으로 그리고 나뭇잎에다 그 내용을 적어보세요.

# 참고문헌


1. 공성원 (2024). 몸 기반 가족놀이치료: 학령기 아동 가족 대상으로. 2024년 한국가족놀이치료학회 춘계학술대회 발표논문(비대면).
2. 권기덕, 김동연, 최외선 (2000). 가족미술치료. 서울: 동아문화사.
3. 권헌숙 (2016). 초등학생용 감정카드와 바람카드 개발 및 공감능력증진 프로그램 개발과 효과분석: 공감능력, 친사회적 행동, 정서인식 및 표현능력을 중심으로. 대구대학교 대학원 철학박사 학위논문.
4. 권헌숙, 최웅용 (2015). 초등학생용 공감교육프로그램 구성을 위한 델파이 연구. 청소년시설환경, 13(2), 183-192.
5. 김덕일 (2013). 감정카드. 서울: 학지사심리검사연구소.
6. 김명애, 선우현 (2016). 상호작용 가족놀이치료가 모-자녀 간 상호작용 및 모의 양육태도에 미치는 영향 - 모자공동생활가정을 중심으로 -. 놀이치료연구, 19(4), 381-403.
7. 김명옥 (2021). 부적응행동 아동을 위한 가족놀이치료프로그램 효과. 전남대학교 박사학위 논문.
8. 김명옥, 이숙 (2021). 학령기 아동과 가족을 위한 가족놀이치료프로그램 효과성 연구. 한국아동심리재활학회, 25(2), 97-113.
9. 김연순, 김광웅 (2016). 놀이치료에서의 보드게임 활용에 관한 합의적 질적 연구. 한국아동심리치료학회지, 11(1), 25-52.
10. 김유숙 (2003). 놀이를 활용한 이혼가족의 해결중심단기치료 사례연구. 가족과 가족치료, 11(2), 4-99.
11. 김유숙 (2006). 이혼가정에 대한 단기가족놀이치료의 적용 사례. 한국심리학회지 여성, 11(3), 311-325.
12. 김유숙 (2022). 가족상담 4판. 서울: 학지사.
13. 김유숙, 고모리 야스나가, 최지원 (2013). 놀이를 활용한 이야기치료. 서울: 학지사.
14. 김준형, 유순덕 (2022). 사진치료의 기법과 실제. 서울: 비커밍.
15. 김춘경 (2016). 상담학사전. 서울: 학지사.
16. 김혜원 (2021). 사진영상치료 프로그램 참여 대학생의 가족관계에 대한 심리적 변화 사례연구. 공주교육대학원 석사학위논문.

17. 김효선, 선우현 (2014). 가족놀이음악치료를 통한 부모-자녀관계 증진. 한국기독교상담학회지, 25(1), 65-92.
18. 김효정, 선우현 (2015). 가족놀이치료를 적용한 아동양육시설의 아동과 양육자 간의 상호작용 사례연구. 통합치료연구, 7(1), 63-102.
19. 노남숙, 한유진 (2014). 애착문제 유아가족을 위한 인형을 이용한 가족놀이치료 프로그램의 개발 및 효과. 한국가정관리학회지, 3(3), 115-135.
20. Patterson, R. (2016). 화가 나서 그랬어. 김경연 역. 서울: 현암주니어.
21. 민병현 (2022). 포토테라피(사진치료)프로그램이 가족관계에 대한 심리적 변화 사례연구. 한국사진학회, 49, 95-107.
22. 박경민 (2018). 보드게임을 활용한 집단놀이치료가 아동의 사회성에 미치는 효과. 대구대학교 대학원 석사학위논문.
23. 박재훈, 선우현 (2012). 가족놀이치료를 통한 희귀난치성질환 환우 가족의 상호작용 변화연구. 한국기독교상담학회지, 23(3), 117- 152.
24. 박진희 (2014). 국내 가족놀이치료 효과연구 분석. 한국가족관계학회지, 19(2), 55-74.
25. 백윤영미 (2019). IFS 공부모임 모듈 5. 가치성장과 치유센터.
26. 브릭(Brick). (2024. February 4). Retrieved June 22, 2024, from https://namu.wiki/w/%EB%B8%8C%EB%A6%AD
27. 서정은 (2024). 보드게임을 활용한 커플놀이치료: 신경생물학 관점의 통합적 접근. 2024년 한국가족놀이치료학회 춘계학술대회 발표논문(비대면).
28. 서정은, 전영주 (2021). 가족놀이치료 연구 고찰: 2000년부터 2024년까지 발표된 국내 연구를 중심으로. 가족과 가족치료, 29(2), 321-342.
29. 서진환 (2010). 가족치료 연구-실천의 통합을 위한 성과연구 분석-한국 가족치료학회지에 발표된 연구를 중심으로. 가족과 가족치료, 18(2), 25.
30. 선우현 (2007a). 학습장애 아동의 자아존중감 및 자기효능감 향상을 위한 가족놀이치료의 효과성 사례연구. 아동교육, 16(1), 201-212.
31. 선우현 (2007b). 위계질서가 혼란된 가족의 가족놀이치료 사례연구. 가족과 가족치료, 15(2), 389-406.
32. 선우현 (2007c). 가족놀이치료가 정서 및 행동장애 아동과 부모와의 상호작용에 미치는 영향. 정서・행동장애연구, 23(4), 197-216.
33. 선우현 (2013). 사례연구: 상호작용 가족놀이치료 프로그램 효과성 연구. 놀이치료연구, 17(1), 69-81.
34. 송정숙 (2024). 내러티브상담 기반 가족미술놀이치료: 아동방임가족캠프 대상으로. 2024년 한국가족놀이치료학회 춘계학술대회 발표논문(비대면).
35. 신민정 (2017). 감정카드와 바람카드를 활용한 공감훈련 프로그램이 초등학생의 또래애착과 행복감에 미치는 효과. 공주교육대학원 석사학위논문.

36. 신승훈 (2021). 보드게임을 활용한 뇌기반 놀이프로그램 개발 및 적용에 관한 실행연구. 국제뇌교육종합대학원대학교 뇌교육학과. 석사학위논문.

37. 신아일보 (2019. 1. 17.). 철원, 가족관계 회복 놀이치유 프로젝트 마련. http://www.shinailbo.co.kr/news/articleView.html?idxno=1134981에서 인출.

38. 신현정 (2009). 치료놀이의 이해와 적용. 서울: 학지사.

39. 신혜종 (2008). 가족 및 부부상담의 효과성 검증 연구의 현황과 과제. 상담학연구, 9(1), 277-294.

40. 염은선 (2022). 상담자와 부모의 부모상담 도움경험에 관한 개념도 연구. 가족과 가족치료, 30(1), 1-35.

41. 염은선 (2024). 부모놀이치료의 실제: 피규어를 활용한 부모상담과 놀이치료의 창의적 통합. 2024년 한국가족놀이치료학회 춘계학술대회 발표논문(비대면).

42. 우상임 (2008). Music Therapy with Children and their Families: Edited by Amelia Oldfield and Claire Flower. 숙명여자대학교 석사학위 논문.

43. 유승은, 박부진 (2015). 구조적 가족치료를 활용한 가족모래놀이치료가 정서 · 행동장애아 가족의 건강성에 미치는 효과. 한국가정관리학회지, 33(4), 33-50.

44. 이경옥 (2021). 보드게임을 활용한 게임 놀이치료의 실제. 서울: 시그마프레스.

45. 이기숙, 이영자 (1986). 유아를 위한 교수학습 방법. 서울: 창지사.

46. 이승희, 윤호열 (2007a). 가족놀이치료가 산만함으로 의뢰된 아동의 주의산만, 충동성, 과잉행동 경향에 미치는 효과. 놀이치료연구, 11(2), 43-69.

47. 이승희, 윤호열 (2007b). 가족놀이치료가 주의력결핍 과잉행동 경향을 지닌 아동 가족의 가족기능과 아동의 주의산만 행동에 미치는 효과. 정서 · 행동장애연구, 23(3), 25-50.

48. 이정숙, 심은지, 이동훈 (2017). 아동심리치료를 위한 보드게임 핸드북. 경기: 파워북.

49. 이정훈 (2017). 보드게임을 활용한 활동프로그램이 범죄청소년의 의사소통능력과 자기효능감에 미치는 효과. 서강대학교 대학원 석사학위논문.

50. 이현주, 정문자 (2017). 통합적 가족놀이치료를 통한 ADHD 아동 가족의 가족체계 변화 및 치료적 요인. 가족과 가족치료, 25(3), 439-470.

51. 임선자(2020). 부모참여 놀이치료의 연구동향과 효과성 분석. 명지대학교 박사학위 논문.

52. 장청은 (2008). 놀이 중심의 사회성 향상 프로그램이 저소득 모자가정 아동의 또래관계에 미치는 효과. 대구대학교 대학원 석사학위논문.

53. 전영주 (2024). 가족놀이치료의 활용 실제. 2024년 한국가족놀이치료학회 춘계학술대회 '다양한 매체를 활용한 가족놀이치료' 기조 발표(비대면).

54. 전영주, 남경화 (2023). 가족놀이치료의 활용 현황과 상담자의 창의성. 가족과 가족치료, 31(3), 243-271.

55. 전영주, 염은선, 황경란, 배덕경, 배덕경, 이복숙(2022). 21세기 가족상담. 서울: 신정.

56. 전영주, 황경란, 송정숙, 이복숙, 염은선, 주국희, 배윤민, 김명화 (2021). 뉴노멀 시대의 결혼과 가족. 서울: 신정.

57. 전영주, 황경란, 양무희, 배덕경, 송정숙, 이복숙, 정수빈, 염은선 (2016). 가족상담 개념과 실제. 서울: 신정.
58. 정태명 (2024). 부부가족상담, 테크놀로지를 만나다. 2024 가족상담분야 춘계공동학술대회(한국가족치료학회, 한국상담학회 부부가족상담학회), 연세대학교. 2024. 4,. 26.
59. 정태명 (2024). 부부가족상담, 테크놀로지를 만나다. 2024 가족상담분야 춘계공동학술대회. 한국가족치료학회, 한국상담학회 부부가족상담학회.
60. 정해린 (2018). 성격강점카드를 활용한 집단 상담 프로그램이 초등학생의 적응유연성과 진로성숙도에 미치는 영향. 전주교육대학원 석사학위논문.
61. 정현아, 선우현 (2012). 가족놀이치료가 맞벌이 가정의 부모-자녀 상호작용에 미치는 효과. 청소년시설환경, 10(4), 129-140.
62. 조영순 (2017). 실 · 끈의 은유적 활용. 담화와 인지, 24(3), 77-98.
63. 조춘화 (2017). 가족놀이를 활용한 정서중심상담이 청소년 자녀-부모 간 애착증진에 미치는 효과. 한국동서정신과학회지, 20(1), 1-32.
64. 채은영 (1997). 어린이 점토표현 특성에 관한 연구: 6, 7세의 어린이를 중심으로. 숙명여자대학교 석사학위논문.
65. 천성문, 함경애, 박명숙, 김미옥 (2020). 집단상담-이론과 실제. 서울: 학지사.
66. 최광현 (2013). 부부 · 가족 인형치료. 서울: 한국인형치료학회.
67. 최광현, 선우현 (2013). 인형치료: 상징체계의 활용과 적용모델. 서울: 학지사.
68. 최외선, 김갑숙, 최선남, 이미옥 (2017). 미술치료기법. 서울: 학지사.
69. 최외선, 김갑숙, 최선남, 이미옥 (2010). 가족미술치료기법. 서울: 학지사.
70. 최외선, 이근매, 김갑숙, 최선남, 이미옥 (2006). 가족의사소통과 가족건강성 향상을 위한 가족미술치료 사례연구. 미술치료연구, 19(3), 703-725.
71. 최은영 (1994). 소조활동을 통한 미술치료가 자폐성 아동의 대상관계에 미치는 효과. 대구대학교 재활과학대학원 석사학위논문.
72. 최지원 (2017). 섭식문제를 가진 청소년의 가족놀이치료 적용 사례. 한국청소년상담학회지, 2(1), 1-19.
73. 한유진, 강민수, 안복희, 원용희 (2020). 미술놀이치료를 활용한 유아교사의 놀이교수효능감증진 교사교육 프로그램 개발.
74. 한유진, 서주현, 전숙영, 배희분, 노남숙, 김세영, 임나영, 천연미, 김리진, 오종은, 양선영, 최지경 (2022). 전생애 놀이치료. 서울: 학지사.
75. 함혜경, 유선, 길혜성 (2020). 가족놀이치료를 적용한 모-자녀 놀이치료가 가족 건강성과 어머니의 심리적 요인에 미치는 효과. 한국기독교상담학회지, 31(2), 299-328.
76. 황경란 (2024). 가정폭력 피해가족의 카드가족놀이치료 경험에 대한 다중사례. 2024년 한국가족놀이치료학회 춘계학술대회 발표논문(비대면).
77. Booth, P. B., & Jernberg, A. M. (2010). 치료놀이. 윤미원, 김윤경, 신현정, 전은희, 김유진 공역.

서울: 학지사.
78. Bowers, N. R. (2015). 가족놀이치료. 김유숙, 최지원, 김사라 공역. 서울: 학지사.
79. Boxill, E. H. (1985). *Music Therapy for the Developmentally Disabled*. San Diego: Aspen.
80. Carson, D. K. (1999). The importance of creativity in family therapy: A preliminary consideration. *The Family Journal: Counseling and Therapy for Couples and Families*, 7(4), 326-334. https://doi.org/10.1177/1066480799074002
81. Drewes, A. A. & Schasfer, C. E. (2022). 퍼펫놀이치료의 이론과 실제. 선우현, 노남숙, 왕영희, 서미진, 안명숙, 최광현 공역. 서울: 학지사.
82. Fishbane, M. D. (2019). 커플상담과 신경생물학. 박수룡, 전영주, 서미아, 김현수, 최지원, 김수지, 안혜상 공역. 서울: 학지사.
83. Fountain, Y. (2020). Physical activity games. In J. Stone & C. E. Schaefer (Eds.), *Game Play Therapy: Therapeutic Use of Games with Children and Adolescents* (pp. 79-97). John Wiley & Sons, Inc.
84. Gardner, H. (2007). 다중지능. 문용린, 유경재 공역. 파주: 웅진지식하우스.
85. Gil, E. (2016). 가족놀이치료: 가족치료에서 놀이의 활용. 진혜련, 허미정, 최연실 공역. 서울: 학지사.
86. Goldenberg, I., & Goldenberg, H. G. (2003). 가족치료. 김득성, 윤경자, 전영자, 전영주, 조명희, 현은민 공역. 서울: 시그마프레스.
87. Gureney, L., & Ryan, V. (2013). 집단부모놀이치료. 권윤정, 유민화, 이윤수, 임진영, 차효정 공역. 서울: 학지사.
88. Hecker, L. L., & Kottler, J. A. (2002). Growing creative therapists: Introduction to the special issue. *Journal of Clinical Activities, Assignments, & Handouts in Psychotherapy Practice*, *2*(2), 1-3. https://doi.org/10.1300/j182v02n02_01
89. Holmes, T., & Holmes, L. (2019). 소인격체 클리닉-그림으로 안내하는 삶. 이진선, 이혜옥 공역. 서울: 시그마프레스.
90. Hughes, F. P. (2006). 놀이와 아동발달. 김광웅, 유미숙 등 공역. 서울: 시그마프레스.
91. Irwin, F. & Malloy, T. (1975). Family Puppet Interview. *Family Process*, *14*(2), 179-191. https://doi.org/10.1111/j.1545-5300.1975.00179.x
92. Jacobsen, S. L., & Thompson, G. (2018). 가족과 함께하는 음악치료-치료적 접근과 이론적 조망. 김경숙, 김은주, 황은영 공역. 파주: 교육과학사.
93. Kestly, T. A. (2021). 놀이의 대인관계 신경생물학. 이순행, 윤진영, 박랑규 공역. 서울: 학지사.
94. Kiser, D. J., & Piercy, F. P. (2001). Creativity and family therapy theory development: Lessons from the founders of solution-focused therapy. *Journal of Family Psychotherapy*, *12*(3), 1-30. https://doi.org/10.1300/j085v12n03_01
95. Klassen, K., Hamilton, A., & Peabody, M. A. (2024). Seriously Therapeutic PLAY with LEGO® -The Guidebook for Helping Professionals. New York, NY: Routledge.

96. Kövecses, Z. (2010). *Metaphor: A Practical Introduction*. second edition. NY: Oxford University Press, Inc.
97. Nichols, M. P., & Schwartz, R. C. (2008), 가족치료 : 개념과 방법(제7판). 김영애, 김정택, 송성자, 심혜숙, 정문자, 제석봉 공역. 서울: 시그마프레스.
98. Patterson, J., Willams, L., Edwards, T. M., Chamow, L., & Grauf-Grounds, C. (2021). 가족치료의 기술: 첫 면접에서 종결까지. 김유숙, 박주은, 천희선, 이현숙 공역. 서울: 학지사.
99. Pellegrini, A. D., & Smith, P. K. (1998). Physical activity play: the nature and function of a neglected aspect of play. *Child Development*, *69*(3), 577-598. https://doi.org/10.2307/1132187
100. Phyllis B. B., & Jernberg, A. M. (2010). 치료놀이. 서울: 학지사.
101. Reiter, M. D. (2021). 가족치료의 길잡이. 정혜정 역. 서울: 학지사.
102. Rolvsjord, R., & Stige, B. (2015). Concepts of context in music therapy. *Nordic Journal of Music Therapy*, *24*(1), 44-66. https://doi.org/10.1080/08098131.2013.861502
103. Rustin, J. (2021). 몸, 뇌, 마음: 정신치료에서 작용하는 영아 연구와 신경과학. 노경선, 최슬기 공역. 경기: ㈜눈출판.
104. Schaefer, C. E., & Cangelosi, D. (Eds.) (2016). *Essential play therapy techniques*. New York, NY: Guilford Press.
105. Schaefer, C. E., & Drewes, A. A. (2015). 놀이의 치료적 힘: 변화의 20가지 핵심 기제(제2판). 유미숙, 이윤승, 이은수, 최재정, 최진현 공역. 서울: 시그마프레스.
106. Schofield, M. J. (2002). Creative meditation to enhance positive feeling states and inner resources. *Journal of Clinical Activities, Assignments, & Handouts in Psychotherapy Practice*, *2*(2), 59-75. https://doi.org/10.1300/j182v02n02_06
107. Siegel, D. J. (2016). 쉽게 쓴 대인관계 신경생물학 지침서. 이영호, 강철민 공역. 서울: 학지사.
108. Stone, J., & Schaefer, C. E. (2020). *Game Play Therapy: Game Play Therapeutic Use of Games With Children and Adolescents*. NJ: John Wiley & Sons.
109. Terr, L. (1999). *Beyond Love and Work: Why adults need to play*. NY: Scribner.
110. Weiser, J. (2014). 사진치료기법. 심영섭, 이명신, 김준형 공역. 서울: 학지사.
111. White, M., & Morgan, A. (2010). 어린이와 가족을 위한 이야기치료. 최민수 역. 서울: 시그마프레스.
112. 네이버 국어사전. https://ko.dict.naver.com
113. 등록 상표 기호(registered trademark symbol, ®). (2024. February 4). Retrieved February 4, 2024, from https://ko.wikipedia.org/wiki/%EB%93%B1%EB%A1%9D%EB%90%9C_%EC%83%81%ED%91%9C_%EA%B8%B0%ED%98%B8
114. 한국인형치료학회 홈페이지(2023). http://www.figuretherapy.org

## 저자약력

신라대학교 가족상담센터

**전영주** 신라대학교 상담치료복지학과 교수, Purdue University 아동발달가족학과 박사

**염은선** 신라대학교 가족상담센터 사무국장, 신라대학교 가족치료학과 박사

**황경란** 조은아동가족상담소 소장, 신라대학교 가족치료학과 박사수료.

**서정은** 하이심리상담센터 부소장, 신라대학교 가족치료학과 박사수료

**송정숙** 미담가족상담센터 센터장, 신라대학교 가족치료학과 박사수료

**공성원** 이선희심리상담센터 부원장, 신라대학교 가족치료학과 박사수료

**김남경** 해시계아동가족심리상담센터 센터장, 신라대학교 가족치료학과 박사수료

**김명화** 진주미술치료센터 센터장, 신라대학교 가족치료학과 박사수료

**김영진** 마주심리상담소 상담원, 신라대학교 가족치료학과 박사수료

**남경화** 새별가족심리상담센터 전문상담위원, 신라대학교 가족치료학과 박사수료

**빈미향** 부산심리상담연구소 소장, 신라대학교 가족치료학과 박사수료

**원보미** 부산시건강가정지원센터 전문상담위원, 신라대학교 가족치료학과 박사수료

**이복숙** 가족상담센터 비움과 채움 센터장, 신라대학교 가족치료학과 박사수료

**주국희** 부산광역시건강가정지원센터 센터장, 신라대학교 가족치료학과 박사수료

가족놀이치료 연구와 실제

**초판발행** 2025년 1월 5일 **1판 1쇄 인쇄** | 2025년 1월 10일 **1판 1쇄 발행**

**지은이** 신라대학교 가족상담센터
**펴낸이** 최용구 | **펴낸곳** 도서출판 **신정**
**주소** (04316) 서울시 용산구 원효로 89길 19 (원효로1가)
**전화** 02)3211-4782, 0266(영업부), 3211-4783(편집부), 3211-4784(팩스)
**이메일** sjbook2002@naver.com | **홈페이지** www.sjbook.co.kr
**등록** 2001년 5월 11일 제13-702호
**기획마케팅** 최용구 장만동 최충구 송대용 | **책임편집** 석기은 황가연

ISBN 978-89-5912-916-4 93590
**정가** 28,000원